SEM MAQUIAGEM

Ludmila Costhek Abílio

SEM MAQUIAGEM

o trabalho de um milhão
de revendedoras de cosméticos

Copyright © Boitempo Editorial, 2014

Coordenação editorial
Ivana Jinkings

Editora-adjunta
Bibiana Leme

Coordenação de produção
Livia Campos

Assistência editorial
Thaisa Burani

Preparação
Luciana Lima

Revisão
Guilherme Vilhena e Camila Petroni

Capa
Ronaldo Alves

Diagramação
Antonio Kehl

CIP-BRASIL. CATALOGAÇÃO NA PUBLICAÇÃO
SINDICATO NACIONAL DOS EDITORES DE LIVROS, RJ

A131s
    Abílio, Ludmila Costhek
    Sem maquiagem: o trabalho de um milhão de revendedoras de cosméticos / Ludmila Costhek Abílio. - 1. ed. - São Paulo : Boitempo: Fapesp, 2014.
    (Mundo do Trabalho)

    Inclui bibliografia
    ISBN 978-85-7559-402-5

    1. Cosméticos - Indústria - Brasil. 2. Trabalho - Aspectos sociais. 3. Relações trabalhistas. I. Título. II. Série.

14-15709   CDD: 306.36
                                    CDU: 316.334.22

É vedada a reprodução de qualquer
parte deste livro sem a expressa autorização da editora.

Este livro atende às normas do acordo ortográfico em vigor desde janeiro de 2009.

1ª edição: setembro de 2014

BOITEMPO EDITORIAL
Jinkings Editores Associados Ltda.
Rua Pereira Leite, 373
05442-000 São Paulo SP
Tel./fax: (11) 3875-7250 / 3875-7285
editor@boitempoeditorial.com.br | www.boitempoeditorial.com.br
www.blogdaboitempo.com.br | www.facebook.com/boitempo
www.twitter.com/editoraboitempo | www.youtube.com/imprensaboitempo

Para Gladys

SUMÁRIO

Prefácio 9
Introdução 13

1. As revendedoras e a empresa 19
2. A informalidade e a questão social 51
3. A ficção real da acumulação 95
4. A organização na dispersão 131
5. Subsunção contemporânea do trabalho e acumulação 171

Considerações finais – Os sentidos da banalização 221

Referências bibliográficas 229
Agradecimentos 237

*Quanto mais aéreo um esconderijo, tanto mais engenhoso.
Quanto mais livremente estiver exposto a todos os olhares, tanto melhor.*

(Walter Benjamin, *O Coelho da Páscoa descoberto ou
Pequeno guia dos esconderijos*)

*Hoje quedamos sós. Em toda parte,
somos muitos e sós. Eu, como os outros.
Já não sei vossos nomes nem vos olho
na boca, onde a palavra se calou.*

(Carlos Drummond de Andrade, *Mas viveremos*)

*Eis a voz, eis o deus, eis a fala,
eis que a luz se acendeu na casa
e não cabe mais na sala.*

(Paulo Leminski, *Sintonia para pressa e presságio*)

PREFÁCIO

O livro que o leitor tem em mãos é resultado de uma tese de doutorado em ciências sociais apresentada em 2012 ao Instituto de Filosofia e Ciências Humanas da Universidade Estadual de Campinas (IFCH-Unicamp). Mas, mesmo que não tivesse essa marca de origem, os bibliotecários não teriam nenhuma dificuldade em classificá-lo no rol sociológico. O objeto e a forma de sua abordagem indicam de modo inequívoco, até pelo título – *Sem maquiagem: o trabalho de um milhão de revendedoras de cosméticos* –, que se trata de uma pesquisa sobre o mundo do trabalho, suas variáveis e seus problemas.

Mas, ao desentranhar do fluxo de dados e informações sobre a vida das revendedoras da Natura sua singularidade e emprestar-lhe sentido, Ludmila Abílio foi muito além dos limites do que se pode considerar um trabalho de sociologia, mesmo se, por essa disciplina, continuarmos a entender, como nos bons tempos anteriores ao domínio do individualismo metodológico, a área investigativa que trata de temas transcendentes, como Estado, cultura ou classes sociais.

Tendo o materialismo como plataforma de lançamento de sua investigação, a autora não se furtou em nenhum momento a encarar de frente todos os desafios que daí advêm, nem se recusou a trilhar os inúmeros e intricados caminhos que um objeto como esse, dessa perspectiva, acaba por colocar diante do pesquisador, mesmo correndo o risco, que não é baixo, de não encontrar o trajeto de volta e perder o objeto original.

A proeza foi facilitada porque Ludmila, desde o princípio, adentrou o mundo do Sistema de Vendas Diretas (SVD), nome técnico que define a forma de relação funcional que liga as revendedoras à empresa, tendo a tiracolo algumas perguntas muito claramente definidas, dentre elas a fundamental: qual a centralidade desse trabalho para a acumulação da empresa? Ao procurar respondê-la, e investindo pesadamente nas entrevistas com essas personagens, ela foi se deparando com outras perguntas e temas e com a inadequabilidade total ou parcial de respostas e conceitos já bem estabelecidos. Logo de cara, por exemplo, foi confrontada com o fato de que o perfil socioeconômico das "consultoras", o simpático termo pelo qual são conhecidas as revendedoras, é bastante heterogêneo, não se restringindo aos estratos de baixa renda da população. Ao mesmo tempo, parecia girar em falso, nesse caso, a aplicação de conceitos usualmente utilizados, como os da informalidade e precariedade dos vínculos empregatícios, pela boa e simples razão de que, aí, o que existe de fato é a completa e total ausência desses vínculos. Outra coisa que embaralhou a possibilidade de se utilizarem conceitos preestabelecidos foi a percepção da confluência, em muitos casos, dos papéis de trabalhadora e consumidora, o que colocou desafios de outra ordem a serem enfrentados. Por fim, mas não menos importante, o trabalho das consultoras está longe do chão de fábrica – distante, portanto, da possibilidade da interpretação clássica, que associa imediatamente o trabalho à extração de valor excedente.

Para dar conta de todo esse imbróglio, Ludmila teve de ir muito além da caixa de ferramentas *stricto sensu* sociológica e adentrar o campo da economia política, tarefa bem pouco simples em tempos de financeirização, rentismo, predomínio de ativos imateriais (como a marca) e ganho escalar de importância da ciência e da tecnologia no processo de acumulação. A análise da atuação das revendedoras e de seu papel teve de ser feita nessa moldura e com esse enquadramento, e o resultado obtido foi extremamente interessante, não só porque nos ajuda a conhecer e diagnosticar o próprio objeto da investigação, como porque acaba por apontar uma série de fenômenos do atual mundo do trabalho que podem se repetir, em maior ou menor grau, em outros casos.

Não é o momento, neste prefácio, de reproduzir toda a riqueza da análise feita, mas cabe mencionar alguns achados, principalmente pelo que contêm de atualização da relação entre o moderno e o precário, cuja combinação nunca foi novidade por aqui. O primeiro deles reside justamente na percepção de uma espécie de *polivalência precária*, onde a "viração", caracteristicamente associada à guerreira classe dos de baixa renda, torna-se uma experiência de trabalho de vários e diferentes perfis. A chave dessa possibilidade está na indistinção entre tempo de trabalho e tempo de não trabalho, a qual caracteriza hoje diversas atividades que perdem a forma-trabalho, mas estão conectadas à acumulação. Associado a isso está o que a autora resolver chamar de *plena atividade*, situação em que as pessoas simultaneamente trabalham mais (durante mais tempo), com maior intensidade e em formas que não são reconhecíveis ou contabilizadas como trabalho. Segundo ela, sua pesquisa, em particular na etapa da investigação de campo, permitiu que se observasse tal fenômeno em ato. Essa plena atividade indicaria uma adesão ao *trabalho para além do trabalho*, uma espécie de plena e permanente disposição ao trabalho impulsionada, por sua vez, por motivações subjetivas que envolvem a ameaça de desemprego, a ameaça de descartabilidade social, a garantia do consumo, a necessidade de ter uma ocupação, dentre outras.

No caso em questão, a garantia do consumo joga um papel fundamental e contribui sobremaneira para a indistinção dos dois papéis (vendedora e consumidora) na mesma personagem. Essas trabalhadoras-consumidoras, nos informa a autora, raramente conseguem discernir quanto ganham por seu trabalho e quanto investem em consumo de produtos, ou mesmo quanto tempo dedicam às vendas. Essa atividade, que faz parte do grupo daquelas sem forma definida e sem regulação pública, integraria um processo de *dispersão do trabalho* típico das formas contemporâneas de organização (qualquer semelhança com o espírito toyotista que domina os processos produtivos contemporâneos não é mera coincidência). Tal dispersão, porém, seria muito bem amarrada e controlada pela força da marca (Natura), produzindo uma situação confortável para a empresa, em que as adversidades vividas por esse exército de trabalhadoras informais (um milhão!) não se conectam com a imagem de sua marca. À banalidade que caracteriza esse tipo de ocupação associa-se uma *banalização da exploração* que remete, em última instância, ao desenvolvimento da tolerância à injustiça social e à perda de freios da exploração. A elevada visibilidade da marca no contemporâneo ajudaria a produzir essa *visibilidade obscurecida*, em que as consultoras estão em toda parte, mas seu trabalho não é reconhecido como tal.

Esses elementos já são suficientes para dar uma ideia do amplo escopo de questões trabalhadas neste livro, sem que o objeto original da investigação se perca nelas. Ao contrário, ao escolher um objeto que integra o rol das atividades associadas aos *faux frais* da produção capitalista, nossa autora foi confrontada com desafios do ponto de vista do diagnóstico das formas atuais da acumulação e da exploração que talvez não se apresentassem com a mesma intensidade se ele estivesse relacionado ao trabalho produtivo convencional.

Por fim, não é demais lembrar, mas isso o leitor atento já deve ter adivinhado, que Ludmila faz desta sua investigação um libelo contra as teses, tão na moda hoje em dia, da primazia do imaterial e da perda de centralidade do trabalho. Nessa perspectiva, o que a pesquisa mostra de maneira cristalina é que o desaparecimento da exploração no âmbito da teoria não é senão o resultado da invisibilidade cada vez maior da exploração que caracteriza as formas atuais de articulação entre capital e trabalho. Essa é a verdadeira maquiagem do trabalho, tão criativamente denunciada no título deste livro.

Leda Paulani
agosto de 2014

INTRODUÇÃO[1]

A empresa de cosméticos e produtos de higiene pessoal Natura é atualmente uma das mais reconhecidas e bem-sucedidas empresas brasileiras. A marca Natura tem uma notável visibilidade social; já o mesmo não acontece com as mulheres que hoje realizam no Brasil a distribuição dos produtos em sua totalidade. Denominadas "consultoras", as vendedoras (a grande maioria é feminina, menos de 5% da força de vendas é composta por homens) desempenham uma atividade que para elas se realiza desprovida de regulações públicas e, mais do que isso, que pode nem mesmo ter a forma-trabalho reconhecida.

O Sistema de Vendas Diretas (SVD) é o termo que legalmente nomeia a comercialização dos produtos feita por revendedores. O site da Associação Brasileira de Empresas de Vendas Diretas (ABEVD) define: "A venda direta é um sistema de comercialização de bens de consumo e serviços diferenciado, baseado no contato pessoal, entre vendedores e compradores, fora de um estabelecimento comercial fixo"[2].

A relação da empresa com os vendedores no SVD baseia-se na ausência de vínculos empregatícios: são juridicamente reconhecidos como "vendedores ambulantes". A opção de registrar-se como trabalhador autônomo é de responsabilidade do vendedor; em todas as entrevistas realizadas, as vendedoras permaneceram na informalidade. Os números do SVD são significativos e apresentam rápido ritmo de crescimento. No mundo, há mais de 95 milhões de vendedores[3]; no Brasil, em 2011 eram

---

[1] Agradeço a Rosemary Costhek Abílio pela revisão do texto e pela imensa ajuda para a finalização do trabalho.

[2] Associação Brasileira de Empresas de Vendas Diretas (ABEVD), "Venda direta: o que é?". Disponível em: <https://www.abevd.org.br/htdocs/index.php?secao=venda_direta&pagina=venda_direta_o_que_e>. Acesso em 2 abr. 2011.

[3] Dados da World Federation of Direct Selling Associations (WFDSA). Disponíveis em: <http://www.wfdsa.org>. Acesso em 9 maio 2014.

2,6 milhões, em 2013 ultrapassaram os 4,52 milhões[4]. No inicio da pesquisa, em 2007, a Natura contabilizava 400 mil revendedoras. Ao final, em 2011, elas já somavam mais de um milhão. Atualmente, a empresa conta com 1,3 milhão de revendedores no Brasil e um total de 300 mil nos outros países em que atua.

Essa relação de trabalho tornou-se meu ponto de partida para problematizar a informalidade e a exploração do trabalho em suas formas contemporâneas. Para a realização da pesquisa empírica, cheguei às vendedoras por diversos canais. O primeiro deles partiu de minha própria rede de relações pessoais.

É muito fácil encontrar uma vendedora Natura na cidade de São Paulo. Se o leitor se perguntar, provavelmente se dará conta de que tem alguém na família, no ambiente de trabalho ou trabalhando em domicílio próximo que revende os produtos da marca. Trata-se, além do número extraordinário de vendedoras, da heterogeneidade de seu perfil socioeconômico. Essa constatação foi o que deu início à definição do trabalho das revendedoras como meu objeto de pesquisa: a percepção de que as revendas também faziam parte das muitas atividades que hoje constituem o cotidiano de acadêmicos da minha geração. Vender Natura pode ser um dos "bicos" que compõem a renda de trabalhadores qualificados, como estudantes de pós-graduação – algo que dá indícios da problemática da flexibilização e precarização do trabalho. Como relatarei no primeiro capítulo, no trabalho de campo encontrei consultoras que eram empregadas domésticas, estudantes universitárias, donas de casa da classe alta paulistana, entre outras ocupações e situações econômicas. Essa heterogeneidade manifesta algo maior: o SVD será problematizado em termos de sua estreita relação com o desemprego e a flexibilização do trabalho. Por sua alta permeabilidade e ausência de formas publicamente definidas, o SVD adequa-se muito bem à polivalência precária que hoje permeia a sobrevivência no mercado de trabalho.

Em minha pesquisa de mestrado, analisei as políticas de geração de trabalho e renda implementadas na gestão de Marta Suplicy em São Paulo, partindo do estudo de trajetórias de vida de beneficiários. Naquele estudo, o que saltava aos olhos era a "viração" generalizada que compõe o viver na periferia[5]. A "viração" – termo coloquial, mas bastante expressivo, aqui recorrentemente utilizado – define a provisoriedade das ocupações que garantem a sobrevivência, em atividades que transitam entre trabalho ilegal, trabalho informal, trabalho temporário, trabalho em domicílio e emprego doméstico; resumindo, os "bicos" e as ocupações extremamente vulneráveis que estruturam a vida de muita gente. Naquela pesquisa, o empreendedorismo em condições precárias e instáveis revelava-se como constitutivo da sobrevivência (questão bem analisada por

---

[4] Dados da Associação Brasileira de Empresas de Vendas Diretas (ABEVD). Disponíveis em: <http://www.abevd.org.br/htdocs/index.php?secao=imprensa&pagina=numeros_2013_2sem>. Acesso em 9 maio 2014.

[5] Vera da Silva Telles (org.), "Mutações do trabalho e experiência urbana", *Tempo Social*, São Paulo, Departamento de Sociologia da Faculdade de Filosofia, Letras e Ciências Humanas da Universidade de São Paulo, v. 18, n. 1, 2006, p. 173-95. Disponível em: <http://www.scielo.br/pdf/ts/v18n1/30013.pdf>. Acesso em 17 abr. 2014.

Davis[6]). Minha argumentação dava-se no sentido de que políticas de "inclusão social" podem hoje ser vivenciadas como mais uma atividade possível da "viração"[7].

O trabalho informal e o reconhecimento dos elos entre a "viração" e a acumulação definem o ponto de partida da pesquisa que aqui se apresenta, perspectiva que recupera essencialmente o debate dos anos 1970 em torno do subdesenvolvimento, mais especificamente a abordagem de Francisco de Oliveira em *A crítica à razão dualista*[8], a qual desvendava a relação intrínseca e nada dual entre o moderno e o precário no cerne da acumulação capitalista à brasileira. Tal relação tomava formas na constituição do exército de mão de obra rebaixada – fortemente associada ao trabalho informal – no processo de urbanização e modernização do país.

No presente estudo a relação entre moderno e precário se atualiza. Novas definições entram em jogo, a começar pelos horizontes que pautavam o debate do desenvolvimento; como aponto no segundo capítulo, trata-se de um deslocamento da questão social nas últimas décadas. Analiso como o desenvolvimento social é globalmente substituído pelos imperativos do desenvolvimento econômico no contexto das políticas neoliberais e da dominância da valorização financeira[9]. Nesse capítulo, penso como referências centrais para problematizar o trabalho informal, e mais especificamente o das vendedoras, demandam redefinições – para tanto, as definições de flexibilização e de precarização do trabalho passam para o centro da análise. Portanto, busco delimitar o contexto histórico das transformações do trabalho das últimas décadas, o que possibilita uma análise do Sistema de Vendas Diretas como uma espécie de síntese de tais transformações.

Nessa síntese, explicita-se a generalização da "viração": a adesão às formas precárias de trabalho já não se restringe aos trabalhadores de baixa remuneração; também já não segue as fronteiras do trabalho qualificado/desqualificado, nem – em uma perspectiva mais ampla, que ultrapassa a do trabalho das consultoras – as dos países do centro e da periferia. Assim, a generalização de uma polivalência precária orienta a análise.

A dimensão da revenda como trabalho sem forma definida nem regulação pública expressa a banalização e a ampliação do trabalho para além do trabalho. No que tange às consultoras, há entre consumo e trabalho um pleno imbricamento que, ao mesmo tempo que sustenta a permanência e o espraiamento dessa atividade, também impossibilita um reconhecimento, uma categorização, uma medição; enfim, uma forma socialmente constituída e publicamente regulada para essa atividade como forma-trabalho.

Tempo de trabalho e de não trabalho, assim como tempo de consumo e de trabalho, hoje não são facilmente delimitáveis: indistinções que abrem diversas questões, que re-

---

[6] Mike Davis, "Planeta de favelas: a involução urbana e o proletariado informal", em Emir Sader (org.), *Contragolpes. Seleção de artigos da New Left Review* (trad. Beatriz Medina, São Paulo, Boitempo, 2006), p. 191-218; *Planeta Favela* (trad. Beatriz Medina, São Paulo, Boitempo, 2006).

[7] Ludmila C. Abílio, *Dos traços da desigualdade ao desenho da gestão: trajetórias de vida e programas sociais na periferia de São Paulo* (dissertação de mestrado em sociologia, São Paulo, FFLCH/USP, 2005).

[8] Francisco de Oliveira, *Crítica à razão dualista/O ornitorrinco* (São Paulo, Boitempo, 2003).

[9] François Chesnais, "O capital portador de juros: acumulação, internacionalização, efeitos econômicos e políticos", em idem, *A finança mundializada* (trad. Paulo Nakatani e Rosa Marques, São Paulo, Boitempo, 2005), p. 35-68.

sidem no cerne não só da relação entre a acumulação e o trabalho das consultoras, mas também de outras formas contemporâneas da exploração do trabalho. Nos três últimos capítulos definem-se as questões: como a empresa organiza toda a sua distribuição, por meio de um trabalho sem formas ou pré-requisitos determinados desempenhado por mais de um milhão de pessoas? É possível pensar em termos de um controle do trabalho nessa atividade aparentemente descontrolada? Como problematizar a imbricação entre consumo e trabalho? O que está em jogo no mundo do trabalho que contribui para a formação desse exército imenso de consultoras ativas e "em potencial"? E então, a questão de fundo: qual a centralidade desse trabalho para a acumulação da empresa?

Entretanto, tais questões referem-se às consultoras e à empresa, mas também as ultrapassam. A questão de fundo desdobra-se em uma perspectiva muito mais ampla: qual a centralidade do trabalho para a acumulação no contemporâneo? Assim, os três últimos capítulos estendem a escala de análise, embrenhando-se no debate que hoje enfrenta a difícil tarefa de reconhecer e criticar a exploração do trabalho.

No terceiro capítulo, a marca – para além da Natura – é tratada como o que hoje dá uma visibilidade obscurecida à relação entre trabalho e acumulação; busco examinar essa visibilidade, pensando nas relações que nela estão obscurecidas, mas que por meio dela podem ser reconhecidas. Recupero a definição marxiana de fetiche da mercadoria e de fetiche do dinheiro[10] para analisar o que entendo por fetiche potencializado da marca. Tal fetichismo será relacionado com o que Karl Marx definiu como *capital portador de juros*[11]. Penso na marca como algo que torna possível reconhecer a relação entre valorização financeira e exploração do trabalho. Então, a relação entre dominância financeira da valorização[12] e precarização do trabalho passa mais claramente para o centro da análise – relação que considero fundamental para se problematizar a centralidade do trabalho na atualidade. Nesse capítulo também apresento minhas críticas às teorias do trabalho imaterial, mais especificamente à abordagem de André Gorz[13]. Apoiando-me na abordagem de Chesnais, aprofundada por Paulani[14] e Teixeira[15], contraponho-me à relação estabelecida por Gorz entre o *imaterial* e a perda de medidas do trabalho que hoje colocaria em xeque a teoria do valor. Analisando a centralidade recorrentemente dada à marca na

---

[10] Karl Marx, *O capital: crítica da economia política*, Livro I: *O processo de produção do capital* (trad. Rubens Enderle, São Paulo, Boitempo, 2013); Livro II: *O processo de circulação do capital* (trad. Rubens Enderle, São Paulo, Boitempo, no prelo).

[11] Idem, *O capital: crítica da economia política*, Livro III: *O processo global de produção capitalista*, tomo I (São Paulo, Nova Cultural, 1985).

[12] Leda Paulani, "Quando o medo vence a esperança: um balanço da política econômica do governo Lula", *Crítica Marxista*, n. 19, 2004, p. 11-26.

[13] André Gorz, *O imaterial* (São Paulo, Annablume, 2005).

[14] Leda Paulani, "Quando o medo vence a esperança", cit.; *Brasil delivery* (São Paulo, Boitempo, 2008); "Autonomização das formas sociais e crise", *Crítica Marxista*, n. 28, 2009; "A crise do regime de acumulação com dominância da valorização financeira e a situação do Brasil", *Estudos Avançados*, n. 23, 2009, p. 25-39.

[15] Rodrigo Teixeira, *Dependência, desenvolvimento e dominância financeira: a economia brasileira e o capitalismo mundial* (tese de doutorado, São Paulo, FEA/USP, 2007); "A produção capitalista do conhecimento e o papel do conhecimento na produção capitalista", *Revista Economia*, n. 10, v. 2, 2009, p. 421-56.

teoria, aponto para uma fetichização da própria teoria em torno dos "bens intangíveis", que acaba por relegar o trabalho a um lugar desimportante em relação à acumulação.

A crítica ao *imaterial* demanda uma volta às condições reais do trabalho, ou seja, às formas precárias de trabalho que hoje combinam tecnologia da informação com uma exploração que nos remete a uma atualização das condições degradantes da classe trabalhadora descritas por Engels[16] e Marx[17] no século XIX. Tendo como perspectiva a relação entre inovações da tecnologia da informação e a exploração do trabalho, no quarto capítulo extrapolo a análise do trabalho das consultoras, para pensar na dispersão controlada do trabalho. Recuperando a definição de mcdonaldização de George Ritzer[18], trato da atualização da racionalidade taylorista, deslocada para o setor de serviços. Esse caminho possibilita pensar nas formas de controle do trabalho que hoje se realizam pela dispersão muito bem amarrada da produção e da distribuição, e que demandam um novo grau de envolvimento subjetivo do trabalhador.

Pensando na relação de uma empresa com esse um milhão de trabalhadoras, recupero a definição de Harvey[19] de "organização através da dispersão", assim como a discussão de Bernardo[20], que desfetichiza a flexibilização do trabalho pela perspectiva das terceirizações da produção, hoje muito bem amarradas e controladas – caminho que também remete à definição de Bihr[21] sobre a "*fábrica difusa*". A marca Natura é, então, tomada como o que torna reconhecível e, de certa forma, enlaça a dispersão do trabalho das consultoras.

A dispersão também alcança novos nichos, chegando à ação do consumidor. Tendo em mente o embaralhamento das fronteiras entre tempo de trabalho e de não trabalho, analiso como essa indistinção se realiza pela esfera do consumo. Então a relação entre tecnologia da informação e exploração do trabalho dá um passo além, na delegação de tarefas – que também podem ser muito criativas – para o consumidor. O trabalho das consultoras torna reconhecível o que está em jogo: trabalhadoras-consumidoras que raramente conseguem discernir o quanto ganham por seu trabalho e o quanto investem em consumo dos produtos, quanto tempo dedicam às vendas, em um trabalho imbricado em outras atividades. A perda de formas das revendas remete, assim, a uma questão mais ampla, da perda de formas do trabalho que hoje se realiza na esfera do consumo, algo indicado por Francisco de Oliveira na definição de "plenitude do trabalho abstrato"[22], ao tratar de atividades que perdem sua forma-trabalho mas estão conectadas à acumulação.

---

[16] Friederich Engels, *A situação da classe trabalhadora na Inglaterra* (trad. B. A. Schumann, São Paulo, Boitempo, 2008).

[17] Karl Marx, *O capital*, Livro I, cit.

[18] George Ritzer, *The McDonaldization of Society* (5. ed., Londres, Sage, 2008).

[19] David Harvey, *A condição pós-moderna: uma pesquisa sobre as origens da mudança cultural* (São Paulo, Loyola, 1992).

[20] João Bernardo, *Democracia totalitária: teoria e prática da empresa soberana* (São Paulo, Cortez, 2004).

[21] Alain Bihr, *Da grande noite à alternativa* (trad. Wanda Brant, São Paulo, Boitempo, 1998).

[22] Francisco de Oliveira, *Crítica à razão dualista/O ornitorrinco*, cit.

Esse trabalho, que se realiza na forma de consumo, também será relacionado com as adversidades atualmente impostas no mercado de trabalho. Ao analisar o *crowdsourcing*[23] como a terceirização em vasta escala sem formas nem controle definidos de trabalho para o consumidor, penso no trabalho para além do trabalho, que pode se dar na forma de trabalho amador, o qual abre questões relacionadas com a perda de sentidos do trabalho em um mercado permeado pelas ameaças da descartabilidade e pelas demandas da "proatividade" do trabalhador – seria uma espécie de deslocamento para a esfera do consumo de um trabalho que acontece em outras bases. O trabalho amador é, então, uma categoria central para tratar da adesão das consultoras às revendas e, mais amplamente, de um novo tipo de acumulação que se constitui nas atividades sem forma-trabalho desempenhadas pelo consumidor. Está em questão, novamente, a adesão à polivalência precária, sem formas definidas, e que pode se realizar como trabalho inteiramente não pago no âmbito do consumo.

A ameaça da descartabilidade social é, aqui, tratada em sua dimensão produtiva: relaciono a análise de Dejours[24] sobre a *banalização da injustiça social* com a plena disposição ao trabalho. Essa ameaça estaria operando não só nas relações de trabalho, mas também na esfera do consumo. No caso analisado, destaca-se a alta visibilidade social da empresa, que já não parece contraditória com a invisibilidade social das consultoras; relaciono essa invisibilidade com a adesão ao trabalho sem formas nem garantias – adesão que está conectada com a marca Natura e com o consumo dos produtos.

No último capítulo, aprofundo-me teoricamente na argumentação sobre a centralidade do trabalho no contemporâneo. Para tanto, passo por discussões que ficam abertas, mas que essencialmente costuram a relação entre a acumulação e a exploração do trabalho e possibilitam chegar por fim às minhas hipóteses sobre a relação da acumulação da empresa com o trabalho das revendedoras. Nesse capítulo, a subsunção contemporânea do trabalho orienta a discussão. Novamente entro em debate com o *Imaterial*[25], aprofundando a ideia de um fetichismo do conhecimento[26]. A teoria marxiana do valor passa, então, explicitamente para o centro da análise.

O que busco nesta introdução é esclarecer ao leitor que este livro trata especificamente da relação de trabalho das consultoras, mas também a extrapola em muito. A pesquisa abriu e delineou um campo de questões que me pareceram muito profícuas para realizar um estudo do trabalho que tem um horizonte bastante claro. Assumo a perspectiva sociológica na qual tratar do trabalho é também tratar da acumulação e, portanto, de formas contemporâneas da exploração.

---

[23] Jeff Howe, *Crowdsourcing: How the Power of the Crowd is Driving the Future of Business* (Nova York, Randon House, 2008).

[24] Cristophe Dejours, *A banalização da injustiça social* (Rio de Janeiro, FGV, 1999).

[25] André Gorz, *O imaterial*, cit.; Rodnei A. Nascimento, *Formas de subsunção do trabalho no capital: formal, real e espiritual* (tese de doutorado, São Paulo, FFLCH/USP, 2007).

[26] Rodrigo Teixeira, *Dependência, desenvolvimento e dominância financeira: a economia brasileira e o capitalismo mundial*, cit.

1

AS REVENDEDORAS E A EMPRESA

Neste capítulo busco dar ao leitor um panorama dos perfis socioeconômicos das revendedoras e da relação que elas mantêm com as vendas, assim como descrever a maleabilidade dessa ocupação e algumas características da empresa. Ao longo da pesquisa empírica, realizei um total de 25 entrevistas com consultoras, além de 4 com funcionários ou ex-funcionários. Acompanhei algumas reuniões que a Natura promove para as consultoras, em São Paulo e em Paris. Além das entrevistas, tive acesso a pesquisas que não estavam diretamente vinculadas à empresa, mas que de alguma forma analisavam o trabalho das vendedoras, além de relatos publicados em matérias sobre o Sistema de Vendas Diretas. Há, ainda, uma dimensão pessoal da pesquisa: dada a facilidade em encontrar uma revendedora Natura, acompanhei a experiência de consultoras que eram próximas a mim, além de coletar informalmente vários relatos de conhecidos; também pude identificar alguns tipos sociais, que se determinavam pelo perfil socioeconômico da consultora e sua relação com as revendas. Ao longo das entrevistas tais perfis foram se confirmando, até que em um sentido geral começaram a se repetir em aspectos fundamentais. Quanto à empresa, eu pretendia fazer algum mapeamento de sua cadeia produtiva, mas essa intenção não se concretizou.

Revendedoras de classe média

A professora vendedora

Eliana foi uma das primeiras entrevistadas. No site da Natura é possível obter o contato de consultoras que estejam próximas a um determinado CEP. Para ter o nome fornecido no site, ela precisou preencher um cadastro específico para tornar-se uma "consultora net", assim como, segundo uma das entrevistadas, pagar uma taxa. Apesar de ter feito o cadastro e aceitado meu pedido de entrevista, Eliana[1] inicia a conversa afirmando que provavelmente não irá contribuir muito para a pesquisa, pois é professora, e não consultora.

Essa afirmação é realmente essencial para a pesquisa, pois põe em evidência duas questões que aparecem e se repetem ao longo das entrevistas: primeira, o trabalho de vendedora pode de fato não ser reconhecido como trabalho; segunda, enquanto algumas constroem a identidade de vendedoras, outras preferem negá-la, de acordo com sua trajetória profissional. Para Eliana, a dela está muito clara: é uma professora bem remunerada de uma das escolas particulares mais conceituadas da Zona Oeste de São Paulo.

Com 48 anos, leciona no Ensino Fundamental há 28. Tornou-se consultora quando uma colega parou de vender os produtos na escola. Diz que concordou em substituí-la porque "os produtos se autovendem na escola [...], não é preciso fazer nada para que as vendas aconteçam". E é assim que justifica, ao longo de toda a conversa, que não é uma consultora.

O "fazer nada" é, na realidade, fazer várias coisas: distribuir os catálogos em alguns setores da escola, anotar os pedidos dos funcionários, transmiti-los pela internet, separar as encomendas, pagar os boletos bancários, receber os pagamentos dos clientes, entregar as encomendas durante o expediente. As vendas podem envolver também procedimentos que não estão predefinidos e são difíceis de contabilizar em termos de gasto e de tempo despendido: assim, é preciso conhecer minimamente os produtos, sendo que o índice de inovação é bastante alto – em 2009 foram mais de cem lançamentos – e o portfólio arrola mais de setecentos produtos[2]. Algumas consultoras entrevistadas optam por comprar os produtos para poder testá-los e conhecer melhor o que estão vendendo. Tal conhecimento combina-se também com o investimento que algumas fazem na própria aparência, pois para elas a boa imagem pessoal pode ser associada ao uso dos produtos; como me disse uma entrevistada, "os clientes dizem que eu sou a cara da Natura" e "tem que estar bonita, arrumada, mostrar que os produtos são bons". Têm de negociar os pagamentos, que são acordados informalmente. A entrega também pode demandar mais ou menos tempo e despesas – isso vai depender da necessidade de deslocamento da consultora para efetuar a entrega, caso não possua ponto fixo. Em todos os ciclos de venda, a empresa lança promoções do tipo "leve dois, pague um", que são centrais para o maior rendimento das consultoras, as quais também as utilizam como um chamariz para as consumidoras. As promoções são altamente disputadas e envolvem estratégias das trabalhadoras, tais como adquirir os produtos por antecipação, sem a garantia de sua venda; investir mais pesadamente em estoques desses produtos; realizar os pedidos na madrugada antes que se esgotem.

A consultora faz o pedido para uma central telefônica da empresa ou via internet; a partir daí, é emitido um boleto bancário, que ela tem 21 dias para quitar. O pedido é entregue em sua residência, num prazo que varia de acordo com a cidade – em

---

[1] Os nomes e eventuais identificadores das entrevistadas foram alterados.
[2] Portfólio disponível no site da Natura: <http://www2.natura.net/Web/Br/relatorios_anuais/src/estrategia_gestao.asp>. Acesso em 4 maio 2014.

São Paulo pode ser de menos de dois dias úteis a partir da emissão do boleto, cujo valor equivale ao divulgado no catálogo dos produtos menos os 30% de comissão da consultora. Do pagamento que recebe do cliente, a consultora retém seus 30% de comissão e paga os outros 70% para a empresa. Portanto, é ela que paga à Natura, e não o contrário. Como ouço ao longo das entrevistas, esses 30% de comissão são "flexíveis": uma das estratégias da consultora para lidar com a concorrência é abrir mão de parte da comissão, que então se transforma em descontos para os clientes. O que está rigidamente definido é o valor e a data do pagamento para a empresa; o atraso acarreta juros altos e invalidação do CPF na Serasa. Quando a consultora se cadastra, é estabelecido um "crédito de pontos", isto é, um limite da pontuação máxima que ela pode faturar. Quando atinge esse máximo, a consultora só pode realizar um novo pedido após quitar as faturas. Essa pontuação pode ser aumentada de acordo com o fluxo de pedidos da consultora e seu desempenho em relação ao pagamento das faturas. O índice de inadimplência das consultoras é consideravelmente baixo: em 2006 era de 0,8% da receita bruta da empresa; em 2008, ficou em 1,3%[3]. O boleto bancário é o que formaliza a relação da empresa com a consultora; já a relação entre a consultora e os clientes acontece em bases informais e pessoais (relatos sobre "calotes" dos clientes são recorrentes).

Eliana tem um ponto estabelecido de vendas – seu próprio local de trabalho, mas a entrega tem de ser feita numa espécie de clandestinidade: como ela diz, não se pode mais "vender descaradamente" dentro da escola, na qual, anteriormente, o fluxo de vendas era alto: goiabadas caseiras, roupas e outros apetrechos eram ofertados por professores microempreendedores, até que a direção proibiu as vendas. No entanto, as próprias diretoras, discretamente, continuam comprando os produtos Natura.

Assim como Eliana, a maioria das entrevistadas não consegue informar exatamente quanto ganha com as vendas. O valor total dos pedidos feitos pelas consultoras à Natura geralmente é composto pelo valor dos pedidos dos clientes mais o dos produtos que serão consumidos pela própria consultora e ainda o dos produtos que a consultora compra como forma de investimento – para fazer estoques ou aproveitar promoções que todos os meses são oferecidas pela empresa. As promoções do tipo "leve 2, pague 1" são atrativos constantes para as consultoras, seja para consumo próprio, seja pela possibilidade de lucrarem 100% na venda.

Eliana estima que, quando vendia bem – época em que as vendas estavam liberadas na escola, ganhava em torno de R$ 400 por mês. Hoje, afirma, está num sistema de "retroalimentação". O que ganha com as vendas "empata" com o quanto gasta com seu consumo pessoal. Do ponto de vista dela, "a atividade dá lucro na medida em que não gasto com isso". Enfim, a professora vende para consumir. Se parar de vender, terá de comprar de outra consultora, o que significa pagar 30% a mais pelos produtos.

Porém, mais do que empatar o montante da venda com o do consumo próprio, a consultora pode sair perdendo. Para fechar um pedido, é preciso ter no mínimo

---

[3] Dados disponíveis em Natura, *Relatório anual 2008*. Disponível em: <http://natura.infoinvest.com.br/ptb/s-15-ptb-2008.html>. Acesso em 7 maio 2014.

80 pontos somados em produtos – algo em torno, hoje, de R$ 280[4]. Quando os produtos para consumo próprio somados com os pedidos não alcançam essa pontuação, Eliana pede mercadorias que não foram encomendadas e que também não serão consumidas por ela em curto prazo. Essa é uma prática habitual das consultoras "peixe pequeno", como uma se definiu para mim.

Assim, Eliana tem uma "caixa cheia de produtos em casa", que não necessariamente serão vendidos. Com a diminuição das vendas, o estoque vem aumentando, pois ela continua pedindo produtos não encomendados, a fim de garantir o consumo próprio; como diz, "eu ainda não desisti porque eu consumo Natura". Uma de suas estratégias para dar vazão aos estoques é usar os produtos para presentear: "festas, aniversário, sempre levo um presente da Natura". Eliana tipifica as vendedoras que vendem para consumir, um consumo que dá trabalho, mas que não necessariamente é reconhecido de fato como trabalho. A menção a gavetas cheias de produtos é muito frequente nas entrevistas. O que fica claro é uma indistinção em longo prazo de quanto dinheiro é investido e gasto, sem mencionar o tempo dedicado às atividades – o que, muitas vezes, nem entra na conta. Ou seja, o trabalho que têm para vender desaparece como trabalho, e a comissão se reverte em descontos para o consumo próprio. Perde-se então o reconhecimento de uma relação de equivalência entre trabalho e remuneração. Como define a professora, "é uma oportunidade que eu tenho de consumir os produtos pagando mais barato por eles".

A Natura organiza a relação com as consultoras por setor, o qual corresponde a bairro(s) determinado(s) da cidade. Para cada setor, há uma promotora de vendas responsável, e é ela quem faz o elo entre a empresa e as consultoras. Ao final de cada ciclo de venda, que dura 21 dias, são feitas reuniões com as consultoras, quando então as promotoras orientam sobre as vendas, distribuem os catálogos, sorteiam produtos. Eliana enfatiza que não vai às reuniões e nem sequer conhece a promotora responsável por seu setor. Faz questão de deixar muito claro que não tem tempo para se dedicar às vendas e que essa não é uma fonte de renda importante para ela. Entretanto, todos os meses, além de consumir artigos da Natura, envia *emails* para todos os seus clientes, facilita os pagamentos para os funcionários que têm baixa remuneração, leva as sacolinhas "proibidas" para a escola e investe em produtos que não necessariamente serão vendidos ou consumidos.

Recuperando as questões apontadas no início do capítulo, quando Eliana afirma que "as vendas ocorrem por si" – o que implicitamente obscurece seu próprio trabalho –, traz à tona questões centrais deste livro. O estatuto profissional da atividade é flexível – termo recorrentemente utilizado para as transformações do trabalho, e que neste caso tem um sentido bem definido: o reconhecimento da revenda como trabalho adapta-se à identidade profissional da revendedora. A trajetória ocupacional e o perfil socioeconômico definem a dimensão profissional que o "ser revendedora"

---

[4] No início da pesquisa, em 2007, eram necessários 100 pontos; em 2011, a Natura optou por reduzir a pontuação para 80 – em meu entendimento, devido ao crescimento do número de consultoras e da concorrência. Essa redução se mantém até hoje.

pode ter para cada trabalhadora. No caso de Eliana, afirmar-se como vendedora não combina com sua profissão; afinal, sua identidade é de professora, celetista, com bom salário, numa escola bastante prestigiada de São Paulo. A afirmação de Eliana também dá indícios da capilaridade das vendas. Em minha visita à fábrica da Natura, a guia que conduzia o *tour* referiu-se à fundação da empresa no fim dos anos 1960. Seu fundador, Luiz Seabra, cuja fortuna está listada como uma das 400 maiores do mundo e a 12ª do Brasil[5], consolidou a empresa líder do setor de cosméticos e higiene pessoal do país baseado em "duas paixões: os cosméticos e as relações pessoais", frase que se repete na publicidade da empresa e que está, de fato, intimamente imbricada no trabalho das revendedoras. As vendas adéquam-se às relações de trabalho da consultora, assim como às suas relações pessoais, seja num salão de beleza, num escritório, numa escola ou num encontro familiar. Portanto, a venda não só se combina com outras atividades como se realiza por meio delas, de forma que as relações pessoais se tornam veículos da venda de cosméticos[6].

Eliana tem uma relação com as vendas que deve ser entendida pelo aspecto do consumo. Vender lhe possibilita consumir gastando menos, ainda que isso seja relativo, visto que tem de investir em produtos e arcar com possíveis inadimplências, como já arcou. Nesse tipo de relação, o consumo parece sustentar a permanência no trabalho – que, na "retroalimentação", sustenta o consumo. Mas eu me pergunto: o desconto é suficiente para compreender o que faz uma profissional como Eliana investir tempo e dinheiro nessa atividade durante anos?

Por ora, fica indicado que o apelo ao consumo se combina duplamente com a ausência de formas-trabalho dessa ocupação e com uma naturalização do "espírito empreendedor", que hoje já não tem classe muito bem definida. Está em questão a incorporação de uma polivalência generalizada no mercado de trabalho, tratada no segundo capítulo.

60 anos, na contramão da concorrência

Diferentemente de Eliana, Lorena é uma consultora que fez das vendas sua principal fonte de renda. Trinta anos atrás, trabalhava como digitadora na editora Abril. Começou a vender no local de trabalho, pediu demissão, "porque, na editora Abril, o que eu ganhava num mês, na Natura, em uma semana eu retirava" e tornou-se exclusivamente revendedora. Há 25 anos, a concorrência entre consultoras era muito menor – no Brasil, em 1980 eram 2 mil consultoras; em 1990, 50 mil[7]. Lorena narra uma história marcada por dificuldades financeiras e profissionais crescentes nas últimas

---

[5] O perfil de Antonio Luiz Seabra, elaborado pela revista *Forbes*, está disponível em: <http://www.forbes.com/profile/antonio-luiz-seabra>. Acesso em 4 maio 2014.

[6] Nicole Biggart, *Charismatic Capitalism: Direct Selling Organizations in America* (Chicago, University of Chicago Press, 1989).

[7] Dados extraídos do site *Ponto XP*, disponíveis em: <http://www.pontoxp.com/natura-cosmeticos-www-natura-com-br-produtos>. Acesso em 4 maio 2014.

décadas. Ela define um "antes" e um "depois", claramente delimitados pelo aumento do número de consultoras e pelas adversidades da concorrência.

Antes, as consultoras "eram escolhidas a dedo"; no entanto, segundo Lorena, "infelizmente, hoje, as que estão pegando, não que eu tenha preconceito, mas a maioria é pessoa que trabalha com faxina. E de repente [essas pessoas] veem a patroa usando, elas ligam no 0800, fazem a ficha, e mal sabem escrever ou assinar o nome [...]. Eles querem quantidade, não é qualidade. Antes era qualidade, agora é quantidade". Essa narrativa, por um lado, pode dar pistas sobre a recusa da professora Eliana em assumir-se como vendedora Natura e, por outro, explicita a dificuldade de mulheres como Lorena, que há trinta anos se dedica exclusivamente às vendas, ao verem sua identidade profissional diluída no espraiamento massivo da ocupação pelas classes de baixa renda. A passagem da "qualidade" para a "quantidade" traduz a percepção da consultora sobre a ampliação acelerada do número de consultoras: em 2009, 43% das revendedoras vinham da chamada "classe C"[8]. O que para Lorena é uma profissão, para outras mulheres pode ser mais uma das oportunidades da "viração". Fica difícil tanto manter a identidade profissional pretendida pela vendedora quanto arcar com a concorrência. A consultora ainda informa: "Já falei em reunião: vai chegar um ponto em que nós, consultoras, vamos vender uma pra outra... vamos trocar! Você entendeu? Vamos vender entre nós!". O aumento do número de revendedoras para ela se traduziu em uma queda brutal de seus rendimentos, assim como de sua qualidade de vida. Calcula que nos anos 1990 tinha mais de quinhentos clientes, hoje "não passam de cem". Segundo ela, há vinte anos era muito mais fácil fazer novos clientes: além da concorrência mais branda, a entrada a locais como edifícios e lojas era menos protegida.

> Naquela época eu tinha, assim, um vidão. [...] Não tinha ajuda de ninguém, morava sozinha, pagava minha Golden Cross, tinha empregada. Muitos anos atrás eu me vestia na Gregory [...]. Eu tinha muito cliente. Pra você ter uma ideia, a Faria Lima eu fazia ela todinha. Lembra quando tinha o banco Nacional? Eu atendia o Nacional, atendia o Bradesco. E ia ao shopping e vendia, atendia a avenida Paulista também.

A rotina de trabalho era intensa, segundo Lorena: no mínimo cinco dias por semana vendendo e entregando os produtos. "Eu atendia Alto da Lapa, Cidade Jardim, Vila Madalena, Alto de Pinheiros, Pinheiros. Todos esses bairros, você já imaginou? Era trabalho de segunda a segunda! Outra coisa, eu fazia isso de dia e à noite."

Fátima, consultora amiga de Lorena, hoje com setenta anos, faz um relato semelhante. Viúva, vive de sua aposentadoria como autônoma, da pensão do marido e mais os R$ 100 que consegue ganhar vendendo Natura e Avon. Calcula que há dez anos tinha em torno de duzentos clientes; hoje não passam de vinte. "Eu fazia três bancos, chegava assim, tranquila, não tinha ninguém que vendia dentro do banco. Agora ficou impossível." A popularização do perfil das vendedoras também é uma questão séria para ela; afirma que antes "havia um conceito", hoje não mais. "As pes-

---

[8] Natura, *Relatório anual 2009*. Disponível em: <http://natura.infoinvest.com.br/ptb/3536/relatorio20anual202008_versao20completa20revista_0906_FINAL.pdf>. Acesso em 4 maio 2014.

soas eram arrumadas, havia aquela apresentação; [hoje] você vai à reunião e as pessoas estão de havaianas, tem pessoas que não sabem nem ler nem escrever, mas vendem!"

Fátima conta que fazia da Natura sua "bandeira". Para mulheres como ela, é como se a concorrência gerasse não só a dificuldade de manter a renda que antes era obtida com as vendas, mas também a perda de reconhecimento, como se antes fosse possível pensar na identidade profissional de consultora – algo que talvez tenha se desfeito na dimensão que a atividade adquiriu.

O não reconhecimento, que é um problema para Lorena, também se traduz na mudança da relação da empresa com os revendedores. As empresas que realizam a distribuição pelo Sistema de Vendas Diretas têm certo padrão de relação com seus revendedores. Não os reconhecendo como trabalhadores, estabelecem outras formas de reconhecimento: as revendedoras são ranqueadas dentro de seu setor e entre os setores; as que vendem mais por setor são premiadas com viagens, troféus, bijuterias.

Anualmente, a Natura realiza uma festa de fim de ano, da qual quem vendeu mais é convidado a participar. Para Lorena, as festas eram momentos importantes de sua carreira. Atualmente não consegue mais estar entre as selecionadas. Quando completou quinze anos como vendedora, passou para a categoria "vip". "Fui ao cabeleireiro na cidade Jardim. Tudo pago pela Natura. Aí eu fui pra festa, de ônibus fretado. Um jantar que tinha aquelas coisas maravilhosas, enfim, nossa, um luxo. Eu recebi um broche de ouro, fui lá na frente, enfim." Há alguns anos, o acesso das vips às festas também passa pelo ranqueamento: "Como tem muita vip e a Natura não é boba nem nada, eles já pegaram um número x que tem que vender para participar".

Assim, as festas e premiações são um meio de reconhecimento da empresa para com as consultoras, especificamente aquelas que vendem mais ou têm mais tempo de dedicação às revendas. Segundo Lorena, a qualidade dos prêmios também mudou: "pra que vão querer sortear carro pra gente? Não precisa!".

Há vinte anos, Lorena optou por sair de um emprego formal para tornar-se vendedora autônoma. Fez das vendas seu trabalho: dedicava-se à atividade como sua ocupação principal, trabalhando em torno de oito horas por dia e vivendo dos rendimentos da venda. No entanto, essa longa trajetória como vendedora agora se mantém por um fio. Quais são as opções e as chances de reingresso da trabalhadora de sessenta anos no mercado de trabalho? Quais são as estratégias possíveis para sustentar-se como vendedora? A saída recentemente encontrada foi, após dezoito anos vendendo exclusivamente os produtos Natura, tornar-se também uma revendedora Avon, o que para ela parece ser um sinal de decadência[9]. Lorena é uma trabalhadora informal: não se

---

[9] Algumas mulheres fazem entre Natura e Avon uma distinção em que não me aprofundei. Vender e consumir Avon parece ter um *status* diferente de vender e consumir Natura; os produtos Avon são citados como mais baratos e de menor qualidade. Fátima, anteriormente mencionada, fazendo a distinção entre Natura e Avon (ela vende os dois), disse que, apesar da dificuldade para viver da renda obtida com as vendas hoje em dia e das transformações dos últimos vinte anos, "a Natura continua a ser a Natura. Prefiro ter um batom da Natura do que ter três da Avon. E Avon tem uma linha de cosméticos muito legal, eles estão melhorando. Para mim, o batom não dá. Não sei se é o lábio ou se é minha cabecinha... mas acho que não. É diferente".

registrou como autônoma e também não tem qualquer vínculo de trabalho reconhecido pela empresa. Se desistir das vendas, será apenas mais um dos cadastros cancelados, em meio aos muitos novos ativos. Ao que tudo indica, a saída é deslocar-se do registro da profissão para o da "viração".

A loja informal

Por enquanto, Rita tem seu lugar garantido nas festas de fim de ano da empresa. Ela faz parte da categoria de "consultoras empreendedoras": mulheres que têm regras e estatutos diferentes na relação com a Natura por venderem mensalmente altas quantias. Em 2010, essas consultoras recebiam 35% de comissão, em vez de 30%, e sua pontuação para fechar um pedido não era de 80 pontos, mas de 500 pontos[10].

Na época em que nos encontramos, Rita já permanecia nessa categoria havia dez anos. Vou entrevistá-la em seu "escritório", como ela diz, no bairro do Ipiranga. Difícil fazer a entrevista, porque estamos numa pequena loja em pleno movimento; o fluxo de clientes é alto. A casa foi alugada por seu marido, que tem no segundo andar um escritório de contabilidade; no térreo, o salão comprido é mobiliado com estantes e uma mesa que serve de caixa. Nas estantes da frente estão expostos vários produtos da Natura. É um grande diferencial para o consumidor, que, assim, pode testar as mercadorias antes de comprar, o que não é de praxe nas vendas por catálogo.

A Natura proíbe a montagem de lojas por terceiros e, por isso, criou estratégias formais para proporcionar esse diferencial ao consumidor por catálogo, como as "Casas Natura" – lojas que não vendem os produtos, mas possibilitam que o consumidor os experimente, além de oferecerem cursos e palestras. Atualmente, essas poucas unidades se concentram no estado de São Paulo[11].

O estabelecimento de Rita funciona seis dias por semana, oito horas por dia. Todos os produtos são oferecidos com 20% de desconto sobre o preço do catálogo, o que significa que, dos 35% que receberia de comissão, ela abre mão de 20% como estratégia de venda. Os clientes variam entre consumidores e revendedoras. As revendedoras podem ser outras consultoras, que se utilizam da estrutura montada por Rita para terem produtos com pronta entrega (o que também significa abrir mão de parte de sua comissão, já que têm de pagar mais pelos produtos). Mas podem também

---

[10] Não pude verificar se nas recentes reestruturações feitas pela empresa esta pontuação e esta categoria de revendedora permaneceram inalteradas.

[11] Como descreve o blog da própria companhia, a respeito da inauguração de uma de suas casas: "A Natura assumiu um compromisso com a inovação de seu modelo comercial em 2008, e esta sétima casa nos mostra a continuidade deste projeto maravilhoso já presente em Campinas, Osasco, Guarulhos, Vergueiro, Itaquera e Santo Amaro". As Casas Natura não só trazem um conceito inédito no segmento de cosméticos e de venda direta, mas também, e principalmente, fortalecem o relacionamento de consultoras e consumidores com a marca, permitindo a experimentação dos produtos, que não são vendidos no local. Mais informações estão disponíveis no blog de consultoria da Natura: <http://www.blogconsultoria.natura.net/inauguracao-casa-natura-santo-andre/>. Acesso em 7 maio 2014.

ser revendedoras de outro tipo: a "revendedora da revendedora". Segundo relatos destas revendedoras e a percepção de consultoras, trata-se de uma vendedora que não se cadastra como consultora por temer assumir dívidas e compromissos com a Natura, bem como para não precisar totalizar a pontuação exigida para encomendar os produtos. Torna-se então revendedora de uma consultora. Em geral, a consultora paga-lhe 20% dos 30% da comissão sobre o que ela vender.

A revendedora da revendedora encontra-se, portanto, na informalidade dentro da informalidade. Para a consultora cadastrada pode ser vantajoso trabalhar com essas revendedoras, pois contribuem para a pontuação necessária para fechar os pedidos e também para a vazão de seus estoques caseiros. Entre as consultoras que entrevistei que estavam engajadas em ter um rendimento significativo com as vendas, é comum estabelecerem uma rede de revendedoras que trabalham para elas. Nas entrevistas também era recorrentemente mencionada a relação entre consultoras que vendem muito e suas redes de revendedoras. Assim sendo, é preciso atentar para o fato de que o total de um milhão de mulheres divulgado pela empresa não inclui as revendedoras não cadastradas. Na realidade, seria extremamente difícil contabilizá-las, mas supõe--se que elas representem um número significativo.

Rita tem em torno de vinte revendedoras trabalhando para ela. O procedimento é o mesmo adotado com os outros clientes da loja: elas compram os produtos com 20% de desconto. Rita informa que costuma fazer pedidos de dois em dois dias; considerando-se que cada pedido seu tem no mínimo 500 pontos, podemos estimar que o movimento de caixa de Rita gira em torno de R$ 10 mil por mês. Há alguns anos, ela vem sendo a primeira colocada do seu setor nos *rankings* de volume de vendas gerais, vendas de refis e de produtos da linha Crer para Ver.

Para a Natura, essas categorias de ranqueamento não são apenas um estímulo para as vendas; também são importantes para a consolidação de sua imagem de empresa ambiental e socialmente responsável. Os refis integram sua política de responsabilidade ambiental, pois o uso de plástico é reduzido com relação à embalagem original. A linha Crer para Ver é o carro-chefe da responsabilidade social da empresa[12], já que a renda de todos os produtos vendidos é aplicada em projetos educacionais, especialmente aqueles voltados para alfabetização. O que é preciso "ver para crer", no entanto, é que a responsabilidade social neste caso conta com o trabalho inteiramente gratuito das vendedoras – elas são responsáveis pela comercialização desses produtos, mas não recebem comissão por eles.

Antes de montar o ponto de vendas, Rita nunca trabalhou fora de casa; também revendia anteriormente produtos de marcas pouco conhecidas. Vende Natura há dez anos, montou a loja há quatro. Além de vender também consome, e afirma que em sua casa praticamente todos os produtos de higiene pessoal e cosméticos são da marca.

Ganhou prêmios: mostra o anel de ouro que recebeu no último ano e conta que há dois anos foi para Angra dos Reis com tudo pago. Na loja, deixa expostos fotos das

---

[12] Mais informações disponíveis no site da Natura: <http://natura.infoinvest.com.br/ptb/2450/relatorioanualcompleto_port_1008.pdf> Acesso em 8 maio 2014.

viagens e troféus. Diz estar satisfeita com o trabalho e com a Natura. A dificuldade para ela, "como ocorre em todo o comércio", são as inadimplências: já teve alguns prejuízos: "às vezes tem algum cheque devolvido, que não se consegue recuperar... porque, saiu da Natura, a responsabilidade é toda da gente".

Dessa forma, a consultora empreendedora transformou a revenda num empreendimento próprio. A loja sem vitrines possibilita a superação do calcanhar de aquiles das vendas diretas: disponibiliza ao cliente o acesso imediato aos artigos, além da possibilidade de testá-los, o que não é possível na venda por catálogo (a não ser que a consultora invista em seu próprio mostruário). Além disso, a loja informal permite que consultoras comprem produtos paralelamente a seus pedidos para a empresa, mesmo ganhando menos com eles, geralmente um recurso utilizado para garantir ao cliente a rápida entrega dos produtos. Para as revendedoras não cadastradas, facilita a atividade, pois, adquirindo os produtos naquela loja, podem revendê-los ganhando os mesmos 20% de comissão sem ter de estar ligadas à empresa.

A concorrência nesse bairro resultou na diminuição generalizada da comissão das revendedoras. A estratégia de oferecer 20% de desconto não é exclusiva daquela loja informal; segundo o relato de Rita, é prática comum na região. Numa espécie de organização invisível, dar o desconto, mais do que estratégia de vendas, tornou-se também um pré-requisito para poder entrar na concorrência.

A consultora empreendedora não sabe precisar seu rendimento. Estima que tenha uma receita de aproximadamente R$ 3 mil por mês, mas não consegue calcular quanto investiu e investe em estoques nem quanto gasta mensalmente em consumo próprio. Comparativamente com outras entrevistadas, o volume de vendas de Rita é bastante alto, considerando-se que ganha essa quantia vendendo com 20% de desconto, ou seja, recebendo apenas 10% de comissão.

Partindo de sua estimativa, podemos avaliar que, para tanto, tem de pagar para a empresa uma média mensal de R$ 30 mil em pedidos – cálculo extremamente impreciso, porque, por um lado, não contabiliza o ganho extra que pode ter com a venda dos produtos adquiridos nas promoções e, por outro, não inclui na conta seus gastos pessoais com os produtos, o investimento em estoques que não sejam vendidos nem os custos com inadimplências.

Cheguei a Rita por indicação da funcionária que guiou a visita à fábrica. Ao referir-se às consultoras, a guia citou-a como um dos "exemplos de sucesso". Para a Natura, além disso, Rita também é uma importante fonte de informação. Ela conta que tem contato com outras consultoras empreendedoras porque são periodicamente convidadas para se reunirem com o gerente de vendas na fábrica da Natura. Nesse encontro, fornecem suas avaliações e relatos sobre as vendas e os produtos, constituindo-se assim, informal e gratuitamente, como fontes da pesquisa de mercado da empresa.

Rita é proprietária de um microempreendimento que lhe gera renda, mas não se estabelece formalmente, nem pode se estabelecer. O trabalho informal, nesse caso, transita entre as fronteiras nebulosas do ser trabalhador e ser proprietário e, ainda, de uma perda de formas publicamente reconhecidas, na "loja que não é loja" – por não ser oficialmente reconhecida –, com a proprietária que é uma "consultora". Nesse caso estão imediatamente reconhecíveis os elos entre o trabalho informal e a cadeia de produção e distribuição da empresa.

Trabalhadora informal no trabalho formal

Andréa não entrou para a categoria de consultora empreendedora, mas há dezessete anos é revendedora da Natura e, segundo ela, foram as vendas que financiaram o pagamento de seu apartamento de três dormitórios na Lapa, bairro paulistano de classe média.

Hoje com 60 anos, a entrevistada conta como conseguiu conciliar as vendas com sua atividade principal, investigadora de polícia. Durante todos esses anos garantiu uma ampla clientela em seu local de trabalho, com a estratégia de vender sempre com 10% de desconto. Assim, há anos mantém o monopólio das vendas nesse lugar.

Refere-se às revendas como uma fonte de renda importante. Diz que a atividade envolve planejamento e controle sobre quanto ganha, quanto investe, quanto consome. Tem em torno de 350 clientes, todos catalogados numa agenda – cada página registra o que cada cliente consome, quanto gasta e com qual periodicidade. Estima que o mínimo que ganha por mês é R$ 600:

> Já cheguei a ganhar 3 mil, no mês de dezembro. Agora estou mais devagar. Não me esforço mais. Aquilo que eu queria eu já consegui. Queria comprar o apartamento aqui, juntei dinheiro aqui, fui juntando o dinheiro da Natura, todo mês eu punha – juntei R$ 100 mil –, a gente vivia só do meu salário e do meu marido. Em 10 anos juntei tudo isso.

A consultora narra sua experiência de revendas como um trabalho cansativo, que exigiu muita dedicação. Difícil precisar o tempo empregado nas vendas: ela faz uma espécie de jornada dupla simultânea – vendendo ao mesmo tempo que trabalha como investigadora –, mais as horas gastas quando está em casa. Conta que, quando se dedicava mais, após o dia de trabalho cuidava de fechar os pedidos, separar as entregas, fazer contatos e propagandas por *email*, o que podia ir madrugada adentro. Faz estoque dos produtos mais vendidos e também compra para o consumo familiar. Frequentemente acorda às 5h30 – primeiro horário em que o sistema da Natura aceita os pedidos pela internet – para conseguir aproveitar as promoções do mês.

As promoções são centrais para a geração de renda das consultoras, pois os produtos que ganham "de brinde" propiciam um lucro muito maior no ato da venda. Assim, funcionam como um importante incentivo, mas são altamente disputados; na maioria dos relatos, as consultoras se referem às dificuldades para conseguir aproveitá-las.

O planejamento de Andréa inclui uma poupança para pagar os boletos. Não espera receber dos clientes para fazê-lo, nem deixa correr os 21 dias do vencimento da fatura; costuma quitá-los no dia da emissão. Assim, quando recebe o pagamento dos clientes, esse valor "já é lucro".

Ela explica suas estratégias pessoais, que sempre lhe garantiram um alto fluxo de vendas: além do desconto de 10% em todos os produtos, dá brindes, cria suas próprias promoções, confecciona embalagens diferenciadas. Frequentemente está incluída no *ranking* das "10 mais" de seu setor. Entretanto, tem uma relação distanciada com as estratégias da empresa. Não frequenta as reuniões com a promotora e fala com certa ironia das premiações e confraternizações.

Participou de várias festas, mas a premiação não parece combinar com seu trabalho. Ela relata como são esses eventos: "É um jantar chique, todo mundo de longo... e o que me cansou muito é que você vai e ficam a noite toda passando musiquinha da Natura, coisa da Natura no telão... Você quer sair um pouco disso!". Conta, ainda, sobre a noite em que ganhou um troféu, dado para todas as consultoras "10 mais":

> Sabe o que eu fiz? Eu devolvi o troféu. Gente, o que eu vou fazer com isso? Vou pro jantar pra ganhar troféu? Devolvi pra moça, falei pra ela: "Pra que isso?". Eu já tenho tanto breguete em casa, isso é um trambolho, um absurdo. E devia ter feito como uma moça: me contaram que ela foi até o diretor da Natura pra devolver. [...] Na saída, todo mundo ganha um perfume da Natura, e nele vem escrito "Lembrança do encontro tal". Pronto, aí você não pode nem vender aquilo.

Para ela, a relação entre trabalho e remuneração parece estar estabelecida de modo direto; entretanto, diferentemente de Lorena, sua identidade profissional não depende das revendas nem de formas de reconhecimento informais da empresa.

A entrevista de Andréa aponta para um aspecto importante – para além da relação planejada que tem com a venda, atividade à qual se dedicou inicialmente com o objetivo poupar dinheiro: sua atividade principal garantiu que estabelecesse e conservasse uma clientela fixa de mais de trezentas pessoas. A possibilidade de fazer do local de trabalho o local de vendas deu a ela estabilidade nessa ocupação. O trabalho de investigadora pôde se associar ao de vendedora; assim, ela vende para pessoas de todos os departamentos e, para fazer a entrega, passa andar por andar com um carrinho de mão contendo todos os produtos. Enfim, a instituição tornou-se seu ponto de vendas. Conta que mensalmente levava produtos de maquiagem e "maquiava toda a mulherada". A permeabilidade da Natura na instituição pública toma forma quase anedoticamente em certo momento de sua narrativa: "No meu serviço, os comprovantes, que têm de ser arquivados por cinco anos, estavam lá, todos empoeirados, desorganizados; agora está tudo arrumado em estantes, dentro de caixas da Natura".

Uma comparação entre as dificuldades enfrentadas por Lorena ante a concorrência crescente e a estabilidade conquistada por Andréa explicita como o trabalho formal é um diferencial para a manutenção das vendas. Ter um local de trabalho definido assegura também a rotina da atividade. A alta permeabilidade das vendas possibilitou que seu local de trabalho se tornasse sua loja difusa. A falta de formas predefinidas das vendas garante a alta adaptabilidade de uma ocupação à outra. Lorena tem de se deslocar pela cidade para garantir a assiduidade de seus clientes e a entrega dos produtos; já o trabalho formal e estável de Andréa possibilita que suas vendas sejam mais estáveis e rentáveis, pois estão bem amarradas à sua ocupação principal.

Assim como se imbrica nas relações pessoais em espaços privados, a venda não concorre e sim se entrelaça a outras ocupações. Secretárias, recepcionistas, professoras, investigadoras de polícia, entre outras profissionais, são vendedoras durante suas jornadas de trabalho.

Revendedoras de baixa renda da classe trabalhadora

Informalidade e emprego doméstico

Patrícia, 27 anos, casada e com um filho, mora em São Paulo há doze anos, e desde então trabalha como diarista. Na época da entrevista, em 2008, vendia Natura havia um ano; conta que começou para ajudar a cunhada, que mora no mesmo terreno que ela e vive de revendas. Devido a dívidas com algumas das empresas para as quais revende, a cunhada teve seu CPF incluído na Serasa, o que a impossibilita de fazer pedidos em seu próprio nome. Assim, Patrícia se cadastrou na Natura: os pedidos são feitos no nome dela, mas quem faz a maioria das vendas é a cunhada. Patrícia colocou a restrição de que os pedidos não ultrapassem 100 pontos, pois tem medo de que assumam dívidas que não possam pagar. Vende apenas para suas patroas e alguns conhecidos, e diz que a renda com os produtos é baixa. Não sabe estimar quanto ganha por mês com a atividade, não vai às reuniões com a promotora e, diferentemente da cunhada, "que luta só com revista", para ela, "se vender ou não, tudo bem, porque eu tenho meu trabalho".

Os acordos sobre a divisão da comissão são negociados na base da amizade: "O que ela vende é dela, o que eu vendo é meu. Quando ela vende muito e eu não vendi nada, ela quer me dar um pouco, mas eu não quero, não é só porque tá no meu nome. Só se eu tô precisando, aí eu pego...".

A amizade significa também socializar os prejuízos. Ela me conta, a título de exemplo, que uma cliente fez um pedido de R$ 200 e atrasou o pagamento. Resultado: correram R$ 100 de juros, com os quais as duas tiveram de arcar – "a menina pagou depois os 200, mas não quis pagar os 100 dos juros, fazer o quê?". Não aceitam mais pedidos de cliente que atrasa o pagamento e, se é alguém em quem não confiam, têm uma estratégia, "finge que marca o pedido, mas não marca". Mas, se o cliente for assíduo e bom pagador, também têm estratégias para garantir a venda: ela e a cunhada mantêm um pequeno estoque. Se algum desses clientes quer o produto para pronta entrega, Patrícia o compra de sua promotora – que vende a pronta entrega – pelo preço cobrado no catálogo. Isso significa que frequentemente abdicam da comissão para garantir a fidelidade do cliente, ou seja, não ganham com a venda. Certamente o relato de sua cunhada, que vive das revendas, seria diferente; mas pela narrativa de Patrícia fica difícil reconhecer qual é para ela o lastro desse trabalho, afora a solidariedade para com a parenta: vende para ajudá-la, divide com ela os ganhos e os prejuízos, tem uma pequena clientela esporádica, não sabe definir quanto ganha com as vendas. Isso até que ela descreve seu consumo pessoal dos produtos.

Ganha com as faxinas em média dois salários mínimos por mês. Segundo me conta, com o ganho das vendas compra coisas para si e para a casa e, quando possível, envia dinheiro para os pais no Piauí. Mas também conta que, todos os meses, gasta em produtos para si mesma mais do que ganhou com as vendas:

> Gosto muito de creme, batom, maquiagem. Meu marido briga comigo, diz que minhas maquiagens já tão vencendo. Fica tudo lá, e eu continuo comprando! Nem dá tempo de chegar a usar, vai vencendo tudo. Mas as coisas são tão bonitas! Fui comprando, comprando, tá lá, um monte de batom, de creme...

Diz que gosta de abrir a gaveta e vê-la cheia de produtos: "Este mês mesmo. Eu tava com o pote de creme cheinho. Aí fui lá e comprei outro. É uma mania que eu tenho. Não espero acabar, não".

Quando vendedoras como Patrícia descrevem tal grau de consumo dos produtos; quando a maioria das entrevistadas diz que experimenta todos os que são lançados, para poderem vender "sabendo do que estão falando" (sendo que "experimentar" significa comprar o artigo); quando contam que na sua casa "só entra Natura"; quando não têm noção de quanto ganham e quanto gastam em consumo próprio, sobressai a hipótese de que a relação de venda não só está plenamente imbricada com o consumo, mas vai além: mais do que um entrelaçamento, trata-se de certa indistinção entre as duas coisas.

No caso de Patrícia essa imbricação se traduz no consumo descontrolado de produtos que se tornaram muito acessíveis, afinal, agora ela é a própria vendedora. A comissão que se reverte em desconto, aliada às promoções, enche gavetas, inclusive – e principalmente – de revendedoras de baixa renda. No próximo capítulo, analiso o crescimento, nas denominadas "classes C e D", do número de revendedores e consumidores de cosméticos nos anos do governo Lula. As mulheres que "não têm instrução", que começaram a "vender porque viram suas patroas usando", nas palavras aflitas das consultoras de classe média, hoje são consumidoras-vendedoras Natura. Os produtos têm uma ampla gama de preços e variedades, desde sabonetes que custam R$ 10 no catálogo até perfumes de mais de R$ 90. Chamou minha atenção, pela recorrência nas entrevistas, a percepção das consultoras de que seus clientes de menor renda são os que compram os produtos mais caros, especialmente os perfumes. Delineia-se a questão, a ser posteriormente tratada, da relação entre a marca, o trabalho e o consumo. Por ora se coloca que, além de a atividade poder ser um instrumento de consumo que na verdade "dá trabalho", pode ser também um trabalho que "sai caro", quando a vendedora mais gasta do que ganha com os produtos.

A revendedora da revendedora

Anita, 40 anos, também é diarista. Seu consumo dos produtos Natura é controlado, "não mais que R$ 15 por mês". Ganha com as vendas menos de R$ 100 mensais, que se somam aos R$ 800 que recebe como diarista. Seus clientes são os patrões e alguns conhecidos – em média, dez pessoas.

Vende há dez anos. Não só Natura como Avon, De Millus e um catálogo de artigos variados chamado Shop. É uma revendedora da revendedora. A revendedora "oficial" trabalha com todas essas marcas, tem uma rede de dez revendedoras não cadastradas e repassa para ela 20% dos 30% de comissão.

Anita, sendo revendedora da revendedora, não tem necessidade de angariar encomendas ou comprar produtos a mais a fim de completar os pontos necessários para fechar um pedido; a consultora encarrega-se de administrar seus pedidos e os das demais revendedoras. Em seu relato, mostra uma relação distanciada com o consumo dos produtos; não tem muita informação sobre eles, não distingue as marcas que revende.

Conversei brevemente com Francisca, 53 anos, que também é revendedora da revendedora. É merendeira numa escola pública da periferia da Zona Sul de São Paulo. Foi metalúrgica por mais de dez anos em uma empresa de lâmpadas, trabalhou na Lacta e teve alguns empregos temporários em outras fábricas. Quando os filhos nasceram, tornou-se dona de casa. Há quatro anos começou a revender Natura e há dois anos voltou a trabalhar formalmente, a fim de perfazer o tempo necessário para se aposentar. Revende para sua prima, que hoje trabalha com mais seis revendedoras da revendedora. Diz que vende pouco, porque os produtos são muito caros, e informa que também os consome. Explica que o motivo de começar a revender foi a possibilidade de pagar menos pelo que já consumia antes. Assim "teria um lucro que já pagasse minhas coisas". O máximo que já retirou em comissão foi R$ 200. Conta que já gastou mais do que ganhou, mas diz que hoje controla suas compras pessoais. Sua principal fonte de lucro são as promoções, que lhe possibilitam um ganho maior sobre os produtos.

Quando conversamos, estava extremamente preocupada com o risco de mais um calote. Já tinha arcado com algumas inadimplências, mas essa, segundo ela, seria a pior. Uma cliente se demitiu da escola e "sumiu", sem lhe pagar os R$ 200 gastos em pedidos. "Imagina isso para alguém que ganha o salário mínimo." A responsabilidade pela inadimplência é inteiramente dela. Na informalidade da informalidade ficam os arranjos e negociações para lidar com os riscos – neste caso, o risco de ter mais de um terço do salário destinado à quitação da dívida.

Uma pesquisa realizada com profissionais de beleza para uma marca concorrente da Natura fornece um aspecto interessante para a análise. Os salões de beleza se tornaram pontos fixos da venda de cosméticos por catálogo, especialmente das marcas Natura e Avon. Os relatos indicam que vender Natura tornou-se parte dos serviços oferecidos pelos salões. Para tal oferta, uma ou mais trabalhadoras se encarregam das vendas. Os relatos remetem ao de Patrícia: revender propicia uma perda de controle monetário sobre o consumo dos produtos. Em um salão da Zona Sul de São Paulo, uma manicure que ganha R$ 800 por mês afirma que chega a gastar R$ 300 em produtos. Na maioria dos trinta relatos, as mulheres afirmam que revertem parte de sua comissão em consumo dos produtos, e eventualmente gastam com ele mais do que recebem com as vendas. Delineia-se nisso a força da marca Natura: para além das trabalhadoras que trabalham muito e ganham pouco, vender os cosméticos pode se tornar um meio viciante para adquiri-los. Já os salões de beleza, informalmente, sem qualquer tipo de vínculo com a empresa, se tornam representantes da marca.

A falta de formas predefinidas ou publicamente reguladas e a indistinção entre consumo e trabalho são aqui analisadas como constitutivas do trabalho das revendedoras. Com relação às profissionais de baixa renda, essa ausência de mediações pode se combinar muito bem com a ausência de regulações públicas que já é constitutiva de sua condição social – ausência especialmente presente para as mulheres. No caso de revendedoras da revendedora, como Anita e Francisca, a revenda é inteiramente mediada por compromissos e arranjos estabelecidos em bases pessoais, arranjos que se estabelecem sobre rendimentos mínimos e com alguns riscos. Também com relação a Patrícia e sua cunhada, a racionalidade que orienta as vendas em conjunto e a repartição dos ganhos envolve arranjos precários e orientados pelas relações pessoais[13].

As estratratégias de revendedoras que são também trabalhadoras domésticas evidenciam questões fundamentais para a análise. O trabalho doméstico no Brasil é emblemático para tratarmos da ausência de mediações públicas em relações que se dão no espaço privado da casa. Tal ausência se traduz na indistinção entre o que é tempo de trabalho e o que não é, na extensão não regulada da jornada de trabalho, na realização de trabalho não pago que se estabelece em negociações pessoais, na ausência de limites, direitos e garantias bem estabelecidos na relação contratual, que pode nem mesmo se firmar por meio de contrato de trabalho. Recentemente assistimos a um passo histórico importante no sentido da regulação e do reconhecimento do trabalho doméstico na chamada PEC das domésticas, mas permanecem as questões sobre a implementação e fiscalização dos direitos dessas trabalhadoras. Trata-se de um debate antigo que se atualiza diante de um reconhecimento público da histórica ausência de mediações na regulação desse trabalho. Ao analisar as estratégias das revendoras, o que se destaca é a mobilização de lógicas e acertos privados e pessoais. O mais revelador nas revendas é que tais lógicas, como se vê nas descrições feitas até aqui, combinam-se com e espraiam-se por diferentes relações de trabalho e condições sociais. Ou seja, os elementos problemáticos historicamente associados ao trabalho doméstico parecem hoje estar no cerne da flexibilidade das revendas, e certamente que não são exclusivos a elas. Portanto, o que se indica aqui, e será posteriormente desenvolvido, é que características historicamente associadas a ocupações femininas, e mais especificamente ao trabalho doméstico, parecem hoje estar no cerne do que vem sendo denominado flexibilização do trabalho.

Chegando aonde a loja não chega

A venda por relacionamento garante que os produtos cheguem a praticamente qualquer lugar do Brasil. A capilaridade dos produtos não se restringe aos limites

---

[13] Os arranjos precários e ao mesmo tempo estratégicos, que costumam ocupações informais e de baixo rendimento, formam um campo extremamente profícuo e pouco desenvolvido para uma sociologia econômica interessada em desconstruir as análises que se fundamentam na ação de agentes supostamente orientados por seus cálculos econômicos. No Brasil, a análise de Jacob Lima, "Participação, empreendedorismo e autogestão: uma nova cultura do trabalho?", *Sociologias*, n. 12, v. 25, 2010, p. 158-98, propicia caminhos importantes para essa perspectiva.

do desenvolvimento e da modernização do país. A desnecessidade de lojas possibilita sua chegada a locais de infraestrutura mínima; basta haver quem queira/possa comprar, quem queira/possa vender e um meio de transporte que viabilize a entrega dos produtos. Os relatos a seguir, sobre revendedoras Avon e Natura, foram extraídos de um especial da revista *Valor Setorial* sobre vendas diretas[14]. "A manicure, 44 anos, de Manaus, vive nas palafitas nas margens do Rio Negro." Ela vende há dez anos; com a renda das vendas reformou sua casa e se sustenta sozinha:

> Exibe ainda vários troféus e produtos de beleza para uso pessoal que contrastam com o histórico de mulher simples, com escolaridade de primeiro grau [...]. Luzirene anda a pé muitos quilômetros por dia, com sua bolsa de demonstradora de produtos e talão de pedidos. Para vender mais, usa sempre os artigos que vende, procura estar sempre cheirosa e maquiada e distribui abraços, beijos e conselhos, como o de fazer autoexame de mamas – a Avon faz campanhas contra o câncer e doa mamógrafos para comunidades carentes.[15]

Prosseguindo, o relato mostra a amplitude geográfica das revendas e a heterogeneidade das condições das revendedoras.

> Luzirene e Tainá [*personal trainer* que vende os produtos para seus alunos em condomínios de luxos de Salvador] complementam a renda e ampliam horizontes na própria profissão. Na palafita do carente bairro de Santa Luzia, em Manaus, ou no luxuoso condomínio Encontro das Águas, povoado de artistas e empresários baianos, em Lauro de Freitas, elas transformam clientes em novos consumidores. E consumidores em novos clientes de suas atividades originais. Movimentam a economia local, com suas necessidades de profissionais bem-sucedidas – equipamentos, no caso de Tainá; roupas bonitas e "comida boa e farta", no caso de Luzirene, que considera superada a fase de mulher miserável.[16]

No parágrafo que reproduzo a seguir, a gerente de vendas da Avon mais parece uma missionária nos confins do Brasil; a revista *Valor Setorial* parece ter encontrado poesia em seu trabalho:

> Antes de trabalhar em Manaus, respondia pelas vendedoras de 24 cidades e lugarejos às margens do alto do rio Solimões, e, ainda, de 25 localidades do baixo Amazonas. Ia bem longe, quase sempre de barco, em viagens que poderiam durar dias ou semanas, para treinar e orientar seu grupo, levar produtos, entregar e explicar catálogos e promoções. Ao desembarcar, em horários nunca muito previsíveis – só se tinha uma ideia do dia –, encontrava sempre um guardião nas margens do rio. Com foguetes, ele sinalizava à população que a gerente havia chegado [...]. As reuniões profissionais eram feitas ao ar livre, na praia do rio. Ainda são. [...] Telezila já passou por quase tudo. Encalhou em lagoas assoreadas, onde teve de pernoitar até que ela e o barqueiro fossem socorridos por outro barco. Sofreu acidente de canoa e ficou por uma madrugada inteira com metade do corpo dentro d'água,

---

[14] Dados disponíveis na revista *Valor Setorial*, 2007. : <http://www.revistavalor.com.br/home.aspx?pub=5&edicao=1>. Acesso em 4 maio 2014.

[15] Revista *Valor Setorial*, n. 40, 2007.

[16] Idem, n. 42.

entre correnteza forte e barrancos impossíveis de escalar. Viu-se frente a frente com jacarés, onças, piranhas, serpente e macacos. Aventura nunca faltou a essa espécie de senhora das águas, que, à exceção do boto, confessa morrer de medo dos bichos todos. Mas é a vida e o ofício, ela cita. O dela, como o de muitas amazonenses, em algum momento cruza com a imensidão do rio.[17]

Em tais relatos publicados na grande mídia como exemplos do sucesso das vendas diretas, aparecem diferentes tipos sociais, unidos pela celebração da promoção das relações pessoais. Mas o que subjaz ou, ainda, o que está explicitamente banalizado são as condições precárias de trabalho, os riscos e investimentos das revendedoras. No caso da *personal trainer*, ao mesmo tempo que compõe o crescente setor de serviços pessoais do Brasil, ela garante a venda e distribuição dos produtos em um condomínio de luxo em Salvador. O retrato de Luzirene nos mostra a literal "vendedora de porta em porta", andarilha e de baixa escolaridade, que se torna também agente não paga da cidadania de mercado[18] executada por uma multinacional, ao mesmo tempo que "usa sempre os artigos que vende", ou seja, consome os produtos como parte de seu trabalho, procurando estar "cheirosa e maquiada", afinal a própria revendedora é um veículo de propaganda dos produtos. Já no caso da promotora de vendas Terezila, a forma como é retratada poderia nos levar às narrativas tropicais que não se desvencilham da crueldade que envolve as condições de trabalho no Brasil. A "senhora das águas" pode passar dias se deslocando pelas "cidades e vilarejos do Baixo Amazonas", seus acidentes de trabalho envolvem ficar encalhada por horas, sofrer acidente de canoa, passar uma madrugada dentro da água. Mas será ela, dentre tantas outras, a garantir a chegada de produtos e de treinamento para as localidades brasileiras muito distantes do cosmopolitismo, mas bem inseridas no mundo do consumo.

O uso das relações pessoais como meio de trabalho, o imbricamento com outras atividades e a garantia de que a venda dos produtos pode se realizar em quase todos os lugares do país ficam evidentes nos relatos até aqui analisados. Ficam também explícitos os riscos e adversidades, bem como sua banalidade, aspectos centrais que serão desenvolvidos ao longo da análise em diferentes níveis teóricos.

Revendedoras da elite paulistana

O setor Crystal

Além de expandir seu mercado consumidor/trabalhador para o público de baixa renda, a Natura também alcançou a elite paulistana. Há seis anos criou o "setor Crystal", que congrega vendedoras de média e alta rendas da cidade de São Paulo.

---

[17] Idem, n. 51.
[18] Ludmila C. Abílio, *Dos traços da desigualdade ao desenho da gestão*, cit.; "A gestão do social e o mercado da cidadania", em Robert Cabanes, Isabel Georges, Cibele S. Rizek e Vera da Silva Telles (orgs.), *Saídas de emergência: ganhar/perder a vida na periferia de São Paulo* (São Paulo, Boitempo, 2011).

Esse setor funciona de forma bastante diferente de todos os outros da cidade. Não é delimitado por região e, ao invés de 500 a 800 consultoras, tem hoje em torno de 40. O ingresso se dá por meio de convites, geralmente feitos a antigas revendedoras e a pessoas indicadas por mulheres que já fazem parte dele.

Diva, 67 anos, é casada com um empresário e mora num apartamento no bairro do Itaim. Vende Natura há seis anos, e foi convidada para esse setor, conforme relata:

> O setor Crystal é outro núcleo da Natura, é um plano piloto, só tem esse. Foi pedido para nossa promotora que ela fizesse um grupo de pessoas escolhidas para vender produtos para a classe AAA, para atrair esses consumidores de produto importado para a Natura. E realmente a gente atingiu esse segmento. Então nós vendemos muita maquiagem, muito produto para pele. Somos umas quarenta, normalmente os outros são duzentos, trezentos. É um grupo muito legal, somos muito amigos. Nos conhecemos lá. A gente troca produtos, um ajuda o outro, é um grupo que não concorre entre si.

Entrevistei Sônia, funcionária da Natura que tem ligações com o Crystal. Ela me explica que o grupo surgiu primeiramente de uma incompatibilidade. A heterogeneidade socioeconômica do setor da Zona Oeste tornava a relação entre Natura e consultoras pouco eficiente: "As pessoas eram da equipe, mas não se sentiam parte da equipe. É inviável para uma pessoa pós-graduada ter um curso junto com uma menina que não sabe nem ler direito." E então surgiu o projeto do setor Crystal. "A partir do momento em que a gente começou a promover a segmentação, esse paradigma começou a mudar."

Explica que a classe A não compra por catálogo: "Só tem um jeito de fazer elas comprarem: experimentar. Então é como se a gente estivesse voltando às origens. A mulher reúne o grupo de amigas e vende". Está se referindo ao *party plan*, um dos procedimentos fundadores do Sistema de Vendas Diretas, em que vendedoras organizam eventos sociais voltados para a venda e a promoção dos produtos.

O setor Crystal é o agrupamento exclusivo de pessoas que vêm da elite paulistana ou circulam por ela. Além da atividade individual de cada consultor (homens também participam, e estão entre os "10 mais"), a própria empresa promove eventos voltados para clientes desses consultores, nos quais podem experimentar os produtos e comprar em pronta entrega. Nesses eventos, as consultoras disponibilizam seus estoques, enquanto a empresa fornece a demonstração de produtos e outros atrativos.

O número reduzido de consultoras garante procedimentos diferentes. O Crystal torna-se um mediador entre a Natura e eventos que envolvam empresas, festas e encontros do circuito de alta renda. Eventos em multinacionais, como a oferta de um curso de maquiagem atrelada à compra de produtos para serem presenteados às 180 secretárias de uma empresa; disponibilização de consultoras bilíngues que oferecem seu estoque a executivos estrangeiros que querem conhecer a Natura são alguns exemplos. "Trabalhamos com a área de internacionalização da Natura. Vêm estrangeiros assistir a uma palestra sobre sustentabilidade, ficam encantados, alucinados pelo produto." A estrutura de distribuição da empresa faz com que seja necessária a venda por meio de consultoras para que o produto chegue ao cliente:

Aí quer o produto para levar, mas onde ele encontra? Aí a diretora comercial teve a grande sacada para acionar a equipe. Tem que falar o idioma, vê-se quem está disponível, quem tem pronta entrega. A pessoa vai lá, no hotel onde é o encontro, a Natura monta um mini-showroom, nesse caso oferecemos só a linha Ekos. Às vezes vende até em dólar.

Realizam também eventos semestrais para os convidados das consultoras. Assim, como ela resume, "o setor Crystal passou a atender alguns buracos aonde a Natura não chegava antes. Onde a gente encontra consultoras capacitadas para saber fazer esse atendimento, saber falar sobre os produtos e ainda ter os produtos para vender?".

Sônia atenta para a ampla gama de perfis socioeconômicos: "Você vê desde um pedreiro usando um desodorante até uma pessoa 'bacana' usando uma maquiagem da Natura". Define que "Natura é igual havaianas, é para toda gente". Refere-se às técnicas para lidar com essa segmentação, que não só permite o consumo da classe alta como também viabiliza o trabalho de mulheres desse segmento; seu relato deixa claro que, independentemente de o setor ser Crystal ou não, são todas vendedoras Natura:

> É muito delicado isso. Existe preconceito de tudo que é jeito, né? As pessoas têm uma visão de classe A de mulheres patricinhas... não é nada disso, gente! Só muda o cenário, mas é um ser humano querendo pertencer a uma comunidade, que nem muitas ali que nunca tinham trabalhado, e aí elas se descobrem empreendedoras.

Conciliar o papel de dona de casa com um rendimento que não é trabalho também não necessariamente tem classe definida: "Teve uma que ficou feliz da vida que pela primeira vez ela tinha comprado para o marido um relógio 'bacana' com o esforço dela, com o dinheiro dela. A outra fica feliz que pode comprar a geladeira, mas é a mesma coisa na essência, não é?".

Diva é uma dessas consultoras. Quando conversamos, ela se preparava para o evento que organizou, juntamente com as responsáveis por seu setor, em uma cidade "badalada" do interior de São Paulo. Oitenta mulheres da sociedade paulistana juntam-se durante uma semana na cidade, "enquanto os maridos estão trabalhando". Nesse período, Diva vai disponibilizar diversos produtos para experimentação. Da agenda de atividades da semana constam também cursos de maquiagem e massagem, além de jantares. No verão, faz a mesma coisa no litoral: "Chega lá, a mulherada não tem nada para fazer. Levo uma mala de produtos, deixo a porta da minha casa aberta, todo mundo sabe; enquanto as pessoas param nas férias, eu vendo para outra clientela".

A questão é: por que mulheres de alta renda procuram essa atividade? Segundo Sônia, "pelos valores da empresa, sua filosofia". Diz que trabalha "numa empresa de relacionamento, esse é o forte da Natura [...]. Quando a pessoa se identifica, o prazer em se tornar consultora passa a existir, a venda passa a ser uma extensão, mas não é o motivo principal". Certamente só a imagem da empresa não dá conta de explicar o envolvimento com as vendas, mas a mensagem da marca é de fato adotada no discurso de algumas revendedoras.

O relato de Diva confirma esta percepção. Tem uma trajetória de anos de voluntariado. Foi bandeirante, é católica ativa, sempre esteve envolvida em atividades voluntárias e filantrópicas. Combina as vendas com tais atividades e com toda sua vida social.

Durante jogos de tênis num clube paulistano, reuniões de família, grupos de oração, retiros espirituais, trabalhos voluntários, Diva vende os produtos da Natura. Estima que seu volume de vendas varie de R$ 2 mil a R$ 9 mil por mês. Relaciona as vendas com suas experiências de trabalho voluntário e voltado para a responsabilidade social. "Eu tenho formação bandeirante, fui chefe bandeirante. E a Natura faz tudo o que a gente fazia: recicla, tem refil, faz trabalho social. Eu achei a minha cara. E como eu tinha muita credibilidade com meu trabalho social, então foi, deu certo." As vendas também se tornam uma forma de ocupar o tempo e de ter o próprio rendimento: "Meus filhos estavam casando, saindo de casa e tal. E eu sou muito ativa, nunca fiquei sem fazer nada, faço muito trabalho social. E também era o jeito de ganhar alguma coisa. Primeiro, eu tenho um grande número de amigas e pessoas conhecidas. Falei, deixa eu usar esse meu *mailing* pra alguma coisa". Assim, mobilizou sua ampla rede pessoal para as vendas: "Frequento lugar de muita gente, clube, minha família é enorme. Então, eu preciso usar! Não vou atrás de ninguém pra vender, aonde eu vou eu mostro".

Sua empregada doméstica também vende Natura, e uma diarista do prédio de Diva é sua "revendedora da revendedora". Patroa e empregadas desempenham a mesma atividade, entretanto a flexibilidade dessa ocupação possibilita de alguma maneira que as distinções sejam mantidas, no que o setor Crystal tem papel fundamental. Para Diva, a possibilidade de as "mulheres com pouca instrução" também venderem os produtos aparece mais como dificultador do que como benefício para a empresa, "a Natura se esforça muito [...] mas o nível é complicado", "é uma pena, que a empresa perde, mesmo assim ela vende, porque o produto é bom, mas [perde] porque as pessoas não sabem explicar. Elas acreditam que a Natura é boa, mas uma coisa específica elas não sabem explicar". Esclarece que as revendedoras da revendedora preferem não se tornar consultoras por causa do risco das dívidas: "Elas aí têm que assumir o prejuízo. O de lá não paga, elas miam... eu tinha duas, uma ficou me devendo um tempão, a outra parou porque disse que não queria correr riscos". A partir de sua fala, podemos concluir que os riscos de inadimplência são inerentes às revendas, mas seu grau varia de acordo com as redes em que a atividade se realiza. Assumir um cadastro em nome próprio pode significar, para revendedoras de baixa renda, um risco grande. A análise de Diva também explicita as dificuldades da empresa diante da ampla gama do perfil socioeconômico de suas revendedoras, questão que será retomada no capítulo da construção da marca Natura.

Diva também consome os produtos, e diz que progressivamente substituiu o consumo de outras marcas por Natura. Investe todos os meses nas promoções e nos artigos de maior vazão, tem "até medo de calcular quanto tem em estoque" – estima que seja entre R$ 6 mil e R$ 8 mil. Os calotes são raros e a maioria de seus clientes pertence à classe alta. Mas também vende para o "pessoal mais sem grana". Refere-se ao consumo dos produtos mais caros por seus clientes de menor rendimento, dizendo que "empregadas compram perfume de R$ 80! Elas adoram e pagam, estão ali com o dinheirinho certinho". Fala que a classe média e a classe alta investem em produtos também caros, os cremes faciais; e, em segundo lugar, em hidratantes e maquiagens. Quando lhe pergunto qual é a razão da compra específica de perfumes, ela define: "Acho que é um *status*, elas podem dizer 'eu uso Natura'". Assim, ao longo das entrevistas, vai se delineando que a marca Natura consegue atingir diferentes perfis socioeconômicos sem perder seu *status*. (Relembrando os relatos das consultoras de classe média, vê-se que quem pode ter seu *status* em jogo é a própria revendedora.)

Para Diva, a atuação da empresa para contemplar suas vendedoras inclui os jantares de confraternização para as que se saem melhor nos ranqueamentos.

> A premiação que tem no final do ano é um jantar no Buffet Torres, para as dez primeiras de cada grupo. Essa festa, que tem 1.500 pessoas no salão, eles fazem três dias seguidos. Aí eles fazem um jantar, como se fosse de casamento, chiquérrimo. Eles dão tudo de bom para aquela moçada. Porque eu vou em casamento, estou acostumada a ir ao Torres, né? Mas a moçada não. É um capricho que emociona.

Diva nunca trabalhou fora de casa – seu tempo é dedicado às atividades voluntárias "voltadas para o social"; a revenda parece ser vivenciada por ela como mais uma dessas formas "cidadãs" de "ocupar o tempo", que se combina com as outras. Nos retiros religiosos que frequenta, por exemplo, leva as revistas da igreja e os catálogos da Natura. Quando descreve a empresa, não parece estar se referindo a uma indústria de cosméticos, mas ao que define como "exemplo de brasilianidade". Organiza por conta própria excursões para a fábrica em Cajamar: já fretou um total de doze ônibus. Concilia estratégia de vendas e orgulho pela empresa: levar pessoas é uma forma de "conseguir mais clientes", pois "o encantamento das pessoas pela fábrica" se traduz em consumo dos produtos; mas é também a possibilidade de mostrar o "Brasil que dá certo":

> É assim: a mulherada chega lá falando, aquele agito. Conforme vão escutando, elas vão se calando, vão ficando quietas. Aquilo toca. Saber que aquilo é uma empresa nacional. Nós estamos muito desiludidos com o governo, com a bandalheira, e você ver que tem alguém que está fazendo bem-feito... é emocionante.

Em seu discurso delineia-se a constituição da marca Natura. O "exemplo de brasilianidade" traduz a imagem da empresa que está intimamente imbricada na imagem da marca, imagem essa que possibilita que Diva associe as vendas à sua experiência da dona de casa que tem uma vida pública extremamente ativa e voltada para "ações sociais". Combinando sua ampla rede pessoal com as vendas, tornou-se uma microempreendedora que aproveita lazer, viagens, religião e caridade como fontes para o seu trabalho, sem com isso alterar seu *status*, mesmo que, ao fim e ao cabo, desempenhe exatamente a mesma atividade a que sua empregada doméstica recorre para complementar renda.

A INTERNACIONALIZAÇÃO FORMAL E INFORMAL DA EMPRESA

Consultora ilegal em Paris

Inês, 48 anos, goiana, viúva, vive em Paris há dez anos. Deixou Goiás após a morte do marido; diz que as dívidas, a falta de perspectivas e o contato com uma amiga que mudara para a França a incentivaram a tentar a vida em outro país. Durante todo esse tempo vem se mantendo como diarista, fazendo serviços de limpeza. Cheguei a ela por uma propaganda de venda dos produtos Natura, com um telefone e sem nome, afixada em um ponto de encontro de brasileiros em Paris.

Inês vende Natura desde que a empresa instalou uma loja e um centro de distribuição em Paris, em 2005. Essa loja, localizada num dos bairros de classe alta da cidade, é a vitrine da marca na França. Ao contrário das Casas Natura brasileiras, nela é possível comprar os produtos. No segundo andar são oferecidos cursos e palestras, além de um espaço com CDs de música e livros brasileiros à venda. Além da loja, também na França a Natura adotou o Sistema de Vendas Diretas; hoje já são mais de 2 mil consultoras no país[19]. A reunião da promotora com as vendedoras é semelhante à que ocorre no Brasil: apresentação de produtos, premiação das consultoras que vendem mais, sorteio de brindes, distribuição das revistas. Entretanto, a participação é, digamos, globalizada. Nota-se a presença de brasileiras, bolivianas e francesas, provavelmente entre outras nacionalidades. A tônica da reunião é o recrutamento de novas consultoras. A campanha "abraços do Brasil" estimula as consultoras a recrutarem suas conhecidas; bonificações e vales-brinde são as premiações para quem contribuir para o aumento do exército de vendedoras (e da futura concorrência). Posteriormente, entrevistei uma das gerentes da empresa em Paris. Ela relatou, desenhando um mapa da França, que a atual estratégia é a expansão pelas fronteiras do país, e contou que estão enfocando a disseminação da marca pelas revendas em cidades limítrofes, visando adentrar países vizinhos. Além da expansão dos mercados, o estabelecimento em Paris também é pautado pela pesquisa e pelo desenvolvimento. A empresa fundou na França um laboratório de pesquisa de cosméticos, buscando acertar o passo com a tecnologia internacional. Há alguns anos, eliminou o teste com animais; em seu laboratório internacional é possível realizar pesquisas em células vivas – segundo informações dadas durante a visita à fábrica.

Voltando ao relato sobre a consultora Inês, a venda de produtos brasileiros tornou-se uma opção acessível para complemento de renda – mas acessível com dificuldades: ela vive ilegalmente no país, o que a impossibilita de ter um cadastro em seu nome; por isso, vende em nome de uma amiga. Tem como clientes apenas suas patroas; praticamente não consome os produtos e diz que o rendimento com as vendas é "baixo, mas ajuda". Atualiza em um contexto completamente diverso o que é ser empregada doméstica vendedora Natura. Natura e Inês cruzaram fronteiras, a primeira consolidando-se enquanto empresa brasileira extremamente bem-sucedida que se internacionalizou, a última como parte dos imigrantes brasileiros que hoje naquele país desempenham ocupações de baixa qualificação e mantêm-se na ilegalidade. Ambas se encontram na "viração" de Inês, que concilia seu trabalho de faxineira brasileira com a venda de produtos do "Brasil que dá certo".

Conversando brevemente, ao final da reunião, com algumas consultoras brasileiras, uma disse que, assim como ela, muitas conterrâneas se tornam revendedoras para

---

[19] Dados disponíveis no site da Natura: <http://natura.infoinvest.com.br/ptb/2450/relatorioanualcompleto_port_1008.pdf>. Acesso em 8 maio 2014.

"ter um vínculo com o Brasil". As *conseillères* Natura" em Paris fornecem um bom caminho para uma possível análise futura da relação entre desenvolvimento, trabalho e imigração na atualidade. Para as francesas, parece haver um forte atrativo no discurso da sustentabilidade social. Interessante seria pesquisar o perfil dessas mulheres e sua relação com a atividade; estaríamos exportando meios para a "viração"?

Consultora empreendedora em Londres

Valéria também já foi faxineira no Brasil e *cleaner* em Londres; em 2009, época da entrevista, trabalhava na clínica médica de seu marido. Saiu do Brasil em 2006. Conta que, no Brasil, trabalhou em bancos até se casar e parou quando teve filhos. Depois do divórcio fez vários "bicos". Começou vendendo Natura como revendedora da revendedora. Após tornar-se faxineira em casas de praia, teve condições de fazer seu próprio cadastro. Baseando-se em sua experiência londrina, diz que vender no Brasil era muito difícil, principalmente devido à inadimplência recorrente: "Lá você vende bem, mas não recebe; as pessoas não têm dinheiro". Recebeu uma proposta de ir para Londres e conseguiu entrar no país com o visto de turista; na época da entrevista, estava esperando a liberação de seu passaporte italiano.

No final dos anos 1990, o sociólogo Alejandro Portes referia-se à "globalização por baixo"[20]. Deslocando a análise da globalização da mobilidade do capital para a mobilidade do trabalho, o autor trata da cartografia dos movimentos migratórios, trazendo à tona o cruzamento entre redes pessoais, trabalho informal, empreendedorismo em suas dimensões transregionais[21]; também aborda a centralidade do trabalho imigrante para a economia de países do Terceiro Mundo – remessas financeiras internacionais hoje compõem parte significativa do PIB de vários desses países[22]. A trajetória de Valéria e as redes que estabeleceu como imigrante seriam um bom ponto de partida para se pesquisar a comunidade brasileira que hoje vive em Londres. Valéria, por conta própria, e numa microdimensão, internacionaliza informalmente a distribuição da empresa Natura para aquela cidade. Ela não é a única: as revistas brasileiras, distribuídas nos estabelecimentos "brasilondrinos", anunciam a venda dos produtos Natura em alguns desses locais – por exemplo, minimercados que oferecem artigos que se tornam ícones da cultura brasileira, como guaraná Antártica, massa para pão de queijo, paçoca, feijão e também produtos Natura.

Para Valéria, a condição de venda é extremamente profícua: há brasileiros para consumir e praticamente nenhuma concorrência. O cadastro agora está em nome de

---

[20] Alejandro Portes, "Globalization from Below", em W. P. Smith e R. P. Korczenwicz (orgs.), *Latin America in the World Economy* (Westport, Greenwood, 1996), p. 151-68.

[21] Alejandro Portes, William Haller e Luis Guarnizo, em "Transnational Entrepreneurs: An Alternative Form of Immigrant Economic Adaptation", *American Sociological Review* n. 67, v. 2, 2002, p. 278-98.

[22] Alejandro Portes, "Globalization from Below", cit.; PNUD, "Como se saem os migrantes", *Relatório do Desenvolvimento Humano – ultrapassar barreiras: mobilidade e desenvolvimento humano.* 2009. Disponível em: <http://www.pnud.org.br/rdh/>. Acesso em 9 maio 2014.

uma filha que mora no Brasil; esta faz e recebe as encomendas que a mãe lhe passa e faz o envio pelo correio. No início da vida em Londres, quando era *cleaner*, Valéria carregava uma mala com produtos Natura entre outros artigos, como lingeries e biquínis, para vender às suas patroas. Começou também a vender em um *pub* no qual uma conhecida brasileira trabalhava; conta que este se tornou seu ponto fixo de vendas, todos os domingos, até que se casou e conseguiu estabelecer seu próprio local de vendas. Ao longo dos anos, o número de clientes aumentou consideravelmente; quando deu a entrevista, recebia as caixas de encomendas feitas em nome de sua filha – que, para a Natura, era uma consultora empreendedora e uma das mais bem colocadas em seu setor numa cidade de Minas Gerais.

Quando se casou em Londres, em 2006, ela e o marido, um médico moçambicano, montaram uma clínica em um bairro com alta concentração de brasileiros. Assim como geralmente buscam um "vínculo com o Brasil" por meio dos produtos daqui, que lhes são familiares, brasileiros também o fazem com medicamentos. Valéria adota com relação a estes a mesma prática de importação dos produtos Natura; na clínica do marido, são receitados e vendidos remédios brasileiros.

Ela movimenta por mês em torno de R$ 5 mil em pedidos. Disse que já fez o cálculo: num pedido de R$ 4 mil, ganha em torno de R$ 1,5 mil. Criou seus próprios preços para os produtos: sobre o valor do catálogo em reais, soma 100% e divide o total pela cotação da libra; assim, praticamente quadruplica o valor de sua comissão e dobra esse lucro nos produtos comprados em promoções. Além da Natura, também importa e vende da mesma forma produtos do Boticário e outros artigos brasileiros ou que os brasileiros gostam de consumir – "lingerie, meia Kendall, tudo do Brasil". Diz que os riscos de inadimplência são menores, porque "aqui as pessoas têm dinheiro". Descreve alguns de seus clientes: "Tem a que fala – ah, minha patroa é inglesa, nasceu o bebê e eu queria dar um presente para ela [...]. As garotas de programa, até elas têm recurso, têm dinheiro [...] angolanos, turcos, também ingleses". Há também as potenciais revendedoras da revendedora: "tem mulheres que casaram com europeu, têm bebê, não trabalham, aí elas me ligam querendo revender os produtos, mas eu ainda não tenho tempo para ver isso". As vendas estão indo bem; pretende parar de trabalhar na clínica – onde controla toda a parte financeira e de medicamentos – e dedicar-se exclusivamente às vendas. A clínica também se tornou seu ponto de vendas: numa sala adjacente montou uma vitrine com os produtos. Não faz entregas em domicílio e não aceita pagamentos a prazo. A maioria de seus clientes é de brasileiros.

Valéria, como ela mesma diz, criou "um serviço Boticário e Natura em Londres". O trabalho da revendedora e seus produtos Natura transitam pelas redes de imigrantes brasileiros que conectam – não só pela circulação de pessoas[23] – Londres ao Brasil por meios improvisados, ilegais, informais e formais.

---

[23] Alejandro Portes, William Haller e Luis Guarnizo, em "Transnational Entrepreneurs", cit.

A empresa

A Natura foi fundada em 1969, por Luiz Seabra, hoje um de seus três presidentes. Em 1974, adota o Sistema de Vendas Diretas. Em 1982, expande sua distribuição para o Chile. Segundo a própria empresa, a consolidação da imagem da marca se dá a partir dos anos 1990, ao lançar os conceitos da "Mulher bonita de verdade" e do "Bem estar bem", que analiso mais adiante. Em 1994, passa a operar também na Argentina e no Peru. Atua, ainda, na Colômbia, na Venezuela, no México e na França. Tem atualmente mais de 177 mil consultoras no exterior.

Em 1995, lança a linha voltada para a responsabilidade social, Crer para Ver. Em 2000 é lançada a linha Ekos, hoje um dos carros-chefe da empresa no Brasil e no exterior, baseada no "uso sustentável da biodiversidade brasileira"[24]. A linha Ekos sintetiza a imagem da marca, combinando o exótico-tropical com a qualidade dos produtos. Tal uso da biodiversidade brasileira envolve a exploração de matéria-prima, que se dá associada a comunidades tradicionais, principalmente do Norte do país, segundo informação fornecida na visita à fábrica. Em 2006, a empresa inaugurou sua fábrica de massa de sabonetes no estado do Pará, anunciando também a intenção de estabelecer parcerias com agricultores locais e contribuir para o desenvolvimento de seu entorno. A empresa vai adquirir gradualmente matéria-prima diretamente dos produtores, exercendo na prática seu compromisso com o desenvolvimento sustentável. Estima-se que cerca de 2.500 pequenos agricultores em 21 municípios do estado serão potencialmente beneficiados pela decisão. "A fábrica concretiza tudo o que a empresa acredita em termos de uso sustentável da biodiversidade brasileira. As parcerias produtivas com comunidades locais, que obterão uma complementação de renda, também proporcionarão novos incentivos ao desenvolvimento do Pará', afirma Eduardo Luppi, vice-presidente de Inovação da Natura."[25] Em 2010, a empresa foi multada em R$ 21 milhões pelo Ibama, em processos relativos ao uso indevido de patrimônio genético e conhecimento tradicional. Na mídia, a repercussão se deu menos em torno da atuação indevida da empresa e mais das ineficiências e morosidade da legislação brasileira sobre o uso de patrimônio genético e dos patenteamentos[26]. Além das multas recentes, desde 2001 corre na justiça do Acre um processo movido contra a empresa por biopirataria: ela é acusada de utilizar o murmuru, usado em xampus e sabonetes, sem pagar as devidas compensações por conhecimento tradicional à etnia indígena Ashaninka[27].

---

[24] Mais informações a respeito estão disponíveis no site francês da Natura: <http://www.naturabrasil.fr/Company/CompanySub.aspx?PageId=233>. Acesso em 8 maio 2014.

[25] Ver "Natura aplica R$ 13 milhões em fábrica no Pará". Disponível em: <http://www2.uol.com.br/canalexecutivo/notasemp06/emp170820061.htm>. Acesso em 8 maio 2014.

[26] Para entender melhor a autuação do Ibama sofrida pela Natura, relacionada ao acesso ao patrimônio genético, há matéria na íntegra disponível na revista *Carta Capital Online*: <http://www.cartacapital.com.br/sustentabilidade/biodiversidade-de-cartorio>. Acesso em 8 maio 2014.

[27] Matéria integral sobre o episódio está disponível no *Estadão Online*: <http://www.estadao.com.br/noticias/impresso,orgao-ambiental-multa-natura-em-r-21-milhoes,639296,0.htm>. Acesso em 8 maio 2014.

Em 2006, vendedoras do mercado Ver-o-Peso, em Belém, também denunciaram a empresa por biopirataria[28]. Alegam que concederam direitos de filmagem sobre seu trabalho, mas a empresa teria patenteado seu conhecimento sobre o uso da priprioca, uma das raízes utilizadas nos produtos da linha Ekos.

Em 2001, a Natura funda o maior centro de pesquisa e desenvolvimento da América Latina e sua fábrica na cidade de Cajamar. Atualmente, a empresa tem mais de seis mil trabalhadores registrados, dos quais apenas 1.500 trabalham diretamente na linha de produção, em três turnos, sendo que a fábrica funciona 24 horas por dia, seis dias por semana (segundo informações dadas na visita à fábrica). Alguns setores, como a estocagem e a distribuição de matéria-prima na produção, são 100% automatizados; outros são semiautomatizados. A fábrica está organizada pelo sistema TPM[29].

Em 2004, a companhia torna-se de capital aberto. Em 2005, estabelece suas operações na França e no México. A abertura de capital teve consequências na organização da empresa, que desde 2005 passa por reestruturações e que, na última década, apresentou índices de crescimento e faturamento acima do mercado. Em 2008 demitiu duzentos empregados e reestruturou seu portfólio de produtos – naquele ano, eram 739 itens; reduziu também o número de lançamentos, de 183 para 118 produtos[30], o que significa que, em média, a cada três dias do ano a empresa lança um produto novo e proporcionalmente retira outros de linha. Relembrando as gavetas das consultoras: para elas, ter segurança sobre a vazão de seu estoque é difícil; como diz a consultora Fátima, "*às vezes dá vontade de falar: para um pouco, que a gente não aguenta acompanhar*". A inovação também demanda da consultora "testar" os novos produtos, ou seja, adquiri-los.

Em 2010, a empresa demitiu 33 trabalhadores de sua fábrica; destes, 22 têm algum tipo de lesão por LER/Dort (Lesão por Esforço Repetitivo/Doenças Osteomusculares Relacionadas ao Trabalho) e estavam em processo de reabilitação profissional. A maioria trabalhava em linhas específicas para pessoas em recuperação, que foram desativadas após sua demissão. A diretoria do Sindicato dos Químicos Unificados afirma que desde 2005 foram demitidos 98 trabalhadores nessas condições. A empresa alegou falta de comprometimento desses empregados[31].

---

[28] Mais informações sobre o episódio estão disponíveis no blog *Ambiente Acreano*: <http://ambienteacreano.blogspot.com.br/2006/09/natura-acusada-de-biopirataria.html>. Acesso em 8 maio 2014.

[29] TPM é a sigla para *Total Productive Maintenance*, uma organização da fábrica voltada para a eliminação de problemas, tendo como objetivo a máxima eficiência da produção. "Zero acidente, zero defeito, zero quebra/falha" definem as metas, que envolvem desde os trabalhadores do chão de fábrica até os gerentes. Assim, os trabalhadores se tornam responsáveis por monitorar e criar soluções para aumento da produtividade e redução dos prejuízos. Os pilares que orientam essa organização vão da conservação do ambiente – "limpo e agradável" – ao sistema global de manutenção da produção. De origem japonesa, fortemente estabelecido nos anos 1970 – em especial pela Toyota –, hoje é adotado por fábricas dos mais diversos setores no Brasil. Essa organização será discutida nos próximos capítulos.

[30] Dados disponíveis no site da Natura: <http://natura.infoinvest.com.br/ptb/2450/relatorioanualcompleto_port_1008.pdf>. Acesso em 8 maio 2014.

[31] Mais detalhes sobre o episódio estão disponíveis no site *Brasil de Fato*: <http://www.brasildefato.com.br/node/5330>. Acesso em 8 maio 2014.

Em 2008, a empresa apresentou um lucro líquido de R$ 500 milhões, o que representou um crescimento de 17% em relação ao ano anterior. Naquele ano, as consultoras apresentaram uma produtividade média estável com relação ao período anterior, de R$ 9 mil ao ano por revendedora[32] – posteriormente esse dado será analisado. A crise de 2009 não afetou o desempenho da empresa: sua receita consolidada apresentou crescimento de 24% no primeiro semestre de 2010 e o lucro líquido alcançou R$ 330 milhões, 8,5% acima do mesmo período no ano anterior. O ritmo de inovação se mantinha, tendo sido lançados 52 dos produtos nos primeiros seis meses daquele ano[33]. Como toda empresa legalizada pelo Sistema de Vendas Diretas, a Natura paga o chamado "imposto por substituição", isto é, paga o imposto no lugar da vendedora. "A empresa recolhe em nome (substituição) do agente da venda direta, ou seja, da revendedora", o que é também considerado um pagamento por antecipação, "porque, no momento em que a empresa fatura, mesmo antes de o produto ser revendido, já recolhe aos cofres dos 27 estados – onde todas as grandes empresas do setor estão presentes – o valor do ICMS sobre a venda, conforme a alíquota de cada um"[34].

> Os revendedores – que, pela lei n 6.586, de 1978, são considerados comerciantes autônomos – deveriam recolher o ICMS e não o fazem. Quem paga o ICMS para os revendedores, antes mesmo que a venda ocorra, são os fabricantes. Essa possibilidade só é permitida em razão de acordos firmados entre as empresas e os estados, previstos em convênios do conselho nacional de política fazendária, que autorizam o pagamento antecipado do imposto pelo fabricante no lugar do revendedor.[35]

Essa forma de taxação possibilita que a empresa aja inteiramente dentro da legalidade ao mesmo tempo que as revendendoras permanecem na informalidade. Esse é um aspecto importante e que tem de ser ressaltado. Assim como diversas outras empresas que realizam sua distribuição por meio do Sistema de Vendas Diretas, a Natura está amparada por toda uma legislação que regulamenta esse sistema. Portanto, a análise do trabalho das revendedoras demonstra como transferência de riscos para o trabalhador, não reconhecimento do trabalho como trabalho, ausência de garantias e direitos não estão necessariamente associados à ilegalidade. Pelo contrário, como veremos no próximo capítulo, as discussões sobre a exploração do trabalho na contemporaneidade não podem perder de vista o papel ativo do Estado nas regulações que hoje são denominadas desregulamentações. Trata-se de triangulações específicas entre Estado, capital e trabalho que se atualizam, e que nas últimas décadas propiciaram diversas formas de precarização e novas configurações do trabalho informal.

---

[32] Dados extraídos de matéria disponível na *Isto É Dinheiro Online*: <http://www.istoedinheiro.com.br/noticias/322_VERMELHO+ SO+NO+BATOM>. Acesso em 1 fev. 2011.

[33] Esses dados estão disponíveis no *Relatório anual 2009*, da Natura, cit.

[34] Mais informações estão disponíveis na revista *Valor Setorial*: <http://www.revistavalor.com.br/home.aspx?pub=5&edicao=1>, p. 13. Acesso em 8 maio 2014.

[35] Ibidem, p. 72.

A mediadora: o trabalho da promotora de vendas

A promotora é uma funcionária contratada pela empresa. Como foi dito, as consultoras estão distribuídas por setores, que são determinados por bairros. Cada promotora é responsável pela administração de um setor, que é composto, em média, de quinhentas a oitocentas consultoras. Ela controla o desempenho da consultora: quando fez pedido, quanto pede, quando paga. Também é quem realiza as reuniões de cada ciclo com as consultoras, onde apresenta os produtos, ensina como usá-los, sorteia brindes. Seu ganho é em parte determinado pelo desempenho de suas consultoras: tem um salário fixo, mais um sistema de bonificação por metas. Assim como as consultoras, as promotoras também são ranqueadas, o que determina o ganho de viagens, prêmios e gratificações.

Além de ser responsável pelo controle e pela instrução – poderíamos dizer, pela gestão – das consultoras, ela é uma administradora de recursos. Cada promotora recebe uma quantia mensal fixa, a ser gasta com a infraestrutura necessária para os encontros e para o gerenciamento das consultoras. O modo de utilizar essa quantia é decidido por ela. Assim, algumas trabalham em casa, outras têm escritórios, e algumas contratam pessoas para ajudá-las. Cada promotora é responsável pela escolha, pela regulação e pela infraestrutura dos locais onde acontecerão suas reuniões.

Paola, ex-funcionária da Natura, responsável pelo treinamento das promotoras, explica:

> [...] agora tem gente que vai abrir um setor novo no meio do nada. Então começa do zero, então só o começo da vida dela é captando gente nova. Tem gente que já tá com o setor estabilizado, então ela precisa trabalhar mais a produtividade. Por exemplo, se ela quiser alugar um escritório bacana para as consultoras irem, ela tem a verba dela. Se a verba é R$ 500, o aluguel é R$ 1.000, ela põe R$ 500 do bolso. Que ela tem uma verba de locomoção, de gasolina. Que é o mínimo pra ela cumprir o que tem que fazer.

Pergunto se é vantagem desembolsar dinheiro próprio: "Se ela for ganhar um bônus... e aquilo compensar... tudo depende, ela é uma supergestora! E a gente dava treinamento para tudo isso".

Uma promotora explicita o trabalho sob pressão, que ela traduz em "adequar-se aos valores da empresa": "Quando a pessoa não combina, o sistema repele." O sistema repele também aquelas que não conseguem manter suas metas:

> A gente tem que cumprir com as metas a cada 21 dias. Agora, quando você não tá legal, tem o gestor ali para reverter o quadro. Se não reverte, aí é falta de empenho ou alguma outra coisa, que a pessoa entra achando que dava para a coisa e às vezes não dá... Aí é óbvio que a Natura chama outra pessoa, porque a gente não pode não cumprir com as metas... É como eu te falei: quando a pessoa não se adéqua ao sistema, não é que ela sai; saem com ela.

Esclarece sobre a importância do papel da promotora ante a informalidade do trabalho das consultoras:

> As metas giram em torno do volume de vendas, tem que colocar gente nova. Tem um percentual de inadimplência, porque passou daquilo qualquer empresa vai à falência,

então tem que controlar. Manter o número de pessoas ativas. Porque não existe vínculo empregatício, elas são autônomas: então, se quiser, vende; se não quiser, não vende. A promotora tem que incentivar, capacitar toda essa mulherada.

A falta de formas definidas demanda técnicas de gestão diferenciadas; afinal, se as mulheres não são reconhecidas como trabalhadoras vinculadas à empresa, como manter sua produtividade? Outra questão que também é desenvolvida ao longo de toda a análise: há um controle sobre o trabalho das revendedoras? Como ele opera?

A promotora, portanto, faz a mediação entre a empresa e as consultoras, e sua produtividade – e remuneração – depende da forma como administra a produtividade alheia, que, no caso, pode significar quinhentas ou mais mulheres:

> É assim: a promotora tem metas, uma meta por consultora nova, meta por atividade. Então, quem tá no setor tem que fazer pedido todo ciclo, ver quem ficou na ativa, quem ficou inativa. Então, ela tem uma meta x de atividade. Então no bolo das oitocentas consultoras, ela tem que ter um x por cento de atividade. E ela tem meta por produtividade. Então não adianta fazer um pedido mínimo; ela tem de incentivar a fazer um pedido mais gordo. E ela tem meta por perda, não pode perder consultora. Então ela é amarrada por todos os lados. Às vezes ela consegue superar uma meta de perdas com uma consultora nova que entra, então, tá na fila do banco, ela já vê que tem perfil de consultora, então "fulana, você não quer ser consultora" etc.

A promotora desempenha, assim, um papel essencial na gestão das consultoras. É delegado a ela um controle sobre a produtividade das consultoras. Os parâmetros que medem essa produtividade estão definidos, a "flexibilidade" fica por conta das estratégias que a funcionária cria para atender às demandas da empresa. Demandas que, na realidade, dependem da atividade de um milhão de mulheres do lado de fora da fábrica. Ao mesmo tempo que a Natura tem um imenso exército de vendas, o que também se traduz em um milhão de consumidoras garantidas, a falta de formas e regulações predefinidas demanda estratégias de gestão que garantam a constância de vendas, a baixa inadimplência e também certa homogeneidade no discurso da marca, afinal, as revendedoras também são veículos da publicidade.

Na fábrica: informalidade se traduz em informação

A fábrica de Cajamar é mais do que uma fábrica; é a propaganda da própria empresa. Do lado de dentro, o trabalho daquele um milhão de revendedoras se traduz em informação – informação que pauta a produção. Participo em Cajamar de uma visita guiada especialmente para estudantes universitários, a maioria interessada em analisar o "*case* de sucesso" na área ambiental, administrativa e de marketing. A empresa tem um setor designado para lidar especialmente com a comunidade acadêmica.

O discurso da sustentabilidade é a tônica da visita guiada, que vai desde informações sobre o reflorestamento do terreno que circunda a fábrica até o berçário para as mães "colaboradoras". A construção, toda de concreto armado e vidro, "reflete a transparência" da empresa, nas palavras da guia[36]. Iniciamos pela linha de produção de batons. Do mezanino vemos os engenheiros responsáveis pela manutenção das máquinas e alguns poucos trabalhadores na esteira de fábrica, fechando continuadamente as embalagens e depositando-as em grandes caixas.

A estocagem de matérias-primas é inteiramente automatizada – a fábrica tem hoje o maior armazém vertical da América Latina. Um elevador computadorizado localiza a matéria-prima demandada na produção, dentre as 54 mil posições possíveis, e em quatro minutos a envia por trilhos até o local da produção. Apenas três pessoas trabalham no armazém.

A questão central da minha visita é: como a empresa organiza a distribuição dos produtos que são encaminhados não para x lojas, mas para as centenas de milhares de vendedoras por todo o país? A distribuição também é semiautomatizada, os trabalhadores desse setor repõem os produtos nas máquinas de distribuição e conferem os pesos das caixas a ser despachadas. Uma esteira passa por estantes onde estão todos os produtos fabricados pela empresa. Quando a consultora fecha o pedido pela internet ou pela central de atendimento, softwares processam a informação na central de distribuição. É emitida na esteira uma caixa etiquetada com o nome e o endereço da consultora. Essa caixa passa pelas estantes e os produtos encomendados vão sendo automaticamente depositados. No fim da linha, a caixa é pesada; se o peso real equivaler à soma dos pesos dos produtos encomendados, o conteúdo está correto[37]. Dali ela é enviada à consultora pelos Correios ou por uma das trinta transportadoras contratadas pela empresa.

Por dia são despachadas 40 mil caixas, e a cada minuto são processados seis pedidos. O estoque de produtos na fábrica é reduzido, pois o sistema *just in time* permite que sejam gerados de acordo com a demanda.

É difícil pensar em redundância do trabalho quando fica tão clara a relação entre tecnologia e trabalho informal. O ritmo da produção, o que e quanto será produzido são pautados pela atividade daquele imenso contingente de trabalhadoras. Na fábrica, o trabalho sem formas definidas de professoras, empregadas domésticas, senhoras de classe alta, imigrantes internacionais, entre tantas outras, traduz-se em informação muito bem definida e controlada na esteira de produção e de distribuição.

---

[36] A estrutura da fábrica, além de "transparência", também possibilita que praticamente toda ela seja desmontada e remontada em outro local. Detalhe interessante quando se considera o argumento de Beverly Silver de que a mobilidade do capital é uma constante resposta à organização das forças do trabalho (*Forças do trabalho: movimentos de trabalhadores e globalização desde 1870*, trad. Fabrizio Rigout, São Paulo, Boitempo, 2005).

[37] Em todas as entrevistas que fiz, as consultoras afirmam que muito raramente recebem produtos que não tenham sido encomendados. As que também vendem Avon comentam que a vinda de produtos não pedidos é frequente, o que é um problema sério para elas, pois muitas vezes têm de pagar por produtos que não encomendaram. A guia da visita explica que, quando uma consultora afirma ter recebido um produto errado, seu nome entra para uma lista de dupla conferência, o que significa que todas as caixas que forem enviadas a ela serão pesadas duas vezes. Enquanto, do lado de fora, todo o trabalho de venda da consultora se baseia em relações de confiança, dentro da fábrica a honestidade da consultora é posta na balança, literalmente.

Do lado de fora, a "viração" e a informalidade; do lado de dentro, informação e uma produção altamente modernizada e controlada. Cabe então analisar tais conexões num contexto mais amplo, das transformações do trabalho e da própria acumulação no contemporâneo.

2

A INFORMALIDADE E A QUESTÃO SOCIAL

Sabia que não existem mais pobres hoje em dia?
Só pessoas modestas.
Não se fala mais de "questão".
Por exemplo: a questão social.
Falamos de "problema", que nossos especialistas irão
segmentar em uma série de problemas técnicos.
Para cada um deles
eles encontrarão uma ótima solução.
Fórmulas eficazes.[1]

Quando comecei a pesquisar a relação de trabalho das revendedoras Natura, em 2006, o número de consultoras girava em torno de 400 mil. A cada ano, só no Brasil, o contingente de trabalhadoras crescia numa média de 200 mil pessoas. Nesse mesmo período, a empresa consolidava sua posição de liderança no mercado. O faturamento e o lucro crescentes acima do ritmo do mercado, a internacionalização da distribuição e o estabelecimento de um centro de pesquisa na França eram elementos que indicavam como a pesquisa poderia desdobrar-se em questões centrais e extremamente relevantes para a compreensão da exploração do trabalho na atualidade. Este é um caso em que está explícita a relação entre modernização e precariedade; muitos de seus aspectos são difíceis de abarcar – alguns não serão tratados aqui. O trajeto poderia partir das patentes, que são centrais na competitiva pesquisa e no desenvolvimento do setor de cosméticos; passar pela relação da empresa com as comunidades tradicionais e sua extração de matéria-prima, pela fábrica-propaganda e pela "força da marca", ex-

---

[1] Diálogo do filme *A questão humana* [*La question humaine*] (dir.: Nicolas Klotz, 2007).

tremamente relevante no caso da Natura, e então chegar a esse exército, em acelerada expansão, de um milhão de mulheres.

Desde 2004 a empresa tem capital aberto; entretanto, sua imagem se mantém fortemente vinculada às figuras de seus presidentes, em especial a do fundador, Luiz Seabra, e, mais recentemente, a de Guilherme Leal, candidato a vice-presidente de Marina Silva, pelo Partido Verde, nas eleições de 2010. A Natura é líder de seu setor em toda a América Latina. No ranking das cem maiores fabricantes mundiais de produtos de higiene pessoal, perfumaria e cosméticos, elaborado pela revista *WWD-BeautyBiz*, ocupa o 14º lugar mundial; é a 2ª maior do canal de venda direta, atrás apenas da norte-americana Avon[2].

A psicanalista de uma importante empresa voltada para *couching* e consultoria na gestão de Recursos Humanos disse uma frase que resume bem a discussão: "a consultora Natura é o que há de ultramoderno no mercado" – moderno e precário em sua plena imbricação. O exército de consultoras possibilita o reconhecimento da flexibilização do trabalho e, ainda, de que as mulheres estão na sua linha de frente.

Empreendedorismo, desregulações do trabalho, precarização: elementos que são centrais para a análise dessa atividade. A dimensão do exército de vendedoras nos leva ao que Harvey definiu como a "organização através da dispersão". Como vimos, a atividade sem pré-requisitos ou métodos, espraiada em dimensões extraordinárias, está muito bem amarrada e controlada do lado de dentro da fábrica. A revenda também desvela a potencialidade contemporânea da informalidade de se realizar literalmente pela perda de formas do trabalho. Pode-se ir mais longe e pensar como muito dessa organização hoje se apoia no trabalho amador e sem predefinições: estaria em jogo a própria exploração de uma perda de sentidos do trabalho. Isso se traduz nas motivações do "trabalho fora do trabalho", o qual pode se realizar na esfera – e na forma – do consumo, questões que serão desenvolvidas nos próximos capítulos. Aqui, buscarei refazer alguns dos caminhos que guiaram e guiam os estudos do trabalho, pensando nas suas inflexões em consonância com as mudanças e perdas de horizontes políticos/críticos que se desenrolam no contexto global do neoliberalismo.

O termo "precarização do trabalho" torna-se recorrente para nomear algo que de fato se transformou; entretanto, tal definição é extremamente complicada: indica uma persistente dificuldade em dar nome aos bois no contexto das transformações do trabalho das últimas décadas. Especialmente quando relacionado aos países da periferia, fica difícil analisar o que realmente está em questão quando o mercado de trabalho, no Brasil, por exemplo, se forma e permanece com taxas de informalidade que ultrapassam 50%[3]. No entanto, também não é possível afirmar que a precariedade seja a mesma: trata-se, no mínimo, de novas configurações da exploração do trabalho. Nos países do

---

[2] Mais detalhes disponíveis no site *Cosmética News*: <http://www.cosmeticanews.com.br/leitura.php?id= 949>. Acesso em 8 maio 2014.

[3] Francisco de Oliveira, "Passagem na neblina", em João Pedro Stédile e José Genoíno (orgs.), *Classes sociais em mudança e a luta pelo socialismo* (São Paulo, Perseu Abramo, 2000); Ipea, "PNAD 2009: primeiras análises: o mercado de trabalho brasileiro em 2009", *Comunicados Ipea*, n. 62, Brasília, 23 set. 2010.

centro, os deslocamentos estão mais claros: as regulações entre capital e trabalho que, no pós-guerra, forneceram medidas de civilidade – em termos capitalistas – agora estão no foco das impossibilidades ante a primazia do desenvolvimento econômico[4]. Para nós, país atualmente denominado "emergente", trata-se de lidar ao mesmo tempo com a perda de horizontes que pautaram muito do debate em torno do subdesenvolvimento nos anos 1970, assim como de problematizar a atualização de antigas formas de exploração e as inéditas que hoje têm lugar no mercado do trabalho.

Há grande dificuldade de até mesmo nomear o que está hoje em jogo nas relações de trabalho. Trato de uma indiscernibilidade das relações de produção e de distribuição, quando se torna cada vez mais difícil reconhecer quem trabalha, para quem e em quais condições. Indiscernibilidade que se constitui pela terceirização da produção em níveis mundiais[5]; também pelas desregulações do trabalho, as quais possibilitam novas formas de contrato que põem em xeque mediações públicas da regulação da jornada de trabalho. Elemento não menos importante é também a *terciarização*[6], ou seja, o deslocamento da classe trabalhadora para o setor de serviços, questão também problemática para o reconhecimento do trabalho e da exploração. O que parece ter forma e nomes bem definidos é a reorganização do gerenciamento do trabalho que se configurou no toyotismo e nos seus desdobramentos; no entanto, o envolvimento que tal organização demanda do trabalhador trouxe não só surpresa, mas também nebulosidade para o debate. São elementos que estão completamente conectados e que têm de ser tratados no contexto do uníssono global das políticas neoliberais.

Ursula Huws[7] politiza a dificuldade da teoria em torno das definições do "mundo do trabalho"[8]. Ao definir o *cybertariat*, trata da nova formação da classe trabalhadora que hoje compõe o setor de serviços e que se torna o operariado da informação: o *infoproletariado,* na bem definida tradução de Antunes e Braga[9]. Para a autora, a dificuldade em nomear tem de ser historicamente compreendida: aponta para a dificuldade da própria esquerda em problematizar tais transformações, expressão, em termos mais amplos, da falta da formulação de um projeto político ante elas[10].

---

[4] Essa questão é tratada por diferentes perspectivas, como a de Loïc Wacquant em *Os condenados da cidade* (Rio de Janeiro, Revan, 2001) e *As prisões da miséria* (Rio de Janeiro, Zahar, 2001), ao analisar a criminalização da pobreza, ou a de Robert Castel em *As metamorfoses da questão social: uma crônica do salário* (Petrópolis, Vozes, 1998), ao tratar das impossibilidades do Estado de bem-estar social.

[5] Questão tratada especialmente por João Bernardo em *Democracia totalitária*, cit.

[6] Ideia discutida por Luis Antonio Machado da Silva, "Mercado de trabalho, ontem e hoje", em Marco Aurélio Santana e José Ricardo Ramalho (orgs.), *Além da fábrica* (São Paulo, Boitempo, 2003).

[7] Ursula Huws, *The Making of a Cybertariat: Virtual Work in Real World* (Nova York, Monthly Review Press, 2003).

[8] Termo que, embora seja recorrentemente utilizado aqui, também é bastante impreciso com relação ao que busca abarcar. Partindo-se de uma perspectiva marxista, a análise do trabalho constitui-se ao fim e ao cabo enquanto análise historicizada do próprio social. Assim, a definição de "mundo do trabalho" aqui tem pressuposta tal perspectiva.

[9] Ricardo Antunes e Ruy Braga, *Infoproletários* (São Paulo, Boitempo, 2009).

[10] Ursula Huws, *The Making of a Cybertariat*, cit.

Os desmanches do assalariamento balançam as referências teóricas, mas em tal desequilíbrio aparece a pergunta sobre o que seria, de fato, uma "civilidade" das relações de trabalho no modo de produção capitalista, qual sua extensão, quais seus limites, como se constitui historicamente. Nesse sentido, é preciso problematizar que o termo "precarização" obscurece as formas da exploração historicamente constitutivas das relações capitalistas de trabalho. Na língua inglesa, utiliza-se *casualisation*, que talvez deixe mais explícito o que está em jogo nas transformações correntes. A desregulamentação do trabalho se expressaria, então, nessa tendência a transformar trabalho regulado em trabalho ocasional, sem medidas publicamente definidas e garantidas, algo que Oliveira expressa afiadamente na definição de *trabalhadores just in time*[11], abordada mais adiante.

O trabalho das revendedoras é, portanto, analisado no contexto das novas formas de desregulação do trabalho e da crescente perda de garantias do trabalhador. O argumento que estrutura toda a análise deste capítulo é que o Sistema de Vendas Diretas é bastante antigo, mas se atualizou. Partindo-se da atividade das revendedoras, é possível alcançar diversos elementos convergentes que hoje constituem a precarização.

Enquanto as regulações do trabalho entram em crise, o Sistema de Vendas Diretas cresce em ritmo galopante. Seu volume nominal de negócios no Brasil saltou de R$ 5,3 bilhões em 2000 para R$ 38,8 bilhões em 2012. No ano 2000, o Brasil totalizava 1,2 milhão de revendedores; em 2010 eram 2,74 milhões; no primeiro semestre de 2013 ultrapassaram os 4,33 milhões de pessoas[12]. O setor registrou um crescimento em seu faturamento de 490% na última década[13]. O número de revendedores da maior empresa de cosméticos do mundo, a Avon, no Brasil dobrou de 500 mil para um milhão de pessoas. Avon e Natura praticamente dominam o volume de vendas do SVD no Brasil, sendo que, em 2010, 88% dos produtos vendidos provinham do setor de cosméticos, higiene e perfumaria[14].

O Brasil tornou-se um dos mercados mais profícuos para essa relação de trabalho: é hoje o quarto maior em vendas diretas[15]. Estados Unidos lideram o mercado, seguidos pelo Japão e pela China. Em 2008, o total mundial de vendedores era de 65 milhões de pessoas[16]. Em 2012, esse número passou para 89,67 milhões de revendedores[17].

---

[11] Francisco de Oliveira, "Passagem na neblina", cit.

[12] Informações disponíveis no site da ABEVD, nos links: <http://www.abevd.org.br/htdocs/index.php?secao=imprensa&pagina=numeros2010>; <http://www.abevd.org.br/htdocs/index.php?secao=imprensa&pagina=numeros2000> e <https://www.abevd.org.br/htdocs/index.php?secao=imprensa&pagina=numeros2012_t_2013_1_semestre>. Acesso em 9 maio 2014.

[13] Idem. Disponível em: <http://www.abevd.org.br/htdocs/index.php/downloads/2/downloads/premio_abevd_1grupo.pdf?secao=noticias&numrows=1357&from=50>. Acesso em 4 abr. 2014.

[14] Idem.

[15] Idem. Disponível em: <https://www.abevd.org.br/htdocs/index.php?secao=imprensa&pagina=numeros 2012_t_2013_1_semestre>. Acesso em 4 abr. 2014.

[16] Dados disponíveis em: <http://www.wfdsa.org/statistics/index.cfm?fa=display_stats&number=3>. Acesso em 12 maio 2014.

[17] Mais informações em: <http://www.wfdsa.org/files/pdf/global-stats/Sales_and_Community_2012.pdf>. Acesso em 12 maio 2014.

Retomando as entrevistas, fica evidente que a atividade de vendas não necessariamente é reconhecida como um trabalho. Não há remuneração definida e o tempo que as consultoras dedicam às vendas é permeado por outras atividades. São trabalhadoras informais, que atuam numa indistinção entre trabalho e não trabalho, que não conseguem dizer exatamente quanto ganham e são consumidoras assíduas dos produtos.

Como nomear essa relação de trabalho?

Trabalhadoras autônomas? Informais? Ou, antes, trabalhadoras? Toda a caracterização que a empresa faz publicamente/publicitariamente sobre as vendedoras obscurece que está posta ali uma relação de trabalho; legalmente, as mulheres são reconhecidas como vendedoras ambulantes. O reconhecimento de qualquer vínculo empregatício se traduziria em encargos trabalhistas para a empresa. Processos trabalhistas foram resolvidos com base na constatação de que não há vínculos, sendo os principais elementos a ausência de local e horário de trabalho definidos, além da ausência de exclusividade – a consultora pode também revender produtos para outras empresas[18]. Entretanto, esse não reconhecimento de vínculos é historicamente datado. Como mostra Nicole Biggart, nos Estados Unidos pré-New Deal, empresas que se utilizavam do Sistema de Vendas Diretas consideravam os revendedores como seus empregados:

> Antes do advento da seguridade social, o relacionamento legal entre o revendedor e a empresa não era uma questão significativa. A empresa se referir aos seus distribuidores como "empregados" ou como "autônomos" era uma questão da preferência sobre o uso dos termos, não uma distinção legal.[19]

As proteções sociais em torno do trabalho estabelecidas no pós-guerra obrigaram as empresas a optarem entre reconhecimento do vínculo ou eliminação de todos os requisitos que o constituíam. A constituição do Welfare/New Deal – aqui compreendido como o período entre o fim da Segunda Guerra e o da década de 1970 nos Estados Unidos e na Europa – demandou, portanto, uma adaptação do SVD às regulações do trabalho:

> Para não terem de arcar com os encargos, por serem, de fato, empregadores, as empresas agora tinham de abdicar de ditar o preço da venda, os métodos e tempo de vendas. Também já não podiam proibir os revendedores de venderem para outras empresas.[20]

O não reconhecimento de vínculo empregatício, portanto, apresentou desvantagens para as empresas, como, por exemplo, a impossibilidade de exigir dedicação exclusiva do vendedor; entretanto, nas últimas décadas, a flexibilidade e a falta de predefinições dessa atividade podem ter se tornado extremamente profícuas. Este é

---

[18] Pammela Ortolan, *Análise sobre a relação de trabalho e relação de emprego no Sistema de venda direta* (monografia, São Bernardo do Campo, Faculdade de Direito de São Bernardo do Campo, 2007).

[19] Nicole Biggart, *Charismatic Capitalism: Direct Selling Organizations in America* cit., p. 36. Aqui em tradução livre.

[20] Ibidem, p. 41. Aqui em tradução livre.

um dos argumentos centrais desta tese. A falta de formas definidas para a revenda garante que esta se combine e misture com as mais diversas ocupações, atividades e situações. Pensando nessa falta de formas e na ausência de vínculos empregatícios reconhecidos, é possível reconhecer as revendedoras como trabalhadoras informais. Entretanto, há que se atentar para o fato de que sua atividade está publicamente regulamentada. O Sistema de Vendas Diretas se apoia mundialmente em associações locais que lidam com a legislação sobre esse tipo de relação.

Tal legislação varia de país para país. No Brasil, é criada em 1980 a Associação Brasileira de Empresas de Vendas Diretas (ABEVD), que hoje conta com 26 empresas de vendas diretas. É ligada à World Federation of Direct Selling Association, fundada em 1978, que congrega as associações nacionais. Ainda que não pesquisadas, é possível afirmar o papel central que exercem na negociação com o Estado no que diz respeito à regulamentação. No Brasil, a legislação sobre as vendas diretas data da década de 1970. O estabelecimento do imposto por substituição garantiu a tributação sobre as vendas e a legalidade da relação. No governo Lula, houve pressões sobre as empresas quanto à contribuição previdenciária dos revendedores, o que se resolveu, pelo menos no caso da Natura, por uma orientação da empresa para que os revendedores contribuíssem como autônomos[21]. Dentre as entrevistadas, apenas uma havia optado por essa medida.

O não reconhecimento de vínculos empregatícios, portanto, tem amparo legal. "Hoje essas hostilidades diminuíram muito", disse o presidente da ABEVD em 2011, referindo-se à redução de processos trabalhistas para reconhecimento de vínculo[22]. Enquanto a taxa de desemprego aumentava 40% entre 1996 e 2006[23], o SVD no Brasil praticamente dobrava de tamanho. As "hostilidades" talvez diminuam na medida em que as garantias em torno do trabalho se flexibilizam e se enfraquecem generalizadamente.

---

[21] Dados da revista *Valor Setorial*. Disponível em: <http://www.revistavalor.com.br/home.aspx?pub=5&edicao=1>. Acesso em 9 maio 2014.

[22] Reproduzo o parecer elaborado por um advogado representante da Natura, o qual recupera a legislação que define a categoria "vendedor ambulante": "O que define a relação de emprego, em cada caso concreto, é a subordinação, o que, no sistema adotado pelas empresas de venda direta, parece-me inexistente, uma vez que é elevado o grau de autonomia dos vendedores, considerando-se que os mesmos: a) não têm obrigação de comparecimento no estabelecimento; b) podem realizar vendas quando quiserem e para quem quiserem; c) não têm zona fechada; d) desfrutam de certa liberdade de fixar os preços dos produtos que vendem, com lucro ou prejuízo; e) podem se fazer substituir por outras pessoas, familiares ou não; f) não são obrigados a manter exclusividade; ao contrário, por disposição expressa, estão autorizados a fazer vendas para outras organizações. Esses aspectos, na medida em que não revelam, pelo seu conjunto, a subordinação, destipificam a relação de emprego, aspecto que a existência de um período prévio de treinamento do vendedor não o caracterizará, uma vez que a finalidade do mesmo é prepará-lo para a atividade autônoma que exercerá", Amauri Nascimento, citado em Pammela Ortolan, *Análise sobre a relação de trabalho e relação de emprego no Sistema de Venda Direta*, cit., p. 25.

[23] Marcio Pochmann, *O emprego no desenvolvimento da nação* (São Paulo, Boitempo, 2008).

A DEFINIÇÃO DA INFORMALIDADE

Essa relação de trabalho é mais uma das que constituem o imbróglio histórico da própria definição de trabalho informal e de sua centralidade/marginalidade para a acumulação. Desde sua origem, a definição do termo "informalidade" admite diferentes interpretações dentro da sociologia do trabalho e dos estudos econômicos. De fins da década de 1960 até hoje, estabelece-se um campo teórico voltado tanto a dar formas à informalidade quanto a precisar a relação entre esta e a acumulação capitalista[24].

A problematização do trabalho informal já esteve fundada na sua relação com a pobreza; integrou teorias da marginalidade; deslocou-se para um debate que nos anos 1970 colocava a informalidade como um elemento central da acumulação de países subdesenvolvidos como o Brasil, e se torna uma questão também para os países do Primeiro Mundo. Não só há uma reconfiguração profunda do processo produtivo como também é possível afirmar que os horizontes que pautavam o debate também se transformaram.

O processo de industrialização – seja no Brasil, seja em outros países em desenvolvimento – esteve associado a um imenso contingente de trabalhadores que pareciam não ter lugar nas relações formais e regulamentadas de trabalho. Entretanto, se nos anos 1970 e 1980 a discussão se pautava na possibilidade de superação, o cenário agora é diferente e extrapola as fronteiras desses países[25].

Nesse sentido, é preciso pensar para além do trabalho informal, em um contexto mais amplo e complexo das atuais precarizações do trabalho: não é possível olhar para esses fenômenos como residuais ou mesmo superáveis. O trabalho precário e informal também é tematizado no Primeiro Mundo[26]. Termos como "brazilianização" dos países desenvolvidos buscam nomear os desmanches de mediações regulatórias entre capital e trabalho, que agora se dão em nível global. As transformações em curso não só reconfiguram o processo produtivo como deslocam horizontes que já puderam orientar a teoria sobre as formas da exploração do trabalho, assim como as possibilidades e potenciais políticos da classe trabalhadora[27].

---

[24] Francisco de Oliveira, *Crítica à razão dualista/O ornitorrinco*, cit.; Maria Cristina Cacciamali, "Globalização e processo de informalidade", *Economia e Sociedade*, n. 14, 2000, p. 153-75; Jacob Lima e Maria Bezerra, "Trabalho flexível e o novo informal", *Caderno do CRH*, n. 37, 2002, p. 163-78; Luis Antonio Machado da Silva, "Mercado de trabalho, ontem e hoje", em Marco Aurélio Santana e José Ricardo Ramalho (orgs.), *Além da fábrica*, cit.

[25] Alejandro Portes, Manuel Castells e Lauren Benton (orgs.), *The Informal Economy. Studies in Advanced and Less Developed Countries* (Baltimore/Londres, The Johns Hopkins University Press, 1989); Robert Castel, *As metamorfoses da questão social*, cit.; Paulo E. Arantes, "A viagem redonda do capitalismo de acesso", *Reportagem*, n. 58, jul. 2004.

[26] Alejandro Portes, Manuel Castells e Lauren Benton (orgs.), *The Informal Economy*, cit.; Saskia Sassen, "New York City´s Informal Economy", em Alejandro Portes, Manuel Castells e Lauren Benton (orgs.), *The Informal Economy*, cit.; Saskia Sassen, *As cidades na economia mundial* (São Paulo, Studio Nobel, 1998); Saskia Sassen, *Globalization and its Discontents. Essays on the New Mobility of People and Money* (Nova York, The New York Press, 1998); Beverly Silver, *Forças do trabalho*, cit.

[27] Alejandro Portes e Kelly Hoffmann, "Latin America Class Structures: Their Composition and Change During the Neoliberal Era", *Latin American Research Review*, n. 38, v. 1, 2003; Alejandro Portes e

Reflito sobre os referenciais que definiam a informalidade para, então, discutir seus deslocamentos e indefinições, que, no entanto, não só não anulam sua centralidade como a colocam no cerne do obscurecimento e das reconfigurações das relações de trabalho e da acumulação.

Informalidade e subdesenvolvimento

"Pobreza" e "informalidade" são termos que caminham juntos nos últimos quarenta anos[28]. A informalidade se definia na relação com os trabalhadores de rendimento e qualificação baixos, que desempenhavam atividades não assalariadas, de baixa produtividade, inseridos em segmentos não regulamentados pelo Estado. O termo "informal" parece ser consenso na literatura: publiciza-se no início da década de 1970. Portes e Haller descrevem em relatório da Cepal:

> Em seu informe à Organização Internacional do Trabalho – OIT, Hart (1973, p. 69) havia postulado um modelo dual de oportunidades de ingressos para a força de trabalho urbana, baseado principalmente na distinção entre o emprego remunerado e o trabalho por conta própria. O conceito de "informalidade" aplicou-se a este último tipo de atividade. O autor destacou a notável dinâmica e diversidade dessas atividades que, segundo ele, iam muito além de "os engraxates e os vendedores de fósforos". Posteriormente, essa caracterização dinâmica do setor informal acabou esmaecendo-se à medida que o conceito foi se institucionalizando na burocracia da OIT, que redefiniu a informalidade e converteu-a em sinônimo de pobreza. Considerou-se que a economia informal era uma "modalidade urbana" [...] Em publicações posteriores do Programa Regional de Emprego para a América Latina e o Caribe – Prealc, da OIT, o emprego no setor informal foi sistematicamente denominado "subemprego".[29]

Nos anos 1970, no Brasil, a informalidade integrava as teorias do subdesenvolvimento. O campo de debate edificava-se em torno da modernização do país – na urbanização e industrialização – processos que, no entanto, não se traduziam na redução efetiva das desigualdades sociais. As teorias que definiam o trabalho informal e sua centralidade na constituição do social, e também da acumulação capitalista, estavam diretamente atreladas à problematização do subdesenvolvimento. Desse modo, a formação do urbano no Brasil era pensada na relação entre industrialização e constituição, e no crescimento dos contingentes de trabalhadores em ocupações precárias que passavam, então, a compor o cenário das cidades.

William Haller, "La economía informal", *Cepal: Serie Políticas Sociales* (Santiago de Chile, Naciones Unidas, 2004); Mike Davis, "Planeta de favelas", cit., p. 191-218; Mike Davis, *Planeta Favela*, cit.

[28] A "pobreza" é um termo recorrente e fundante dos estudos da informalidade. Aqui, a desigualdade social será o termo utilizado, na medida em que a pobreza homogeneíza diferentes relações e condições sociais, e até mesmo despolitiza o debate. Para uma discussão aprofundada, ver Vera da S. Telles, *Pobreza e cidadania* (São Paulo, Editora 34, 2001).

[29] Alejandro Portes e William Haller, "La economía informal", cit., p. 9-10. Aqui em tradução livre.

Refiro-me à teoria cepalina e apoio-me em sua crítica por Francisco de Oliveira, tendo como perspectiva explicitar a centralidade que a informalidade teve nessas décadas não só para a compreensão das formas precárias do trabalho no Brasil, mas também para a compreensão e a problematização da constituição do país enquanto país subdesenvolvido. Estabelecia-se o "mito do inchaço urbano" (termo usado criticamente por Oliveira[30]), ou seja, o da formação de um significativo contingente de pessoas que migravam do campo para as cidades, mas que não tinham lugar nas cadeias de produção que então configuravam o urbano.

Em 1972, Francisco de Oliveira publica *Crítica à razão dualista*, marco para a compreensão da constituição do capitalismo brasileiro, no qual dialogava com a teoria do subdesenvolvimento cepalina. Em *O ornitorrinco*, texto escrito no início dos anos 2000, Oliveira retrospectivamente afirma (referindo-se à concepção de Celso Furtado e da Cepal) que "o subdesenvolvimento não era exatamente uma evolução truncada, mas uma produção da dependência pela conjunção de lugar na divisão internacional do trabalho capitalista e articulação dos interesses internos"[31]. Na *Crítica à razão dualista,* o autor se desfaz da dualidade entre o atraso e o moderno: apoiando-se em uma perspectiva fundamentalmente marxista, traz a política para o centro da análise das relações de produção.

Crítica à razão dualista desconstrói o argumento de que a não modernização do campo constituía o "atraso" brasileiro e estava na raiz do "inchaço" das cidades, problematizando a permanência das relações arcaicas no campo em sua relação com a formação do urbano. Para Oliveira, o referido "atraso" tinha de ser pensado politicamente: no elo entre relações de produção e interesses/luta de classes, a manutenção de antigas relações de produção agrárias ocorria como forma de dominação e de rebaixamento da mão de obra, tanto no campo quanto na cidade. Diz o autor em *O ornitorrinco*:

> Sustentei, então, que a agricultura atrasada financiava a agricultura moderna e a industrialização [...]. Apontei, então, que as culturas de subsistência tanto ajudavam a baixar o custo de reprodução da força de trabalho nas cidades, o que facilitava a acumulação de capital industrial, quanto produziam um excedente não reinvertível em si mesmo, que se escoava para financiar a acumulação urbana.[32]

Crítica à razão dualista é fundamental, na medida em que propõe uma compreensão da constituição do urbano e do rural pela relação entre capital e trabalho, entre classes e interesses de classe, entre acumulação e exploração da força de trabalho. O "aparente caos urbano", nos termos de Oliveira, era a materialização das formas de rebaixamento e exploração da força de trabalho.

De atraso para forma específica da acumulação: a teoria de Oliveira trazia para o centro da análise a funcionalidade da formação de um crescente e vasto exército

---

[30] Francisco de Oliveira, *Crítica à razão dualista/O ornitorrinco,* cit.
[31] Ibidem, p. 127.
[32] Ibidem, p. 129.

industrial de reserva, e o desemprego era, então, visto em sua centralidade para o rebaixamento do custo da mão de obra e consequentemente para o aumento dos ganhos da produção. Dessa maneira, o trabalho informal passava a ser compreendido em seu imbricamento com as cadeias de produção que se formavam nas cidades.

O "aparente caos urbano", nos termos de Oliveira, era a materialização das formas de rebaixamento e exploração da força de trabalho. O autor apontava para o elo entre os pequenos vendedores de hortaliças e a mecanização da agricultura, entre as pequenas oficinas mecânicas e o crescimento da frota automobilística. Estabelecia a relação entre modernização e precariedade, entre a formação da classe trabalhadora e a constituição do setor informal. A informalidade então podia ser pensada não como o atraso; tratava-se de se desfazer dos dualismos, para pensar na constituição nacional das relações de produção e distribuição pautadas pela profunda desigualdade social como caráter específico da acumulação à brasileira.

Por essa perspectiva, o próprio desenvolvimento estava em questão. A desigualdade social era pensada em sua relação com a exploração do trabalho e com a acumulação. Ao tratarmos dos deslocamentos atuais da informalidade, desvela-se também uma espécie de desaparecimento da desigualdade social como questão.

A problemática do desenvolvimento se atualiza. Horizontes que pautavam a discussão sobre o que o subdesenvolvimento era e não era, e sobre o que poderia deixar de ser, são menos reconhecíveis na atualidade. A compreensão sobre esses horizontes – que, em grande medida, espelhavam a realidade dos países desenvolvidos – permite desvendar mais amplamente a que se refere a precarização do trabalho, assim como problematizar o que faz do Sistema de Vendas Diretas o fenômeno social que é hoje.

Cabe, portanto, uma análise que se dá em dois períodos: o primeiro, do pós--Segunda Guerra até final dos anos 1970, tratando do fordismo e do estabelecimento do Estado de bem-estar social; o segundo, dos últimos quarenta anos, tratando das políticas neoliberais pela perspectiva da dominância da valorização financeira[33] e do ataque às forças do trabalho[34] historicamente constituídas nas décadas precedentes.

Trabalho formal e desenvolvimento

A discussão da informalidade nas décadas de 1970 e 1980 esteve fortemente calcada na associação entre o fordismo e o que Robert Castel definiu como *sociedade salarial*[35]. O assalariamento era referência essencial aos estudos da informalidade: o trabalho informal era compreendido pelo avesso do assalariamento; pela ausência de regulações formais do trabalho, tais como o estabelecimento da jornada, da remuneração e, conse-

---

[33] François Chesnais, "O capital portador de juros: acumulação, internacionalização, efeitos econômicos e políticos", cit.

[34] David Harvey, *O neoliberalismo: história e implicações* (São Paulo, Loyola, 2008).

[35] Robert Castel, *As metamorfoses da questão social*, cit.

quentemente, dos direitos trabalhistas[36]. Além disso, o assalariamento dava os contornos de horizontes político-sociais orientados pelo pleno emprego. Ainda que no Brasil não seja possível nos referirmos à consolidação de um Estado de bem-estar social, o estabelecimento das relações formais de trabalho pautava a discussão (e ainda pauta, apesar de seus deslocamentos). Nesse sentido, teóricos do trabalho refletiram sobre a informalidade brasileira como um fenômeno a ser superado pela progressiva regulação do trabalho. Oliveira aponta para a imbricação entre informalidade e acumulação capitalista no Brasil, mas não como fenômeno residual; no entanto, as possibilidades históricas da constituição dos direitos da classe trabalhadora e do papel regulador do Estado também estavam em discussão e eram referências centrais para a análise.

O período do pós-guerra até a década de 1970 nos países desenvolvidos apresentou uma fase de crescimento e estabilidade econômica, orientada pelas políticas keynesianas. Os "Trinta gloriosos" – ou "dourados", denominações que certamente não se referem aos processos sangrentos de independência colonial em pleno século XX e dos golpes militares na América Latina – constituíram-se em um possível pacto capital-Estado-trabalho. Como afirma Harvey,

> o problema, tal como o via um economista como Keynes, era chegar a um conjunto de estratégias administrativas científicas e poderes estatais que estabilizassem o capitalismo, ao mesmo tempo que se evitavam as evidentes repressões e irracionalidades, toda a beligerância e todo o nacionalismo estrito que as soluções nacional-socialistas implicavam.[37]

Tais estratégias assentavam-se na produção e no consumo de massa – movidos pelo crescimento econômico –, mediados por uma espécie de papel regulador-civilizatório do Estado.

A discussão sobre o fordismo e o Estado de bem-estar social é central não só para estabelecer os horizontes que pautavam o debate sobre as relações de trabalho no Brasil, mas também para analisar as formas sociais de controle do trabalho que se estabeleciam no início do século XX, e assim posteriormente tratar da precarização no contexto de novas formas de organização do trabalho em sua relação com o neoliberalismo. O fordismo será aqui então compreendido como uma nova forma de controle sobre o trabalho, forma esta pensada em um sentido amplo, associando os métodos tayloristas de produção com a extensão de assalariamento, crescimento econômico e seguridade social. Como afirma Gramsci, recuperando aqui a análise de Harvey, estava em jogo a formação de novos "métodos de trabalho conectados com o modo específico de viver, pensar e sentir a vida"[38].

---

[36] Francisco de Oliveira, *Crítica à razão dualista/O ornitorrinco*, cit.; Maria Cristina Cacciamali, "Globalização e processo de informalidade", cit.; Luis Antonio Machado da Silva, "Mercado de trabalho, ontem e hoje", cit.

[37] David Harvey, *O neoliberalismo*, cit.

[38] Ibidem, p. 121. O estabelecimento deste novo modo de viver do fordismo, especialmente pela perspectiva do consumo, é analisado por Isleide Fontenelle em *O nome da marca: McDonald's, fetichismo e cultura descartável* (São Paulo, Boitempo, 2002).

Alguns aspectos são centrais nesse "novo modo de vida"[39]. As inovações tecnológicas pós-guerra realizam-se, então, na consolidação da organização taylorista da produção, na ampliação de sua escala. O operário fordista se torna também o consumidor fordista. Produção e consumo de massa são combinados com a extensão do assalariamento e o aumento da remuneração. O salário se configura como o passaporte não só para o mundo do consumo, mas também para a seguridade social.

O salário, portanto, é o elemento central que formaliza os nós entre Estado, capital e trabalho, bem como entre produção e consumo de massa. Assim, a questão social se constitui na sua estreita vinculação com o trabalho e, mais especificamente, com o salário como o instrumento que garante e financia a integração social:

> Uma parte do salário (do valor da força de trabalho) escapa, de agora em diante, às flutuações da economia, e representa uma espécie de *propriedade para a segurança*, nascida do trabalho e disponível para situações de fora do trabalho: a doença, o acidente, a velhice. O Estado social é colocado, em vista disso, no coração do dispositivo salarial. Assim, se impôs como a terceira instância que desempenha o papel de mediador entre os interesses dos empregadores e os dos empregados: "as relações diretas entre empregadores e assalariados foram substituídas progressivamente por relações triangulares entre empregadores, assalariados e instituições sociais".[40]

A extensão do assalariamento entre operários e não operários, e sua efetivação como passaporte para a integração social propiciam, como afirma Castel, uma *redistribuição da conflitualidade social*[41]. O reconhecimento de classes parece se diluir por um lugar social então determinado pelo salário e pelo consumo:

> Percebe-se, assim, uma nova relação entre o aumento do salário, o aumento da produção e o aumento do consumo. Não se trata apenas do fato de que um salário elevado aumentaria a motivação pelo trabalho e pela produção. Esboça-se uma política de salários ligada aos progressos da produtividade através da qual o operário tem acesso a um novo registro da existência social: o do consumo, e não mais exclusivamente o da produção. [...] Essa forma de liberdade que passa pelo domínio da temporalidade e se satisfaz no consumo de objetos duráveis, não estritamente necessários. O "desejo de bem-estar", que incide sobre o carro, a moradia, o eletrodoméstico etc., permite – gostem ou não os moralistas – o acesso do mundo operário a um novo registro de existência.[42]

Alan Bihr refere-se a tal redistribuição em termos do *compromisso fordista:* "Retrospectivamente, e considerando-o do ponto de vista do proletariado, esse compromisso pode ser comparado a uma *espécie de imensa barganha*, pela qual o proletariado renunciou à 'aventura histórica' em troca da garantia de sua 'seguridade social'"[43]. Se

---

[39] Idem.
[40] Robert Castel, *As metamorfoses da questão social*, cit., p. 485. Grifo do autor.
[41] Ibidem, p. 463.
[42] Ibidem, p. 431-2.
[43] Alain Bihr, *Da grande noite à alternativa*, cit., p. 37. Grifo do autor.

a extensão do assalariamento dilui a experiência de classe, também forma horizontes reformistas, não mais os revolucionários historicamente atribuídos à classe operária. Horizontes que se configuram em um progresso individual, na superação da posição social[44]. Como afirma Luiz Antonio Machado ao se referir à importância do assalariamento para os estudos da informalidade: "O assalariamento minimizou a contradição entre exploração do trabalho e ampliação dos direitos de cidadania, além de organizar e canalizar o conflito social"[45]. O sistema previdenciário constitui o que Castel denomina *propriedade social*. A configuração do Estado social como mediador entre o capital e o trabalho, que fomenta a acumulação ao mesmo tempo que estabelece todo um sistema de proteção ao trabalhador, forma, assim, a sociedade salarial.

O pacto fordista dá uma dimensão sobre o tipo de gestão do social que se desenvolveu no pós-guerra. Estabelecem-se freios sociais ao capital, ao mesmo tempo que se amortecem as potencialidades e conflitos políticos da classe trabalhadora. A integração social se tornava questão central no contexto de um "capitalismo civilizado", para quem considerar possível tal definição. Como afirma Castel, a sociedade salarial "é também um modo de *gestão política* que associou a sociedade privada e a propriedade social, o desenvolvimento econômico e a conquista dos direitos sociais, o mercado e o Estado"[46]. Dessa forma, a questão social se delineava pela integração via trabalho e por um progresso que se estabelecia essencialmente em termos individuais. É por esta perspectiva que a questão central da análise de Castel se coloca:

> Globalmente, as performances da sociedade salarial pareciam em via de suprimir o *déficit de integração* que havia marcado o início da sociedade industrial através do crescimento do consumo, do acesso à propriedade ou à moradia decente, da maior participação na cultura e no lazer, dos avanços na realização de uma maior igualdade de oportunidades, a consolidação do direito do trabalho, a extensão das proteções sociais, a supressão dos bolsões de pobreza etc. A questão social parecia dissolver-se na crença no progresso indefinido. Essa trajetória é que foi interrompida. Quem, hoje, afirmaria que vamos para uma sociedade mais acolhedora, mais aberta, trabalhando para reduzir as desigualdades e para maximizar as proteções? A própria ideia de progresso perdeu sua coesão.[47]

Tratarei adiante do aumento do desemprego e da progressiva eliminação de direitos e garantias trabalhistas, que hoje são estruturais, no sentido de que definitivamente permeiam as cadeias de produção e distribuição de países de Primeiro e Terceiro Mundos. São elementos que põem em xeque a própria constituição do Estado de bem-estar social.

Em termos de informalidade, se antes o trabalho informal aparecia como o "espelho da relação salarial"[48], agora é necessário se desfazer em certa medida do assa-

---

[44] Robert Castel, *As metamorfoses da questão social*, cit.
[45] Luis Antonio Machado da Silva, "Mercado de trabalho, ontem e hoje", cit., p. 161.
[46] Robert Castel, *As metamorfoses da questão social*, cit., p. 478-9. Grifo do autor.
[47] Ibidem, p. 493. Grifo do autor.
[48] Luis Antonio Machado da Silva, "Mercado de trabalho, ontem e hoje", cit.

lariamento como referência central da informalidade. Ou seja, outrora era possível compreender a informalidade pelo que ela não era; agora as referências "em negativo" perdem parte de sua força explicativa. Em um sentido político, os horizontes que pautavam a discussão não só da informalidade, mas do próprio desenvolvimento se tornam, no mínimo, mais nebulosos.

Neoliberalismo e desaparecimento da questão social

O compromisso fordista só podia ser renovado enquanto o próprio modelo de desenvolvimento do capitalismo ocidental que ele tornaria possível fosse viável.[49]

Nos anos 1970 começa a ficar claro que o pacto fordista não necessariamente seguiria o percurso de um "progresso indefinido", recuperando a expressão de Castel[50]. Nas últimas décadas, uma combinação de diversos fatores se desdobra em uma nova triangulação entre capital, Estado e trabalho – nova ou, talvez, a novidade resida muito mais no breve período do compromisso fordista. A combinação entre dominância da valorização financeira[51], inovações tecnológicas, novas organizações do trabalho, transnacionalização das cadeias produtivas e novas (des)regulações do mercado forma o imbróglio que hoje toma uma forma reconhecível na definição de neoliberalismo.

Em 1985, após um ano em greve, os mais de 120 mil mineiros ingleses retornaram ao trabalho – ou à futura demissão – inteiramente derrotados. Um dos mais fortes movimentos dos trabalhadores da Inglaterra perdia completamente a queda de braço com a administração de Margareth Thatcher. A então primeira-ministra anunciou – e cumpriu – o fechamento de minas de carvão e a demissão de mais de vinte mil empregados. No contexto de alta inflação e baixo crescimento econômico, as resoluções do governo se apoiavam na redução dos custos do Estado e nas privatizações. Após meses sem receber salário, verem a opinião pública mudar de lado ao longo do tempo e enfrentarem duros confrontos com o Estado – em um deles, a polícia inglesa equiparou-se ao número de manifestantes, em torno de cinco mil –, os grevistas voltavam ao trabalho. Um longo episódio que deixou explícito o deslocamento da racionalidade dominante das próximas décadas: salvar a economia independentemente dos custos sociais; cortes, maior lucratividade, aumento da produtividade e "ineficiência" do Estado passavam para o centro das políticas econômicas nacionais. Então, as forças organizadas do trabalho podem ser tratadas como um desses custos ou ameaças ao desenvolvimento econômico[52]. Quatro anos antes, o governo Reagan deixava clara a

---

[49] Alain Bihr, *Da grande noite à alternativa*, cit., p. 38-9.
[50] Robert Castel, *As metamorfoses da questão social*, cit.
[51] François Chesnais, "O capital portador de juros", cit.
[52] Thatcher explicita os imperativos do ataque às forças do trabalho pelo bem da nação, em campanha para a reeleição do partido conservador em 1987: "Voltemos nossa atenção para os anos 1970. O que vemos? O poder autoritário dos sindicatos, um poder que mirava diretamente o coração do governo. –

ofensiva ao trabalho. Trabalhadores muito mais bem remunerados e qualificados que os mineiros, os controladores do tráfego aéreo entravam em greve, tendo como primeiras reivindicações melhores condições de trabalho, redução da jornada semanal e aumento dos salários. Apoiando-se na lei de que funcionários do governo não podem fazer greve, Reagan demitiu de uma só vez 11 mil funcionários públicos[53].

O Estado deslocava-se para uma mediação outra entre capital e trabalho: a das desregulações do trabalho e dos mercados, da privatização de empresas públicas assim como das políticas monetárias que passavam para segundo plano o desenvolvimento social. Na era Thatcher até mesmo o salário mínimo foi abolido. A coesão social estruturada pelo assalariamento e pela seguridade social enquanto política de Estado era então substituída pela racionalidade classicamente expressa na frase da primeira-ministra: "*There is no such thing as society*"[54]. Mas a frase que, de fato, sintetiza os horizontes políticos do neoliberalismo chegou a tornar-se sigla, TINA: "*There Is No Alternative*"[55]. Os imperativos das políticas neoliberais se legitimavam como caminhos necessários ante os índices mundiais de altas taxas de inflação, a queda do crescimento e o aumento do desemprego. Graves consequências sociais foram acarretadas pelas políticas monetárias e pelos ajustes fiscais: por um lado, o enfrentamento e o enfraquecimento das forças organizadas do trabalho; por outro, os cortes da seguridade social e o desemprego. Harvey descreve o drama social na era Reagan:

> Esse programa aberto de engrandecimento de classe foi parcialmente bem-sucedido. Ataques ao poder sindical (liderados pela violenta reação de Reagan aos controladores do tráfego aéreo), os efeitos da desindustrialização e das mudanças regionais (encorajadas por reduções de impostos), bem como do alto desemprego (legitimado como remédio adequado na luta contra a inflação), e todos os impactos acumulados da redução do emprego na manufatura e do seu aumento no setor de serviços enfraqueceram as instituições tradicionais da classe

---

As negociações intermináveis entre o governo e os sindicatos sobre determinação ou aumento do salário anual. – O preço político que os sindicatos impunham para os acordos: mais nacionalização, eles exigiam – mais poderes para os chefes dos sindicatos, eles reivindicavam; mais subsídios para escorar indústrias que não tinham futuro [...]. Foi preciso o retorno do governo conservador em 1979 para pôr as coisas nos eixos. Tivemos de reformar as leis sindicais. Segundo, tivemos de estabelecer um melhor equilíbrio entre o sindicato e o empregador. Também tivemos de mudar a política industrial, do declínio dos subsídios, com toda a melancolia que isso trouxe, para um futuro de uma gestão forte, e de novas tecnologias; – para a substituição do conflito pela cooperação; para a competição em mercados globais; para fazer lucro e ter orgulho disso. Foi o que o governo conservador conseguiu alcançar. Isso demandou muita coragem de nossa parte, mas tivemos a coragem das nossas convicções e da decisão de tomar as medidas necessárias [...]. [Caso o partido trabalhista se elegesse] voltaríamos aos dias em que as greves sempre venciam, independentemente do que custassem para a nação. A abolição de nossas leis sindicais pelo partido trabalhista afundaria nosso progresso industrial. Voltaria a prender nossa economia às correntes dos sindicatos. Destruiria a força econômica que é o pilar de nosso padrão de vida e de nossos serviços sociais", discurso de 27 de maio de 1987. Disponível em: <http://www.margaretthatcher.org/document/106843>. Acesso em 4 maio 2011.

[53] Ambas as greves são discutidas em David Harvey, *O neoliberalismo*, cit.

[54] "A sociedade como tal não existe."

[55] "Não há alternativa."

operária num grau suficiente para tornar vulnerável boa parte da população. Uma maré montante de desigualdade social engolfou os Estados Unidos nos anos Reagan, alcançando em 1986 o ponto mais alto do período de pós-guerra; na época, os 5% mais pobres da população, que tinham melhorado gradualmente sua parcela da renda nacional para uma proporção de quase 7% no início dos anos 1970, viram-se com somente 4,6%. Entre 1979 e 1986, o número de famílias pobres com filhos aumentou 35% e, em algumas grandes áreas metropolitanas, como Nova York, Chicago, Baltimore e Nova Orleans, mais da metade das crianças vivia em famílias com renda abaixo da linha de pobreza. Apesar do grande aumento do desemprego (que chegou ao auge de mais de 10%, segundo dados oficiais, em 1982), a porcentagem de desempregados que recebiam ajuda federal caiu para menos 32%, o nível mais baixo na história da seguridade social desde a sua implantação no New Deal.[56]

Para Harvey, explicitamente é possível compreender o neoliberalismo em termos de um rearranjo do poder – e dos lucros – das classes dominantes. Uma das partes rompia com o pacto fordista em face da crise de sobreacumulação que se desenhava entre o final da década de 1960 e a de 1980[57]. Como demonstram Lévy e Duménil[58]:

FIGURA 1 – TAXA DE LUCRO (%): "EUROPA" E ESTADOS UNIDOS, ECONOMIA PRIVADA (1960-2001)

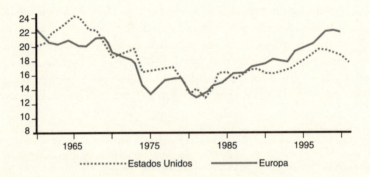

Europa refere-se a três países: Alemanha, França e Reino Unido. A taxa de lucro é a relação entre uma medida ampla da taxa de lucro (produção total líquida menos o custo total do trabalho) e o estoque de capital fixo, líquido da depreciação. Dessa maneira, os impostos (indiretos e sobre lucros), os juros e os dividendos estão contabilizados no lucro.

Fontes: NIPA (BEA); Fixed Assets Tables (BEA); OCDE; Comptes Nationaux Français (INSEE).

---

[56] David Harvey, *O neoliberalismo*, cit., p. 296.

[57] Evidentemente, a análise político-econômica dessas décadas envolve diversos processos, que aqui não serão tratados. Uma análise aprofundada teria de reconstituir o período do pós-guerra e abordar o contexto da Guerra Fria, pensando na constituição da hegemonia americana, econômica e militarmente. Esse caminho também levaria à reflexão sobre a constituição do *Welfare State* em tempos de "espectro" socialista e de seu desaparecimento. Interessa aqui compreender essencialmente a relação entre neoliberalismo e exploração do trabalho.

[58] Gérard Duménil e Dominique Lévy, "O neoliberalismo sob a hegemonia norte-americana", em François Chesnais (org.), *A finança mundializada*, cit., p. 85-108.

Vê-se a queda acelerada da taxa de lucro na Europa e nos Estados Unidos a partir de meados da década de 1960, e então sua reversão no início dos anos 1980. Em última análise, o que se vê é uma recuperação da renda dos estratos sociais mais altos, bem como maior concentração dessa renda. Os dados mostram as décadas de regulação do capital, e, então, uma veloz virada rumo à acumulação. Vale observar alguns gráficos que explicitam a concentração de renda e, evidentemente, da desigualdade social nas últimas décadas.

Figura 2 – O ataque ao trabalho: salários reais e produtividade nos Estados Unidos (1960-2000)

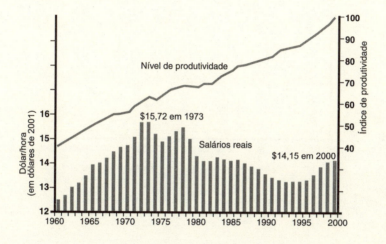

Fonte: Pollin, "Contours of Descent", extraído de David Harvey, *O neoliberalismo*, cit., p. 34.

A figura 2 evidencia o movimento do pacto fordista e seu rompimento. Até meados dos anos 1970, produtividade e salários cresciam em velocidades próximas; no início dos anos 1980 já está clara sua disparidade, e então seu movimento contrário: enquanto a produtividade aumenta, o salário do trabalhador americano, neste caso, fica entre a estagnação e a redução até final dos anos 1990. Enquanto os trabalhadores tinham sua renda reduzida, a taxação dos estratos mais altos era diminuída, em menos de dez anos, a uma queda de quase 50% para esta faixa, como mostra a figura 3:

Os anos 1970 em diante marcariam uma reversão do movimento anterior na distribuição de renda nos países desenvolvidos. Duménil e Lévy abordam o neoliberalismo sob uma perspectiva fundamental. O compromisso fordista é pensado não só em termos das mediações estatais na regulação entre capital e trabalho, mas também da repressão à autonomização financeira (autonomização que será analisada teoricamente no próximo capítulo). Estaria no cerne do neoliberalismo a liberação da antes contida valorização financeira:

[...] O neoliberalismo destruiu o que geralmente se conhece como o compromisso keynesiano. Tratava-se de um amplo compromisso com as classes assalariadas; nele, *a finança estava reprimida* (em diferentes graus segundo os países) e sua renda, ameaçada (ameaça que se materializa sobretudo durante a crise dos anos 1970), mas permanecia sempre viva e ativa.[59]

Figura 3 – A revolta fiscal das classes altas: níveis dos impostos nos Estados Unidos para as faixas mais altas e mais baixas (1913-2003)

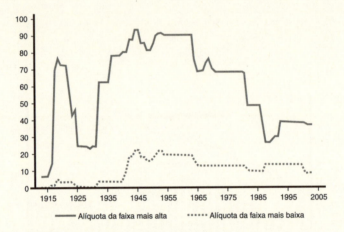

Fonte: Lévy Duménil, "Neoliberal Income Trends", extraído de David Harvey, *O neoliberalismo*, cit., p. 35.

A financeirização está profundamente conectada aos deslocamentos da relação capital-Estado-trabalho. François Chesnais fala do "caráter insaciável" das finanças, ou seja, "a propensão do capital portador de juros para demandar da economia 'mais do que ela pode dar'"[60]. Abordo, então, o que Chesnais denominou um regime de *dominância da valorização financeira*, quando as finanças pautam o desenvolvimento econômico, o que também significa que se tornam determinantes do desenvolvimento (ou desmantelamento) social: "É uma das forças motrizes da desregulamentação do trabalho, assim como das privatizações. Mas ela tende, também, a modelar a sociedade contemporânea no conjunto de suas determinações"[61]. Este é um caminho importante para a compreensão de como a questão social desaparece perante os imperativos econômicos:

No quadro da mundialização capitalista contemporânea, da qual a finança é uma das forças motrizes mais fortes, a autonomia que parece caracterizar o movimento de acumulação do

---

[59] Gérard Duménil e Dominique Lévy, "O neoliberalismo sob a hegemonia norte-americana", cit. Grifo meu.

[60] François Chesnais, "O capital portador de juros", cit., p. 61.

[61] Idem.

capital (ou, se assim se preferir, a predominância que a economia parece ter sobre todas as outras esferas da vida social) se acentua de forma qualitativa.[62]

O passe livre para a financeirização também o é para a concentração de renda. Harvey apresenta alguns dados, tais como o enriquecimento das duzentas pessoas mais ricas do mundo, que entre 1994 e 1998 dobraram seus patrimônios para mais de um trilhão de dólares[63]; ou para o número de milionários que dobrou na última década[64].

Chesnais vê historicamente a importância da desregulação estatal dos mercados para o capital financeiro:

> O capital portador de juros (também designado "capital financeiro" ou simplesmente "finança") não foi levado ao lugar que hoje ocupa por um movimento próprio. Antes que ele desempenhasse um papel econômico e social de primeiro plano, foi necessário que os Estados mais poderosos decidissem liberar o movimento dos capitais e desregulamentar e desbloquear seus sistemas financeiros [...]. A progressão da acumulação financeira foi estreitamente ligada à liberação dos movimentos dos capitais e à interconexão internacional dos mercados dos ativos financeiros – obrigações públicas e privadas, ações e produtos derivados.[65]

Um instrumento importante para o fluxo de capitais em nível global e para a dominância das finanças foram as privatizações promovidas pelo Estado tanto em países do Primeiro como nos do Terceiro Mundo. Trata-se, portanto, da mercantilização da propriedade social. Bens antes públicos passam a ser regidos pela lógica privada, legitimados pela "ineficiência" do Estado[66] e pelas demandas do pagamento dos juros da dívida pública.

Para completar a nova triangulação entre capital, Estado e trabalho, a propriedade social também se torna ativo financeiro. Então é incorporada ao "*capitalismo de cassino*", como definiu Harvey[67]. A entrada dos fundos de pensão no jogo financeiro torna ainda mais complexo o reconhecimento da relação e do conflito entre capital e

---

[62] Idem. O trecho em questão remete à seguinte questão: energia nuclear e bolsa de valores combinam? Usinas nucleares japonesas são administradas pela Tepco, empresa de capital aberto que provava anualmente sua rentabilidade às demandas do mercado financeiro. Pós-tsunami e ante a possibilidade de uma tragédia ainda maior, são agora mencionadas as fraudes nos relatórios de segurança e a ausência de reação por parte do Estado. Informações extraídas de: <http://www.itamaraty.gov.br/sala-de-imprensa/selecao-diaria-de-noticias/midias-nacionais/brasil/valor-economico/2011/03/18/maior-geradora-de-energia-do-japao-tem-futuro>. Acesso em 30 abr. 2011.

[63] David Harvey, *O neoliberalismo*, cit.

[64] Mais informações em: <http://www.estadao.com.br/noticias/suplementos,incrivel-mundo-dos-muito-muito-ricos,20084,0.htm>. Acesso em 12 maio 2014.

[65] François Chesnais, "O capital portador de juros: acumulação, internacionalização, efeitos econômicos e políticos", cit., p. 35-6.

[66] Francisco de Oliveira, "Privatização do público, destituição da fala e anulação da política: o totalitarismo neoliberal", em Francisco de Oliveira e Maria Célia Paoli (orgs.), *Os sentidos da democracia: políticas do dissenso e a hegemonia global* (Petrópolis, Vozes, 1999).

[67] David Harvey, *A condição pós-moderna*, cit., p. 300.

trabalho. Nos termos da sociedade salarial, o trabalho financiava a seguridade social na forma de contribuição previdenciária; hoje, essa contribuição financia indiretamente o próprio mercado financeiro. Uma relação complexa e de difícil mapeamento, que, entretanto, evidencia o imbróglio da relação entre capital e trabalho. Na cidade de São Paulo, por exemplo, como examina Mariana Fix, os fundos de pensão já foram os principais financiadores dos espigões envidraçados que materializam o capital financeiro na cidade[68]; espigões que também explicitam a limpeza social no curso da especulação imobiliária[69]. O assalariado tornou-se um acionista indireto. Castel fala da "impossibilidade de planejar o futuro", referindo-se aos desmanches da seguridade social e às ameaças do desemprego; por essa perspectiva, tal impossibilidade se torna ainda mais complexa: a "inseguridade" social também se efetiva na bolsa de valores. O futuro do trabalhador agora pode depender diretamente do desempenho do mercado financeiro[70]. Como afirma Chesnais:

> Nas mãos dos gestores, a poupança acumulada se transforma em capital. Essa mutação coloca os fundos de pensão na primeira linha das instituições financeiras não bancárias, sendo sua função fazer frutificar esse capital maximizando o rendimento, assegurando-lhe um elevado grau de liquidez. [...] Os assalariados aposentados deixam de ser "poupadores" e tornam-se, sem que tenham clara consciência disso, partes interessadas das instituições cujo funcionamento repousa na centralização de rendimentos fundados na exploração dos assalariados ativos, tanto nos países onde se criaram os sistemas de pensão por capitalização quanto naqueles onde se realizam as aplicações e as especulações.[71]
> Nos países onde a previdência privada foi implantada, serão liquidados os sistemas de prestações definidas e os assalariados serão obrigados a suportar os riscos das Bolsas sobre a poupança que eles terão confiado aos administradores.[72]

Se, onde se consolidou historicamente como central, a questão social dá lugar aos imperativos econômicos (e à concentração de renda que vem com eles), nos países do Terceiro Mundo o que se vê são décadas de agravamento dos diversos elementos que constituem a desigualdade social. Os golpes militares se alastram pela América Latina

---

[68] Mariana Fix, *São Paulo cidade global: fundamentos financeiros de uma miragem* (São Paulo, Boitempo, 2007).

[69] Idem, *Parceiros da exclusão: duas histórias da construção de uma "nova cidade" em São Paulo: Faria Lima e Água Espraiada* (São Paulo, Boitempo, 2001).

[70] Marazzi também trata das amarras que hoje fazem com que o trabalho se torne sócio do capital: "O desvio das poupanças para os mercados de ações, iniciado pela 'revolução silenciosa' nos fundos de pensão, tem este objetivo apenas: eliminar a separação entre capital e trabalho implícita na relação salarial fordista, atrelando as economias dos trabalhadores ao processo de transformação/ reestruturação capitalista [...] enquanto acionistas, eles estão sujeitos aos altos e baixos dos mercados, e assim são cointeressados no 'bom desempenho' do capital *em geral*", Christian Marazzi, *The Violence of Financial Capital* (Los Angeles, Semiotext, 2007), p. 37. Grifos do autor. Aqui em tradução livre.

[71] François Chesnais, "O capital portador de juros: acumulação, internacionalização, efeitos econômicos e políticos", cit., p. 51-2.

[72] Ibidem, p. 62.

nos anos 1960 e 1970[73]; no caso brasileiro, as décadas de 1960 e 1970 sob a ditadura militar apresentariam altos índices de crescimento econômico e também da dívida externa – endividamento que posteriormente se tornou instrumento determinante na implementação das políticas neoliberais. Em 1979, o presidente do Banco Central americano, Paul Volcker, altera a política monetária do país, algo que ficou conhecido como "*Volcker shock*"[74], ou "golpe de 1979"[75]. O aumento da taxa de juros americana como instrumento de contenção da inflação, além de gerar consequências sociais para o próprio país, elevou a dívida externa dos países devedores.

Nos anos 1980, o Banco Mundial e o FMI assumiriam novos papéis como agentes centrais do atrelamento entre negociação da dívida dos países do Terceiro Mundo e os chamados Programas de Ajuste Estrutural. Tais "ajustes" se referiam principalmente às desregulamentações do mercado financeiro e de trabalho, abertura para o investimento estrangeiro, para as privatizações; embutidos estavam também os cortes sociais: a privatização de serviços públicos combinada com a redução real dos salários e do emprego.

Em *Planeta Favela*, Davis traça o cenário da desigualdade social das últimas décadas:

> Os anos 1980 – quando o FMI e o Banco Mundial usaram a alavancagem da dívida para reestruturar a economia da maior parte do Terceiro Mundo – foram a época em que as favelas tornaram-se um futuro implacável não só para os migrantes rurais pobres como também para milhões de habitantes urbanos tradicionais, desalojados ou jogados na miséria pela violência do "ajuste". [...] Em toda parte, o FMI, agindo como delegado dos grandes bancos e apoiado pelos governos Reagan e Bush, ofereceu aos países pobres o mesmo cálice envenenado de desvalorização, privatização, remoção dos controles da importação e dos subsídios aos alimentos, redução forçada dos custos com saúde e educação e enxugamento impiedoso do setor público.[76]

As cidades do Terceiro Mundo, principalmente, ficaram presas num círculo vicioso de aumento da imigração, redução do emprego formal, queda dos salários e desmoronamento da renda. O FMI e o Banco Mundial, como vimos, promoveram a tributação regressiva por meio de tarifas de serviços públicos cobradas dos pobres, mas, em contrapartida, não houve nenhum esforço para reduzir os gastos militares nem tributar a renda ou a propriedade dos ricos.[77]

As possibilidades do desenvolvimento social vão sendo engolidas por endividamento, juros e "ajustes"; como demonstram os autores citados nesta seção, e uma

---

[73] Harvey, em *O neoliberalismo*, cit., pensa na ditadura chilena como o período do "experimento neoliberal", algo aprofundado por Naomi Klein em *A doutrina do choque* (Rio de Janeiro, Ediouro, 2008). Reversão de nacionalizações, privatização de bens públicos, privatização da seguridade social e abertura para o investimento estrangeiro direto são elementos centrais da ditadura Pinochet.

[74] Termo utilizado por David Harvey em *O neoliberalismo*, cit.

[75] Expressão usada por François Chesnais em "O capital portador de juros: acumulação, internacionalização, efeitos econômicos e políticos", cit.

[76] Mike Davis, "Planeta de favelas", cit., p. 203-4.

[77] Idem, *Planeta Favela*, cit., p. 158.

parte progressiva do orçamento do Estado é destinada ao pagamento dos juros da dívida e dos novos empréstimos[78].

Desigualdade social e informalidade

> *Mais do que nunca é fato que, na América Latina, não é necessário estar desempregado para ser pobre.*[79]

Mike Davis, em "Planeta de favelas", artigo que precedeu o livro *Planeta Favela*[80], retoma a formação do que Alejandro Portes e Kelly Hoffman denominaram um "imenso proletariado informal"[81]. Os três autores analisam a relação entre as políticas neoliberais nos países do Terceiro Mundo e o crescimento da desigualdade social. Portes e Hoffman apontam para o crescimento não só da desigualdade social como também da informalidade na América Latina nos anos 1990. Davis aprofunda-se no fato de que, em meados dos anos 2000, um terço da população urbana mundial vivia em favelas[82].

O que está no cerne da discussão é o que Davis denomina "superurbanização" ou "expansão urbana perversa": o crescimento populacional desatrelado do crescimento econômico. O resultado é o cenário cada vez mais extenso da pobreza nas cidades do Terceiro Mundo. Dados da Cepal demonstravam no início dos anos 2000 que 75% da população empregada na América Latina – incluídos nessa definição os trabalhadores informais de baixa renda – não geravam renda suficiente para ultrapassarem a

---

[78] "A opressão do gasto público se revelou importante para o alcance da condição de macroeconomia financeira, responsável pela transferência média anual de mais de 6% do PIB na forma de pagamento de juros aos segmentos rentistas. Mas o ajuste fiscal permanente trouxe, em consequência, o desajuste social, uma vez que as regiões metropolitanas mantiveram taxa de pobreza acima de dois quintos da população e mais de um terço dos brasileiros estavam submetidos à condição de baixa renda. Ao limitar o gasto social em não mais do que 19% do PIB, a experiência neoliberal comprimiu a expansão real do salário mínimo, bem como mantev e menos de 14% da população como receptora de medidas de garantia mensal de renda." Extraído de Marcio Pochmann, *Desenvolvimento e perspectivas novas para o Brasil* (São Paulo, Cortez, 2010). "A dívida se recria sem cessar. Por pouco tempo que o nível das taxas de juros seja superior ao dos preços e às taxas de crescimento da produção e do Produto Interno Bruto (PIB), ela pode aumentar muito rápido. É isso que se chama de efeito 'bola de neve da dívida'. Os juros devidos sobre o principal da dívida (o serviço da dívida) absorvem uma fração sempre maior do orçamento do Estado, das receitas das exportações e das reservas do país, de sorte que a única maneira de fazer face aos compromissos dos serviços da dívida é tomar um novo empréstimo. Alguns Estados politicamente subordinados ou vencidos militarmente experimentaram, no século XIX ou na década de 1920, mecanismos cumulativos e perversos do endividamento. Na época contemporânea, eles apareceram nas medidas tomadas pelos Estados Unidos a partir de 1979", François Chesnais, "O capital portador de juros: acumulação, internacionalização, efeitos econômicos e políticos", cit., p. 39.

[79] Alejandro Portes e Kelly Hoffmann, "Latin America Class Structures: Their Composition and Change during the Neoliberal Era", cit. Aqui em tradução livre.

[80] Mike Davis, *Planeta Favela*, cit.

[81] Alejandro Portes e Kelly Hoffmann, "Latin America Class Structures", cit.

[82] Mike Davis, *Planeta Favela*, cit.

linha de pobreza[83]. A informalidade é, então, problematizada pelos autores como expressão do aprofundamento da desigualdade social, uma solução precária escolhida em face do desemprego e dos baixos rendimentos do trabalhador.

Retomando a problematização de *A crítica à razão dualista,* ao abordar a ligação entre informalidade e acumulação, Oliveira tratava também da configuração do urbano. Dessa forma, as atividades aparentemente marginais e desintegradas da modernização da cidade tinham de ser pensadas como elementos centrais da constituição das desigualdades sociais e da acumulação, o que significa que não só não estavam à parte do crescimento e desenvolvimento da cidade como davam forma e substância às relações de exploração que nela se estabeleciam.

> Esses tipos de serviços, longe de serem excrescência e apenas depósito do "exército industrial de reserva", são adequados para o processo da acumulação global e da expansão capitalista e, por seu lado, reforçam a tendência à concentração da renda. [...] [O] processo de crescimento das cidades brasileiras – para falar apenas do nosso universo – não pode ser entendido senão dentro de um marco teórico onde as necessidades da acumulação impõem um crescimento dos serviços horizontalizado, cuja forma aparente é o caos das cidades.[84]

Assim como nos anos 1970, hoje é possível teorizar sobre a relação entre a permanência – e o engendramento – da precarização do trabalho e a modernização do espaço urbano: a constituição do urbano materializa o vínculo entre as formas mais precarizadas do trabalho e a tecnologia de ponta das indústrias modernas, entre o trabalho desqualificado e de baixa remuneração, e as redes de serviços que se estendem pela cidade. Retomando a análise de Fix[85], materializa também o vínculo entre o trabalho e o capital financeiro – perspectiva também evidenciada em Sassen[86].

Voltando à perspectiva da superurbanização[87], neste contexto de precarização e de desemprego, o empreendedorismo está intricado com a desigualdade social. Como Pochmann aponta, em 2003, 31% dos trabalhadores que iniciaram um empreendimento o fizeram pela impossibilidade de encontrar um novo emprego. Longe de se caracterizarem como pequenos capitalistas, tais empreendedores, em sua maioria, são desempregados que se aventuram em novas formas de gestão – neste caso, autogestão – de sua sobrevivência[88]. Os estudos da informalidade recorrentemente se referem ao crescimento do número de microempreendedores, proprietários de pequenos negócios de baixa produtividade, que não geram lucro – apenas garantem a própria sobrevivência[89]. A maioria desses empreendimentos, quando se mantêm, permanece

---

[83] Alejandro Portes e Kelly Hoffmann, "Latin America Class Structures", cit., p. 19.
[84] Francisco de Oliveira, *Crítica à razão dualista/O ornitorrinco*, cit., p. 58-9.
[85] Mariana Fix, *São Paulo cidade mundial*, cit.
[86] Saskia Sassen, *As cidades na economia mundial*, cit.
[87] Mike Davis, "Planeta de favelas", cit.
[88] Marcio Pochmann, *O emprego no desenvolvimento da nação*, cit., p. 202.
[89] Maria Cristina Cacciamali, "Globalização e processo de informalidade", cit.; Alejandro Portes e Kelly Hoffmann, "Latin America Class Structures", cit.; Alejandro Portes e William Haller, "La economía

na informalidade pela impossibilidade de financiar sua formalização[90]. Muitos desses "viradores" e dessas "viradoras" passam de empregados a desempregados e depois a "por conta própria", categoria que hoje abrange os microempreendimentos.

Cacciamali[91], por exemplo, refere-se à necessidade de desagregar a categoria "por conta própria", na medida em que esta pode abranger profissionais autônomos de alta remuneração, microempreendedores que geram lucro e trabalhadores que no máximo garantem seu sustento. Esse é um aspecto fundamental, visto que possibilita pensarmos mais claramente na relação entre informalidade e desigualdade social.

Com relação às consultoras empreendedoras, o imbróglio da definição de "por conta própria" se coloca claramente. Como classificar a loja informal que garante – numa estimativa pouco precisa – em torno de R$ 3.000 de rendimento para sua proprietária? A loja não pode ser loja, a proprietária é revendedora – e a revendedora não é considerada trabalhadora, juridicamente é "vendedora ambulante", mas não se registra como autônoma. Nesse caso se expressa a força do termo "informal", na medida em que a categorização da condição da revendedora será sempre imprecisa, pois o pressuposto de sua constituição é justamente a ausência de formas predefinidas. Complicando um pouco mais a compreensão, e quanto à revendedora em Londres? Ela vende produtos na Inglaterra em sua loja improvisada dentro de uma clínica médica, mas os impostos pagos pela venda ficam no Brasil – país no qual ela oficialmente nem existe como revendedora. Sua filha brasileira poderia, então, ser classificada como "vendedora ambulante" no lugar da mãe imigrante?

As desregulações do trabalho formal tornam ainda mais difíceis o reconhecimento da informalidade e a sua definição. Como Lima[92] constata, o empreendedorismo, historicamente associado a muitas das atividades que compõem o mercado informal, hoje também é parte das relações de trabalho formais. A transformação do trabalhador em pessoa jurídica é mais uma das muitas formas de terceirização que hoje possibilitam transferência de custos e de riscos para o trabalhador ou para os intermediários. Tornar-se *empresário de si mesmo* virou estratégia recorrente não só para trabalhadores de baixa qualificação e remuneração que se veem nas redes do desemprego, como também para trabalhadores qualificados que de assalariados passam a prestadores de serviços. Em ambos os casos, como afirma Lima, reside "a precariedade constituinte na ausência de controles à intensificação do trabalho e ao acesso a benefícios sociais"[93]. A "autonomização" do trabalhador que, então, se dá dentro dos limites da formalidade é mais um dos componentes que associam também o trabalho formal à precarização e a diversas formas de desregulação que, no entanto, não o levam a se caracterizar como trabalho informal.

---

informal", cit.; Mike Davis, "Planeta de favelas", cit.; Marcio Pochmann, *O emprego no desenvolvimento da nação*, cit.

[90] Marcio Pochmann, *O emprego no desenvolvimento da nação*, cit.
[91] Maria Cristina Cacciamali, "Globalização e processo de informalidade", cit.
[92] Jacob C. Lima, "Participação, empreendedorismo e autogestão: uma nova cultura do trabalho?", cit.
[93] Ibidem, p. 179.

Cacciamali define o termo "processo de informalidade", que se refere não à definição de categorias da informalidade, mas ao contexto que hoje compõe esse campo. Trata-se de:

> [...] um processo de mudanças estruturais em andamento na sociedade e na economia que incide na redefinição das relações de produção, das formas de inserção dos trabalhadores na produção, dos processos de trabalho e de instituições.[94]

Pensar a informalidade como um processo é relevante para a teoria, na medida em que possibilita a compreensão de algo que está em movimento, deslocando categorias de análise. A flexibilização se caracteriza pela desregulação do trabalho, a qual muitas vezes passa pelo reconhecimento e pela legislação do Estado, não tendo, assim, o caráter de ilegalidade. As medidas socialmente estabelecidas que definiam o tempo de trabalho, a remuneração (e os direitos embutidos no salário) e o lugar do trabalhador na produção é que delimitavam o que era o trabalho formal e o que o trabalho informal não era. A flexibilização do trabalho dificulta ou até mesmo elimina essa distinção. Como Oliveira elucida:

> A progressão da relação salarial foi coartada no começo dos anos oitenta do século passado pela combinação da reestruturação produtiva com a globalização; isto forneceu as bases para um enorme avanço da produtividade do trabalho que jogou para as calendas a possibilidade e/ou necessidade da relação formal de trabalho: pelo contrário, o que chamou-se no passado de "informalidade" tornou-se a regra. Pede-se ao trabalhador formal os atributos do "informal": flexibilidade, polivalência, iniciativa. Tais atributos encontram-se nos camelôs dos centrões de nossas cidades. Aparece aí o primeiro elemento da exceção: o mercado de trabalho foi virado pelo avesso [...] Emprego estável é privilégio, regras de previsibilidade foram traduzidas como burocracia.[95]

A flexibilidade e a perda referencial do assalariamento obscurecem o lugar do trabalhador no processo produtivo, ao mesmo tempo que vão eliminando a estabilidade e as garantias que caracterizavam o trabalho formal. Fica então a pergunta: o conceito de informalidade se mantém de pé?

Nesse contexto de indefinições sociológicas, o termo parece se afirmar e se contradizer ao mesmo tempo. A ausência de formas publicamente reguladas hoje vai permeando todos os nós da produção, da distribuição, dos serviços. Alguns autores afirmam que a noção se esvaziou de sentido, tornou-se "mero termo do léxico sociológico"[96]. Entretanto, discordando, a informalidade, melhor ainda, o *processo de informalidade* explicita a perda de formas e medidas socialmente estabelecidas do trabalho, de modo que a força teórica da definição reside justamente na

---

[94] Maria Cristina Cacciamali, "Globalização e processo de informalidade", cit., p. 163.
[95] Francisco de Oliveira, "O Estado e a exceção: ou o Estado de exceção?", Conferência de Abertura da Reunião Anual da Anpur – Associação Nacional de Pós-Graduação e Pesquisa em Planejamento Urbano e Regional, Belo Horizonte, maio 2003, p. 3.
[96] Luis Antonio Machado da Silva, "Mercado de trabalho, ontem e hoje", cit., p. 141.

explicitação da ausência de formas, mas tem de ser atualizada em face das recentes transformações do mundo do trabalho.

Portanto, as mutações no mundo do trabalho, que se referem a toda uma reconfiguração do processo produtivo, dificultam o reconhecimento do lugar do trabalhador, e até mesmo do trabalho, neste processo e nas formas contemporâneas da acumulação. Nessa indiscernibilidade, parece voltar à cena a antiga questão que pautava a discussão da informalidade nos anos 1970. Trata-se de marginalidade ou de uma integração obscura? Deixando de lado os trabalhadores de alta qualificação e remuneração, e voltando os olhos para o "proletariado informal": a precariedade das condições de vida e o rebaixamento da mão de obra estariam conectados às formas mais modernas da acumulação, ou esses trabalhadores tornaram-se descartáveis, o que Castel denominou como "inúteis para o mundo"? Ao traçar o cenário catastrófico (seria o "aparente caos das cidades" a que se referia Oliveira?) da imensidão das favelas, Mike Davis afirma:

> [...] a tendência macroeconômica do trabalho informal é a reprodução da pobreza absoluta. Mas, se o proletariado informal não é a menorzinha das pequenas burguesias, também não é um "exército de reserva de mão de obra" nem um "lumpemproletariado", em nenhum dos sentidos obsoletos do século XIX. Parte dele, é verdade, é uma força de trabalho invisível da economia formal [...]. Mas no fim das contas a maior parte dos favelados urbanos, radical e verdadeiramente, não encontra lar na economia internacional contemporânea.
>
> [...] A "Modernização", o "Desenvolvimento" e, agora, o "Mercado" irrestrito já tiveram seus bons dias. A força de trabalho de um bilhão de pessoas foi expelida do sistema mundial, e quem consegue imaginar algum cenário plausível, sob os auspícios neoliberais, que a reintegre como trabalhadores produtivos ou consumidores em massa?[97]

Tal pergunta invoca outra: precariedade pode também ser sinônimo de uma produtividade obscurecida? Essa força de trabalho descartável seria produtiva justamente por sua condição de descartabilidade? As altas taxas de desemprego não necessariamente significam que as pessoas não estejam trabalhando. O contexto do desemprego pode ser entendido por seu avesso, pelo desenvolvimento das mais diversas atividades e ocupações precárias, de baixa remuneração, que muitas vezes nem aparecem, ou não são contabilizadas, como trabalho[98].

Por um lado, o desemprego e o acirramento da desigualdade social, o que se traduz em vulnerabilidade social e concentração de renda; por seu avesso, o fato de que as pessoas estão em permanente atividade, embora muitas vezes seu trabalho nem seja

---

[97] Mike Davis, "Planeta de favelas", cit., p. 211-2.

[98] A própria medição e definição do desemprego é delimitada historicamente – ver Robert Salais, *L'Invention du chômage* (Paris, Presses Universitaires de France, 1996) – e está em constante controvérsia. Os parâmetros que caracterizam o que é emprego, subemprego e desemprego variam de acordo com as metodologias e concepções utilizadas. Colocam-se, então, as dificuldades e os limites da medição em torno dos "bicos" e das atividades efêmeras e improvisadas que podem gerar algum rendimento. Esse debate evidencia que desemprego não é sinônimo de não trabalho.

reconhecido como tal – e o trabalho das consultoras é extremamente elucidador neste sentido. A flexibilização do trabalho aliada ao empreendedorismo precário dificulta a mensuração de quanto as pessoas trabalham, em que atividades, com qual frequência. A análise aqui desenvolvida está inteiramente orientada por essa dificuldade, e tem como horizonte problematizar a descartabilidade social pelo viés da constituição do imenso contingente de trabalhadores informais e dos nós – muitos deles quase indiscerníveis – que hoje compõem as redes de produção e da acumulação. Por essa perspectiva, a pergunta de Davis explicita a atualização da clássica associação entre informalidade e marginalidade; o argumento reverso se constitui na perda de formas que é, hoje, central nas configurações contemporâneas de exploração do trabalho e da acumulação.

Um capítulo à parte: neodesenvolvimentismo e cosméticos?

Na última década, o mercado de trabalho brasileiro vem dando sinais de uma considerável formalização. Segundo dados do IBGE, a população empregada com carteira assinada passou de 44,2% em 2002 para 56,9% em 2012[99]. Estudiosos do trabalho lidam com um paradoxo: ao mesmo tempo que as formas de precarização parecem se aprofundar e se espraiar, o mercado de trabalho brasileiro dá alguns sinais no sentido da estruturação, inclusive durante o último período de turbulência mundial da crise flagrada em 2009, ainda que quase 50% dos trabalhadores permaneçam na informalidade[100].

Alguns fatores parecem ser centrais para a compreensão de certa reversibilidade no padrão histórico brasileiro de predominância da informalidade. Crédito, políticas sociais e investimento estrangeiro parecem estar combinados e contribuindo para a criação de postos de trabalho formais. Os benefícios sociais implementados pelo governo Lula tiveram significativa influência no crescimento do mercado consumidor. O aumento real do salário mínimo aliado à expansão do crédito, que vem alcançando maciçamente as classes de baixa renda, também contribui para o crescimento e consolidação desse mercado. Tais aumentos estariam então relacionados à criação de novos postos de trabalho[101].

O investimento estrangeiro – o mesmo que, na perspectiva de Sassen[102], por exemplo, pode ser um vetor da precarização – pode ser um veículo da formalização

---

[99] Bruno Dutra, "Trabalho formal no Brasil aumenta em dez anos", *Brasil Econômico*, 29. nov. 13. Disponível em: <http://brasileconomico.ig.com.br/ultimas-noticias/trabalho-formal-no-brasil-aumenta-em-dez-anos_137397.html>. Acesso em 30 jul. 2014.

[100] Ipea, "PNAD 2009", cit.

[101] José C. Cardoso Jr., "De volta para o futuro? As fontes de recuperação do emprego formal no Brasil e as condições para sua sustentabilidade temporal", Brasília, Ipea, 2007, texto para discussão n. 1.310. Marcio Pochmann, *Desenvolvimento e perspectivas novas para o Brasil*, cit.; idem, *Desenvolvimento, trabalho e renda no Brasil* (São Paulo, Perseu Abramo, 2010).

[102] Saskia Sassen, *As cidades na economia mundial*, cit.

do trabalho. Em matéria publicada na revista *Exame*[103], pequenos e grandes empresários explicitam como a parceria com o capital estrangeiro e com as linhas de crédito nacionais e internacionais requer que estejam em dia com seus deveres fiscais e trabalhistas. Assim, a regularização dos postos de trabalho se torna uma demanda da integração nas redes transnacionais de produção e distribuição.

Se com relação às políticas neoliberais o Estado desempenha historicamente um papel de eliminação dos freios da relação entre capital e trabalho, tudo indica que os governos Lula e Dilma desempenhem um movimento diverso, o que não significa que seja inverso – questão importante, pouco desenvolvida aqui. Ficam como elementos contraditórios políticas de distribuição de renda que não se realizam enquanto direitos instituídos, mas como benefícios concedidos, a ampliação do mercado consumidor que se assenta em parte na liberação de crédito e no endividamento não só das classes populares, mas, principalmente, e o investimento estrangeiro, que também tem sido problematizado enquanto vetor da precarização do trabalho nos países da periferia. De qualquer maneira, a combinação entre políticas sociais voltadas para redução da pobreza, concessão de crédito e entrada de capital estrangeiro parece produzir algo significativamente novo e ainda a ser compreendido em longo prazo sobre a estruturação do mercado de trabalho e, numa perspectiva mais ampla, sobre a constituição das classes sociais brasileiras e seus desdobramentos políticos[104]. Em termos do pacto capital-Estado-trabalho, o governo Lula parece ter encontrado uma medida para lidar com a pobreza sem tocar na riqueza. No final de seu último mandato, apresentava uma redução da taxa de pobreza extrema de 13,99% em 2002 para 7,28% em 2009; a taxa de pobreza caiu de 34,40 para 21,42% (IpeaData). Apresentava também um ganho acumulado da Bovespa de 535%[105].

A década de 2000 apresentou uma significativa queda na taxa de desemprego, que, segundo comunicado do Ipea, no governo Lula caiu de 8,4 em 2005 para 5,3% em 2010 nas regiões metropolitanas. O aumento médio dos rendimentos no mesmo período foi de 17,8%, o salário mínimo teve um incremento de 33,2% (Ipea, 2011). Entretanto, quando a taxa de desemprego é desagregada, percebe-se um aumento da desigualdade entre mais ricos e pobres no mercado de trabalho.

---

[103] *Exame*, ed. 972, n. 13, ano 44, 28 jul. 2010.

[104] André Singer, *Os sentidos do lulismo: reforma gradual e pacto conservador* (São Paulo, Companhia das Letras, 2012).

[105] Dados disponíveis em: <http://economia.ig.com.br/financas/investimentos/de+fhc+a+lula+uma+alta+de+1500+na+bolsa/n1237820937576.htmlSP>. Acesso em 3 mar. 2011. Leda Paulani, em "Quando o medo vence a esperança", cit., p. 15, nos dá pistas de por onde dirigir a análise: "Mesmo calcados em 55 milhões de votos e montados num capital político inédito na história do país, os novos donos do poder não quiseram arriscar um milímetro, e decidiram-se pela linha de menor resistência. Escolheram o caminho 'mais seguro', que não afrontava interesses constituídos, internos e externos, que impunha de vez o rentismo como marca de nossa economia, que consagrava para o Estado o papel paternalista e 'focado' de 'cuidar dos pobres', que não questionava as disparidades regionais e pessoais de renda e riqueza, que não ameaçava sequer arranhar a iníqua estrutura patrimonial do país, que o mantinha, enfim, submisso aos imperativos da acumulação financeira que domina a cena mundial do capitalismo desde meados dos anos 1970".

Na realidade a taxa de desemprego para os dois decis de menor renda da população metropolitana apresentou em 2010 o movimento inverso, com um crescimento de 44% para o primeiro decil (passando de 23,1 para 33,3%) e de 2,6% para o segundo (passando de 15,4 para 15,8%). Para os demais decis o desemprego teve quedas expressivas, para os 10% mais ricos houve queda de 57,1% (de 2,1 para 0,9%) e, para o oitavo decil, de 63% (Ipea, 2011). Isso significa, segundo análise do próprio Ipea, que a desigualdade no mercado de trabalho aumentou. A taxa de desemprego do primeiro decil, que em 2005 era 11 vezes maior do que a do décimo decil, em 2010 passou para 37 vezes. O tempo de procura por trabalho do primeiro decil foi reduzido de 341,4 dias para 248,3 dias, enquanto para o último decil aumentou de 277 para 320,6 dias. A hipótese do comunicado é de que, enquanto as pessoas mais ricas podem estar escolhendo mais seus empregos, as mais pobres estejam mais envolvidas em trabalhos temporários e de alta rotatividade. Afirmando o que nos remete à questão entre o que é desemprego e o que é não trabalho, o comunicado conclui que: "A condição de desempregado, por outro lado, não significa que as pessoas de domicílios mais pobres estejam totalmente excluídas do trabalho remunerado – é provável que boa parte dos desempregados mais pobres seja oriunda de empregos de curta duração e trabalhos precários"[106].

Ao desmistificar o discurso oficial sobre a constituição de uma "nova classe média", o economista Marcio Pochmann analisa a queda no desemprego e o aumento do trabalho formal. Também pensando em termos de uma polarização entre ricos e pobres, o autor ressalta que 95% dos novos postos de trabalho gerados na década de 2000 tinham remuneração equivalente ou inferior a 1,5 SM[107]. É preciso entender, portanto, o que o desenvolvimento que se assenta principalmente na relação entre estímulos ao capital financeiro, concessão de benefícios sociais e de crédito (que também pode ser a política do endividamento), produz em longo prazo. Os dados acima colocam em pauta o que a dissociação entre trabalho e desenvolvimento pode vir a produzir, e ainda, para além das medições em torno da pobreza, quais são os impactos das políticas de governo recentes no que tange à redução da desigualdade social, o que é diferente da redução da pobreza.

Na inserção pelo consumo, o setor de cosméticos e higiene pessoal apresenta um crescimento extremamente significativo de seu mercado consumidor. Entre 2000 e 2012 seu faturamento passou de R$ 7,5 bi para R$ 34 bilhões; enquanto nesse período o crescimento médio da indústria era de 2,2%, a média de crescimento do setor era de 10%[108]. Com relação às empresas deste setor que adotam o SVD, tal

---

[106] Ipea, "Desemprego e desigualdade no Brasil metropolitano", *Comunicado do Ipea*, Brasília, n. 76, 10 fev. 2011.

[107] Marcio Pochmann, *Nova classe média? O trabalho na base da pirâmide social brasileira* (São Paulo, Boitempo, 2012).

[108] Dados da Associação Brasileira da Indústria de Higiene Pessoal, Perfumaria e Cosméticos, disponíveis em <http://www.abihpec.org.br/wp-content/uploads/2013/04/Panorama-do-setor-PORT 05Abr2013.pdf>. Acesso em 12 maio 2014.

expansão também se traduz em incremento do número de vendedores. Hoje a classe C é a principal agente do crescimento tanto de vendedores quanto de consumidores de cosméticos e produtos de higiene pessoal. Em 2010, as classes C2 (renda familiar até R$ 933), D (R$ 680) e E (R$ 618) constituem entre 59 e 65% dos novos consumidores de sabonetes, xampus, cremes para pele e sabonetes líquidos.

> O uso do creme facial, por exemplo, cresceu 160% entre os consumidores da classe C (que ganham entre 3 e 10 salários mínimos); hoje, 60% dessa faixa de renda usa o produto, mesmo percentual das classes AB. Os gastos com higiene e beleza nessa faixa de renda cresceram 725% em oito anos, de 2,4 bilhões em 2002 para 19,8 bilhões em 2010.[109]

A sensível mudança no perfil do mercado consumidor no governo Lula tornou recorrente o termo "nova classe C". Os critérios do mercado se anteciparam em explicitar a despolitização no cenário brasileiro: "O Critério de Classificação Econômica Brasil enfatiza sua função de estimar o poder de compra das pessoas e famílias urbanas, abandonando a pretensão de classificar a população em termos de 'classes sociais'"[110]. É sintomático que não só a pesquisa de mercado esteja "abandonando" essa "pretensão", mas que também a própria teoria reconheça as classes apenas pelo critério econômico, crítica já elaborada por Jessé de Souza em *Os batalhadores brasileiros: nova classe média ou nova classe batalhadora?*[111]. Souza traz em alguma medida a política de volta para o debate, ao reconhecer essa nova classe média como nova classe trabalhadora, denominando-a "classe batalhadora". Como afirma o autor, "sem socialização anterior de lutas operárias organizadas e disponíveis para aprender todo tipo de trabalho e dispostas a se submeter a praticamente todo tipo de superexploração da mão de obra, essa nova classe logrou ascender a novos patamares de consumo a custo de extraordinário esforço e sacrifício pessoal"[112]. Ainda, nos termos da celebração dos sucessos do governo Lula, vale ver de perto a classificação do mercado: em 2011, a classe C se dividia em C1 e C2, sendo que a primeira apresentava renda média *familiar* de R$ 1.459, e a última de R$ 962. Nas regiões metropolitanas, de acordo com a Associação Brasileira das Empresas de Pesquisa, 48,4% da população pertencia a essa classe e 17,1% teriam renda média *familiar* de R$ 680[113]. Atualmente, o governo permanece utilizando os valores definidos em 2012; a classe média, de acordo com os critérios da Secretaria de Assuntos Estratégicos da Presidência, corresponde "ao conjunto da população que vive com renda

---

[109] Giuliana Vallone, "Classe C domina alta em higiene e beleza", *Folha de S.Paulo*, 1º mar. 2011. Disponível em: <http://www1.folha.uol.com.br/mercado/882602-classe-c-domina-alta-em-higiene-e-beleza.shtml>. Acesso em 4 maio 2011.

[110] Mais informações disponíveis no site da Abep: <http://www.abep.org/novo/Content.aspx?SectionID=84>. Acesso em 12 maio 2014.

[111] Jessé de Souza, *Os batalhadores brasileiros: nova classe média ou nova classe trabalhadora?* (Belo Horizonte, Editora UFMG, 2010).

[112] Ibidem, p. 327.

[113] Mais informações disponíveis no site da Abep, cit.

familiar *per capita* entre R$ 291 e R$ 1.019"[114]. Em 2012, essa secretaria constatava que "50% dos brasileiros possuem renda familiar *per capita* inferior a R$440"[115].

As classes de baixa renda parecem alcançar novos estatutos de sua inserção social via consumo. Em 2002, a classe C era responsável por 26,7% do consumo em higiene e cuidados pessoais; em 2010, esse índice foi de 45,64%[116]. No Panorama do Setor de 2013, a Associação Brasileira da Indústria de Higiene Pessoal, Perfumaria e Cosméticos atribuía o constante sucesso de crescimento do setor ao "Acesso das classes D e E aos produtos do setor, devido ao aumento de renda", aos "novos integrantes da classe C que passaram a consumir produtos com maior valor agregado"[117]. As classes C e D agora vendem e consomem Natura significativamente. Tal possibilidade de consumo certamente é um estímulo para novas mulheres que venderão para "poder consumir". Como diz reportagem da revista *Veja* sobre o bom desempenho do setor de higiene pessoal e de cosméticos, "muito desse impulso decorre da elevação de milhões de brasileiros à classe C, à qual chegam ávidos por consumir". Com relação aos vendedores, a reportagem celebra o que está em jogo: "Esse mercado é hoje espaçoso como um coração de mãe: de norte a sul, tem sempre lugar para mais um"[118].

Relata uma matéria do *The Wall Street Journal*: "Valdiane Vanessa Soares de Lima vive em uma das piores favelas do Rio de Janeiro. A dona de casa, mãe de dois filhos, está acostumada a gastar até R$ 120 por mês em produtos Natura. 'Estou totalmente fora de controle', diz rindo a mulher de 23 anos, enquanto exibe parte de suas maquiagens na sua sala minúscula"[119]. Esse relato remete ao de Patrícia, a faxineira que começou a vender para ajudar a cunhada e hoje enche gavetas com produtos que não dá conta de consumir.

Para esse novo acesso da população brasileira, as empresas que trabalham com vendas diretas saem na frente. A possibilidade de consumo se combina à estratégia de tornar-se vendedor para poder consumir pagando menos. Empresas como O Boticário e L'Oréal estudam meios para competir com elas e conseguir alcançar esse segmento do mercado consumidor. Em 2011, correram no mercado rumores não confirmados sobre a possibilidade de a L'Oréal comprar a Natura como estratégia para uma maior entrada nos mercados emergentes latino-americanos. Na época, a empresa negou e divulgou sua nova estratégia para o mercado brasileiro, um meio-termo

---

[114] Secretaria de Assuntos Estratégicos, *Vozes da (nova) classe média*, Brasília, caderno 4, ago. 2013, p. 27.

[115] Idem, "Perguntas e respostas sobre a definição da classe média". Disponível em: <http://www.sae.gov.br/vozesdaclassemedia/wp-content/uploads/Perguntas-e-Respostas-sobre-a-Defini%C3%A7%C3%A3o-da-Classe-M%C3%A9dia.pdf>. Acesso em 30 jul. 2014.

[116] Idem.

[117] Abihpec, "Panorama do setor de Higiene Pessoal, Perfumaria e Cosméticos", 7 maio 2014. Disponível em: <http://www.abihpec.org.br/wp-content/uploads/2014/04/2014-PANORAMA-DO-SETOR-PORTUGU%C3%8AS-07-MAI.pdf>. Acesso em 31 jul. 2014.

[118] Bruno Meier, "O exército das vendas", *Veja*, ed. 2.174, ano 43, n. 29, 21 jul. 2010.

[119] Christina Passariello, "To L'Oréal, Brazil's Women Need New Style of Shopping", *The Wall Street Journal*, 21 jan. 2011. Disponível em: <http://online.wsj.com/article/SB10001424052748703951704576091920875276938.html>. Acesso em 12 maio 2014. Aqui em tradução livre.

entre a venda direta e o varejo: disponibilizar vendedoras de sua marca em estandes dentro de lojas variadas, possibilitando o contato personalizado do consumidor sem aderir ao SVD[120]. Aparentemente, a estratégia se inicia pelas redes de farmácias e pelas Lojas Americanas – rede que conta com o maciço consumo das classes mais baixas (a mesma que no governo Lula teve na Bolsa ganhos acumulados de 2.416%[121]). Em 2014, o grupo francês, na batalha por galgar posições no precioso mercado brasileiro, comprou 51% do Empório Body Store do Brasil. O plano é tornar suas lojas veículos para a consolidação da marca inglesa The Body Shop. Esta tem produtos e marca muito próximos aos da Natura, sendo voltada para os "cosméticos naturais". Como narra a notícia, "a L'Oréal planeja investir R$ 200 milhões na expansão de fábrica e do centro de pesquisa, no Rio, e na construção de um novo centro de distribuição no Brasil neste ano e no próximo"[122]. Já O Boticário cedeu nos últimos anos aos atrativos da venda direta e, além das lojas franqueadas, passou a utilizar a revenda por catálogo. Em 2013, pela primeira vez, desbancou a liderança da Natura e da Avon no setor de perfumaria, passando a deter 28,8% do mercado, seguido pelos 27,7% da Natura.

O trabalho das revendedoras – e sua imbricação nesse expressivo aumento do consumo de produtos de higiene pessoal, perfumes e cosméticos – fornece pistas para o reconhecimento da polivalência precária que está associada à "ascensão dos países emergentes". A "viração" continua dando pistas essenciais para a problemática do desenvolvimento em suas formas contemporâneas[123].

O Sistema de Vendas Diretas e a exploração do trabalho tipicamente feminino

> Imagine uma mulher que pegava três conduções todos os dias para chegar ao trabalho e que, para não perder a hora, precisava acordar às 4h30 e sair de casa ainda antes do sol raiar. [...] Como os horários das creches não eram compatíveis com os seus, ela pagava uma quantia à vizinha para que olhasse seus filhos. Cansada da sua rotina puxada, essa mulher investiu em cursos de culinária e começou a fazer bolos aos finais de semana para vender no trabalho e para vizinhança. Percebendo o aumento da demanda, precisou de ajuda e

---

[120] Mais informações em *The Wall Street Journal*, cit.

[121] Dados disponíveis em: <http://economia.ig.com.br/financas/investimentos/de+fhc+a+lula+uma+alta+de+1500+na+bolsa/n1237820937576.htmlSP>. Acesso em 3.mar. 2011.

[122] "L'Oréal compra Body Store e traz marca Body Shop ao Brasil", *O Estado de S. Paulo*, 16 out. 2013. Disponível em: <http://www.insper.edu.br/noticias/loreal-compra-body-store-e-traz-marca-body-shop-ao-brasil/>. Acesso em 30 jul. 2014.

[123] Para uma discussão mais aprofundada sobre a relação entre exploração do trabalho e desenvolvimento ver resultados de pesquisa em andamento: Ludmila C. Abílio, "Rompantes no espírito do desenvolvimento brasileiro", *Pensata*, v. 3, n. 1, dez. 2013, p. 151-63; "A 'nova classe média' vai ao paraíso?", II Conferência Nacional do Desenvolvimento, Brasília, nov. 2011. Disponível em <http://www.ipea.gov.br/code2011/chamada2011/pdf/area11/area11-artigo7.pdf>; "Segurando com as dez: classe trabalhadora e 'nova classe média' no desenvolvimento brasileiro recente", relatório científico apresentado à Fapesp, março de 2014.

contratou uma amiga. Em pouco tempo, já estava ganhando a mesma quantia que ganhava em seu emprego. Impulsionada por essa experiência, resolveu investir tudo no seu negócio. Hoje ela tem um pequeno *buffet* na região. Trabalha mais, mas com horários flexíveis, consegue agora conciliar melhor a rotina de mãe e trabalhadora. Essa história ainda representa uma pequena parcela das mulheres brasileiras, mas se assemelha ao sonho das mais de 24 milhões de mulheres que pretendem abrir seu próprio negócio nos próximos três anos.[124]

No final dos anos 1980, no livro *Charismatic Capitalism*[125], Nicole Biggart tratou do Sistema de Vendas Diretas como um fenômeno social de amplas dimensões. Em 1985, como afirma a autora, 5% da força de trabalho americana era composta por revendedores, dos quais 80% eram mulheres. Artigo publicado em 2011 no *Wall Street Journal* afirma que, dos 42 milhões de trabalhadoras no Brasil, 2,5 milhões são revendedoras. Esse dado talvez não expresse inteiramente a combinação da venda direta com outras atividades, pois muitas dessas vendedoras são as que optaram pela jornada dupla (ou tripla?): trabalho fora de casa, trabalho de dona de casa e venda dos produtos. É fato inegável que o número de vendedores cresce aceleradamente e não dá sinais de que vá mudar de movimento. Ainda que a venda no varejo seja bastante superior ao volume das vendas diretas, a velocidade de crescimento torna possível a hipótese de que, em longo prazo, tal relação se inverta ou se equipare[126].

Era questão central para Biggart as relações de trabalho que se estabelecem no oposto de uma racionalidade burocrática, relações que, utilizando-se das relações pessoais de forma lucrativa, tornavam-se uma saída para trabalhadores, em especial mulheres da classe média americana, ante as inseguranças constitutivas do mundo do trabalho na década de 1980. O crescimento do Sistema de Vendas Diretas já era tratado na sua relação essencial com crises econômicas e precarização do trabalho[127].

Entre 1976 e 1980, como aponta a autora, o número de revendedores americanos, que nos anos anteriores crescia numa média anual de menos de 10%, saltou de 2 milhões para 4,9 milhões de pessoas. Relembrando a descrição apresentada por Harvey sobre o governo Reagan, desemprego e queda dos rendimentos do trabalho são elementos essenciais para a compreensão desse aumento. Biggart trata do SVD explicitando a relação fundamental entre flexibilização do trabalho e centralidade do papel feminino nesse processo.

Estudando as revendedoras Natura, delineou-se o trabalho de mulheres que arcam com riscos de estocagem e de inadimplência, podem assumir a jornada dupla-con-

---

[124] Renato Meirelles, "Empreendedorismo, otimismo e a classe média brasileira", em Secretaria de Assuntos Estratégicos, *Vozes da (nova) classe média*, Brasília, 2013, caderno 3, p. 98.

[125] Nicole Biggart, *Charismatic Capitalism: Direct selling organizations in America*, cit.

[126] *Valor Setorial*, Especial Vendas Diretas, fev. 2007. Disponível em: <http://www.revistavalor.com.br/home.aspx?pub=5&edicao=1>. Acesso em 10 maio 2014.

[127] Quem deixou clara essa relação já nos anos 1950 foi o próprio Frederick Taylor, em seu artigo publicado no *Wall Street Journal* em 1958, intitulado "Door-to-door Sellers Rack up Sales Gains – With Help from Slump" – em tradução livre, "Vendedores de porta em porta alavancam os ganhos da venda – com a ajuda da depressão".

comitante de um trabalho que se realiza imbricado em outras atividades, ao mesmo tempo que são consumidoras assíduas dos produtos. Fica claro também que só terão alguma remuneração significativa mulheres que tornem esta sua ocupação principal ou a concíliem intensamente com outras ocupações. Para as que transitam mais nebulosamente entre o ser vendedora e o vender para consumir, o que fica para a análise é uma dúvida, senão uma hipótese, de que no fim das contas estejam pagando para trabalhar (questão desenvolvida no último capítulo). Penso no SVD como expressão bem-acabada da flexibilização do trabalho e também em como tal flexibilização está associada às características tipicamente precárias do trabalho feminino.

A falta de formas definidas deste trabalho se adéqua perfeitamente ao discurso do empreendedorismo, assim como à perda de medidas do trabalho e às atividades precárias e de baixa remuneração – elementos há muito constitutivos de ocupações desempenhadas pelas mulheres. As ocupações femininas se constituem, historicamente, sobre o que poderíamos denominar "polivalência precária". Nos anos 1970, Harry Braverman[128] já apontava o deslocamento da classe trabalhadora para o setor de serviços, problematizando também a divisão sexual do trabalho. O autor associava a degradação do trabalho com a predominância feminina nos serviços.

Quando se considera a grande maioria dos postos de trabalho que são criados no setor de serviços no Terceiro Mundo, mesmo ocupações formalizadas apontam para desqualificação, menor remuneração, alta rotatividade e predominância do trabalho feminino. Como afirma Araújo, apesar de as mulheres hoje equipararem-se aos homens e até mesmo os ultrapassarem em determinadas atividades de nível superior, mantém-se o exército de trabalhadoras em condições precárias e de baixa remuneração[129].

Ao tratar dos deslocamentos da classe trabalhadora, Braverman já se referia à taylorização dos serviços, construindo uma crítica profunda à celebração da "economia de serviço". Ao destrinchar e explicitar o que a celebrada "sociedade pós-industrial" era de fato, o autor explicita como as ocupações predominantemente femininas estão associadas a qualificação e remuneração baixas. Enquanto o setor secundário se constituía predominantemente de homens, o deslocamento da classe trabalhadora para o setor de serviços indicava a predominância do trabalho feminino e de remuneração desigual (de acordo com o autor, nos anos 1970, dos 9 milhões de trabalhadores do setor de serviços, aproximadamente 5 milhões eram mulheres, as quais recebiam um salário médio 50% inferior ao dos homens)[130]. O autor também ressalta a predominância das mulheres nas vendas a varejo.

> Como um relance na lista de ocupações em serviços mostrará, o volume do trabalho concentra-se em duas áreas: limpeza e conservação de edifícios, cozinha e serviço de alimentação. Trabalhadores de sexo feminino ultrapassam em número os homens, como nas vendas a

---

[128] Harry Braverman, *Trabalho e capital monopolista: a degradação do trabalho no século XX* (Rio de Janeiro, Zahar, 1987).

[129] Angela M. Araújo, "Informalidade e relações de gênero", em Isabel Georges e Márcia Leite (orgs.), *Novas configurações do trabalho e economia solidária* (São Paulo, Annablume, 2011).

[130] Harry Braverman, *Trabalho e capital monopolista*, cit., p. 311.

varejo. São mínimas as exigências de preparo para a maioria dessas ocupações, o acesso de um faxineiro é virtualmente impossível, e as taxas de desemprego são mais elevadas que a média.[131]

Ao abordar o padrão de crescimento da participação feminina nos anos 1980, Biggart ressalta a desigualdade de gênero no mercado de trabalho:

> Apesar de as oportunidades para as mulheres de classe média, ainda que limitadas, terem se expandido, as mulheres de classe média baixa e da classe trabalhadora não se saíram tão bem. Elas não alcançaram em número significativo as ocupações de alta qualificação de seus maridos, e foram relegadas a empregos menos qualificados e mais inseguros. "Sair para trabalhar" para essas mulheres significa ir para uma linha de montagem, um ponto de *fast food*, uma central de datilografia, ou alguma outra ocupação mal paga, de baixo prestígio e baixa seguridade.[132]

Pela perspectiva de Biggart, as vendas diretas se apresentavam às mulheres como uma alternativa ao trabalho em escritórios. Vale ressaltar que a autora analisa empresas estruturadas pela venda multinível[133]. Nestas, a perspectiva de "fazer carreira" como vendedora se apresentava, então, mais concretamente, ainda que com algumas das adversidades que hoje constatamos. A autora traça a relação entre o trabalho precário que se estabelecia como passaporte das mulheres para o mercado formal e a venda direta, vendo-a como alternativa de trabalho dentro de um universo de ocupações tipicamente femininas:

> A vigorosidade econômica da indústria de vendas diretas depende em grande parte do caráter exclusivista, discriminatório e racionalizado das relações de trabalho modernas. As empresas de vendas diretas prosperam porque possibilitam um ambiente de trabalho alternativo que muitas pessoas, especialmente mulheres, acham atrativo. *Como um executivo da indústria afirma, a maior ameaça para as vendas diretas é a melhora das condições de trabalho das mulheres nas firmas.*[134]

A autora também trata das vendas pelo aspecto de sua flexibilidade, que se casa bem com as demandas domiciliares do trabalho feminino. A falta de pré-determinações para a execução desse trabalho possibilitaria que as mulheres conciliassem as tarefas domésticas com as vendas. Portanto, para muitas delas as revendas se apresentavam como alternativa dentre os "destinos precários" da porção feminina da classe trabalhadora; também lhes davam a possibilidade de permanecerem donas de casa tendo um rendimento, sem colocar em risco seu papel historicamente constituído. Essa percepção é corroborada no todo das entrevistas com as consultoras, nos dados e relatos fornecidos pelas fontes aqui citadas.

---

[131] Ibidem, p. 314.

[132] Nicole Biggart, *Charismatic Capitalism*, cit., p. 56. Aqui em tradução livre.

[133] A relação entre vendedores e empresa pode se caracterizar como horizontal ou multinível. Na primeira, a rede de revendedores está direta e exclusivamente ligada à empresa; no sistema multinível, vulgarmente conhecido como sistema em pirâmide, estabelece-se uma rede hierarquizada, na qual vendedores recrutam outros vendedores e ganham comissões sobre seu trabalho.

[134] Ibidem, p. 11. Grifos meus. Aqui em tradução livre.

O flex é feminino

O trabalho em domicílio se atualiza numa dupla questão no contexto contemporâneo da precarização. A "feminização" do mercado de trabalho[135] designa a progressiva entrada das mulheres no mercado de trabalho e sua participação acentuada em atividades antes tipicamente masculinas e de nível superior – o que, entretanto, se realiza de forma paradoxal[136]. Como as duas autoras apontam, a saída da mulher da esfera doméstica – nunca formalmente reconhecida como trabalho – para o mundo público se traduziu em aumento do emprego doméstico. A entrada das mulheres para o mercado de trabalho é apoiado na constituição de um exército de trabalhadoras domésticas, fomentando, portanto, relações de trabalho precárias, de baixa remuneração, que em sua maioria não são publicamente reguladas[137]. No que concerne à relação entre trabalho e gênero, coloca-se a difícil questão de que a liberação das mulheres para o mercado de trabalho se traduz, por um lado, em menor remuneração com relação aos homens (e, em alguns segmentos, em menor qualificação) e, por outro, apoia-se nas relações precárias de trabalho em domicílio, apoio este que se dá sobre o trabalho precário de outras mulheres[138].

Sob outro aspecto, o trabalho em domicílio parece ser não só tipicamente feminino, mas também "típico da globalização". No contexto da transnacionalização das cadeias produtivas e da terceirização da produção, essa modalidade de trabalho predominantemente feminina assume uma "nova antiga" relação, na medida em que as formas mais precárias e degradadas do trabalho constituem, hoje, nós das cadeias de produção das mais diversas empresas e corporações. Tal conexão torna ainda mais complexa a discussão entre trabalho informal – precarização – e trabalho feminino, na medida em que as mulheres compõem a maioria da força de trabalho que povoa as fábricas e fabriquetas dos países do Terceiro Mundo, sendo mão de obra envolvida em grande parte da produção material mundial[139].

Além disso, no contexto do desemprego e das inseguranças que hoje permeiam o mercado de trabalho, as mulheres das famílias de baixa renda assumem o sustento familiar no papel de "viradoras", desempenhando as mais diversas ocupações temporárias, informais e domiciliares – de "bicos" e trabalhos domésticos a inscrição em

---

[135] Angela M. Araújo, "Informalidade e relações de gênero", cit.

[136] Helena Hirata e Danièle Kergoat, "A classe operária tem dois sexos", em *Revista Estudos Feministas* (CFH/CCE/UFSC), n. 2, v. 3, 1994, p. 93-100.

[137] Idem.

[138] No caso francês tratado pelas autoras, o imbróglio é ainda mais complexo, pois tal exército de trabalhadoras domésticas esteve historicamente associado ao trabalho imigrante. Na atualidade, o trabalho/mão de obra imigrante entra em conflito com as novas candidatas nativas ao desemprego e ao trabalho precário.

[139] "Assim, na China e nas cidades em industrialização do sudeste asiático, milhões de moças escravizaram-se nas linhas de montagem e na miséria fabril. Segundo pesquisa recente, 'as mulheres constituem 90% dos cerca de 27 milhões de trabalhadores das ZLC [zona de livre comércio]'." Extraído de Mike Davis, "Planeta de favelas", cit., p. 162.

programas sociais¹⁴⁰. Em sua análise sobre a informalidade na atualidade brasileira, Araújo destaca a predominância das mulheres no setor informal e nas ocupações precárias em geral; baseando-se em dados da PNAD¹⁴¹, a autora aponta que em 2009 a participação nas ocupações informais era de 58,1% das mulheres ocupadas e 50% dos homens. Com relação ao trabalho doméstico, em 2008, abarcava em torno de 17% das mulheres ocupadas e 0,8% dos homens¹⁴².

Davis destaca questões similares em uma perspectiva mais ampla, relacionando as políticas neoliberais com a informalização, altamente adaptável às ocupações femininas:

> [...] a desindustrialização e a dizimação dos empregos masculinos no setor formal, seguidas muitas vezes pela emigração dos homens, obrigaram as mulheres a improvisar novos meios de vida como montadoras pagas por peça, vendedoras de bebidas, vendedoras ambulantes, vendedoras de bilhetes de loteria, cabeleireiras, costureiras, faxineiras, lavadeiras, catadoras de papel, babás e prostitutas.¹⁴³

A constituição histórica do trabalho feminino, portanto, adapta-se muito bem à flexibilidade exigida em redes de produção e de distribuição que se transnacionalizam e que se utilizam em larga escala do trabalho desqualificado, desprotegido e de baixa remuneração; paralelamente, mulheres de baixa renda nos países do Terceiro Mundo assumem o papel de chefes informais de família – como diz Davis, "improvisando" meios de sobrevivência.

Mas para além do "imenso proletariado informal"¹⁴⁴ e das ocupações tipicamente femininas do setor formal, *as caracterizações tradicionalmente associadas ao trabalho feminino se adéquam perfeitamente às demandas do "trabalhador flexível" em geral.* O termo *feminização* do trabalho, recorrentemente utilizado, pode indicar não só o aumento da participação feminina no mercado de trabalho, mas também a adequação de características típicas do trabalho em domicílio que se tornam progressivamente predominantes no mercado de trabalho.

A indistinção entre tempo de trabalho e de não trabalho, assim como a ampliação do tempo de trabalho não pago, são hoje elementos centrais para problematizarmos a relação entre exploração do trabalho e acumulação, e reproduzem muito da lógica que historicamente estrutura o trabalho feminino em domicílio. No que tange às consultoras, vimos como tais elementos são constitutivos de seu trabalho. A trajetória masculina, seja nos trabalhos de maior ou menor remuneração, realiza-se na constituição de uma identidade profissional, assim como do papel de chefe de famí-

---

[140] Ludmila C. Abílio, *Dos traços da desigualdade ao desenho da gestão: trajetórias de vida e programas sociais na periferia de São Paulo*, cit.; idem, "Politiques d'inclusion sociale dans la périphérie: du public cible aux histoires de vie", em Isabel Georges e Robert Cabanes (orgs.), *São Paulo, la ville d'en-bas* (Paris, L'Harmattan, 2009).

[141] Ipea, "PNAD 2009: Primeiras análises – O mercado de trabalho brasileiro em 2009", cit.

[142] Angela M. Araújo, "Informalidade e relações de gênero", cit.

[143] Mike Davis, "Planeta de favelas", cit., p. 162.

[144] Alejandro Portes e Kelly Hoffmann, "Latin America Class Structures", cit.

lia. Já para as mulheres, é concretizada numa associação com as ocupações de menor remuneração, menor qualificação e maior rotatividade, ocupações estas aliadas ao trabalho não reconhecido como trabalho que desempenham na esfera doméstica. O que se ressalta, portanto, é que características que hoje definem a flexibilização há muito são constitutivas das ocupações desempenhadas pelas mulheres. A crescente – e generalizada pelos diversos segmentos do mercado de trabalho – eliminação das regulações protetoras do trabalho traz para o centro do debate tal constituição, estando também no cerne da predominância feminina no Sistema de Vendas Diretas.

O SVD e a batalha do mundo do trabalho

Em outubro de 2009, no auge da crise econômica que explodira quase um ano antes, mais de 8 milhões de americanos ficaram sem trabalho, e o desemprego atingiu seu maior nível em 26 anos. Foi nesse período extremamente delicado que o americano Corbin Church mudou radicalmente a estratégia comercial de sua empresa, a Miche Bag. Desde sua fundação, em 2007, as bolsas da marca eram vendidas apenas em shoppings de grandes cidades, como Salt Lake City, Seattle e Las Vegas. No final de 2008, Church aderiu ao sistema de vendas diretas, adotado por empresas como Avon e Tupperware. Deu certo. A Miche Bag terminou 2009 com um faturamento de mais de 25 milhões de dólares – o triplo do ano anterior. "Foi um crescimento excelente, sobretudo numa época de recessão", afirmou Church a *Exame PME*. Do total das receitas, 80% vieram das vendas porta a porta.[145]

Pela perspectiva da associação entre crises, precariedade e o SVD, o alto índice de crescimento mundial deste nas últimas décadas pode indicar que aquelas contribuem para tal desempenho. Em 1988, 8,48 milhões de pessoas no mundo eram revendedoras; em 1997 esse número passou para 30 milhões; em 2005, eram 58,60 milhões[146]. Fazendo aqui uma associação direta não cuidadosa, de 2006 a 2007 o número mundial de vendedores passou de 61,5 milhões para 62,9 milhões, em 2008 para 65 milhões, no ano da crise econômica de 2009 saltou para 74 milhões de pessoas[147]. A Natura acompanha e ultrapassa a alta velocidade do crescimento, o que também tem de ser problematizado em termos da consolidação da empresa no mercado. Em meados da década de 1990, havia no Brasil cerca de 50 mil consultoras; hoje já ultrapassaram um milhão. Na realidade, a empresa apresenta taxas de crescimento acima da taxa, já bastante expressiva, do setor como um todo.

Em meio às dificuldades econômicas postas pelo mercado de trabalho, sobressai a promoção do empreendedorismo. Como analisado anteriormente, a definição de trabalho formal hoje oscila em face das formas de precarização que não são tra-

---

[145] *Exame PME*, 2010. Disponível em: <http://exame.abril.com.br/revista-exame-pme/edicoes/0027/noticias/avon-bolsas-596558>. Acesso em 10 maio 2014.

[146] *Valor Setorial*, "Especial Vendas Diretas", cit.

[147] World Federation of Direct Selling Associations, "Global Salesforce Size 1998-2009". Disponível em: <http://www.wfdsa.org/statistics/index.cfm?fa=display_stats&number=3>. Acesso em 10 maio 2014.

balho informal, mas que se apoiam na desregulação do trabalho. Como foi dito, a própria categoria "por conta própria" não consegue expressar as diferentes formas de desproteção do trabalho que atingem os mais diversos segmentos do mercado. As desregulamentações, hoje, se combinam fortemente com um discurso altamente ideológico do empreendedorismo, não só, mas especialmente, com relação aos trabalhadores de baixa renda[148]. A frase "não adianta dar o peixe, é preciso ensinar a pescar" faz parte do jargão do universo dos projetos sociais implementados por ONGs, financiamentos privados e parcerias com o poder público. Fica subentendida a mensagem de que a carência está com o pescador-aprendiz, e não com o pescado. "Aprender a pescar" é traduzido pelas "capacitações" (outro jargão desses projetos) para a inserção no universo de soluções empreendedoras – empreendedoras e precárias, considerando-se que "o mar não está pra peixe". Retomando a discussão apresentada por Pochmann sobre os microempreendimentos, para os desempregados e subempregados de baixa ou baixíssima renda, na maioria das vezes o empreendedorismo se concretiza no improviso das atividades efêmeras, sem garantias, que, quando muito, asseguram a sobrevivência (discussão mais extensa em Abílio[149]). Para uma classe média que fica com os pés lá e cá entre ser média e baixa, o empreendedorismo também pode aparecer como solução precária. Jessé de Souza trata dos matizes de classe entre empreendedores e trabalhadores, ambos – em definição muito expressiva – batalhadores:

> O pequeno proprietário da pequena fábrica de "fundo de quintal" não difere, muitas vezes, em termos de estilo de vida, do próprio trabalhador que emprega, muito frequentemente, sem pagar direitos trabalhistas nem impostos de qualquer tipo. Além de uma nova classe trabalhadora definida pelo batalhador/trabalhador, parece existir também uma "pequena burguesia de novo tipo" representada pelo batalhador/empreendedor. Os limites, entre essas duas frações de classe, em muitos casos são muito fluidos, tornando muito difícil a definição exata de seu pertencimento de classe.[150]

O trabalho das revendedoras se insere nas difíceis distinções que hoje delimitam classes sociais e estatutos dos trabalhadores. Compondo-se como mais uma das atividades de trabalhadoras/batalhadoras, a revenda transita entre essas frações de classe, unificando-as no estatuto de batalhadoras e também distinguindo-as pelos níveis de segurança e rendimento que obtêm.

Na atividade das consultoras, o empreendedorismo estende-se para além dos que estão "por conta própria": ser uma revendedora entre as "10 mais" pode significar ser uma revendedora que combinou sua ocupação principal com as revendas. O que se delineia a partir e para além das revendas é que ser assalariado também pode demandar a "proatividade" empreendedora a fim de se manter no jogo. Ainda com Souza:

---

[148] Ludmila C. Abílio, *Dos traços da desigualdade ao desenho da gestão*, cit.
[149] Idem.
[150] Jessé de Souza, *Os batalhadores brasileiros*, cit., p. 56.

O que vimos, na nossa pesquisa, foram brasileiros trabalhando dois expedientes, ou estudando e trabalhando com jornada diária sempre superior às oito horas do fordismo clássico, alguns deles trabalhando de 12 a 14 horas ao dia. Como em muitos casos esse trabalho se dá sob a forma do trabalho "autônomo", no qual o patrão é invisível, a semântica que transforma trabalhador em empresário de si mesmo se torna uma espécie de "ilusão real".[151]

Pensando nos diversos aspectos abordados nesta seção e em termos que ultrapassam o cenário brasileiro, a ausência de critérios e de seleção no sistema de vendas diretas combina-se com um mercado de trabalho estruturado pela constante ameaça do desemprego, pela cultura empreendedora, assim como pelas relações de trabalho que transitam entre trabalho formal e informal. O SVD pode, então, assumir diferentes faces: a do complemento da renda familiar; a de uma ocupação alternativa ante a rotatividade do mercado de trabalho e a de um trabalho que não ponha em jogo o papel familiar feminino tradicionalmente estabelecido, permitindo que a mulher trabalhe "sem trabalhar". Desse modo, a permeabilidade e a falta de formas publicamente definidas tornam as revendas um recurso maleável ante as adversidades espraiadas do mundo do trabalho.

Entretanto, o que se constata nas entrevistas é que tal flexibilidade não se traduz em saída para a precarização; pode-se até mesmo afirmar que, ao contrário, contribui para seu aprofundamento. Pensando em termos do rendimento proveniente dessa atividade, os números explicitam o que está em jogo. Em seus relatórios anuais, a Natura apresenta os dados da "riqueza distribuída" para as consultoras. Em 2009, o valor total dividido pelo número de consultoras resultava em R$ 2,6 mil para cada uma, o que daria a média de R$ 219 por mês. Ao longo dos anos 2000, esse valor variou entre R$ 200 e R$ 230[152]. Já no *Relatório anual 2013*, a companhia apresentou o rendimento anual médio de R$ 4.138, o que correspondia a R$ 345 por mês naquele ano, e a média de R$ 325 por mês em 2011[153]. Porém, como toda média, essa também é problemática, pois não necessariamente todos os vendedores vendem todos os meses – portanto o rendimento poderia ser maior para os que estavam ativos (lembrando-se que, no caso da Natura, após alguns ciclos sem vender a consultora tem seu cadastro desativado). Mas esse é o menor dos problemas dessa contabilidade, pois, como vimos já no pequeno universo das entrevistas, mulheres que fazem desta sua principal atividade chegam a ter um rendimento superior a R$ 1.000, no mínimo quatro vezes maior do que a média, enquanto outras pagam mais do que ganham. A ampla gama de rendimentos indica que, se a média é R$ 345, existem mulheres que são revendedoras, mas praticamente não têm rendimento com as vendas. Pesquisa realizada indicou que para 22% das consultoras essa é a fonte principal de renda[154].

---

[151] Ibidem, p. 324.

[152] Natura, *Relatório anual 2009*, cit.; *Relatório anual 2010*. Disponível em: <http://natura.infoinvest.com.br/ptb/3718/RA2010.pdf>. Acesso em maio 2014.

[153] Natura, *Relatório anual 2013*. Disponível em: <http://natura.infoinvest.com.br/ptb/4742/Natura_GRI_Completo_20140328final.pdf >. Acesso em 30 jul. 2014.

[154] Natura, *Relatório anual 2009*, cit.

Para as que têm na atividade a principal fonte de rendimento, ficam duas opções. A primeira é o estabelecimento de uma rede de revendedoras da revendedora, o que aumenta o fluxo de pedidos, a formação e venda de estoques e torna-se garantia de vendas (além de terceirizar parte dos riscos da inadimplência). A segunda é a de revendedoras como Lorena, que, com mais de sessenta anos, cumpre jornadas diárias de trabalho, deslocando-se pela cidade para atender aos clientes que ainda consegue fidelizar, e cujo rendimento não ultrapassa R$ 1,5 mil.

Como a própria empresa divulga, 70% de suas revendedoras têm outra atividade principal, o que significa horas de trabalho para além de sua própria jornada[155]. Nas palavras do presidente da ABEVD, "os produtos podem ser revendidos nas horas vagas, no período noturno e nos finais de semana"[156]. Implícita ou explícita na afirmação está a banalização do "trabalho para além do trabalho", questão que será tratada ao longo da análise. O SVD sinaliza a plena disponibilidade ao trabalho quando as determinações socialmente estabelecidas entre o que é tempo de trabalho e o que não é se desfazem progressivamente. Se aderíssemos às celebrações do trabalho flexível, diríamos que se trata dos benefícios da liberdade de horário e local de trabalho, do espírito empreendedor que toma conta das mulheres e mesmo da oportunidade de a dona de casa ter algum rendimento próprio. Pela perspectiva crítica, guiada pelas recentes reconfigurações do mundo do trabalho, trata-se de mais uma das atividades que permitem complemento de renda, a qual traz consigo diversas adversidades. Trata-se também da possibilidade de uma ocupação para mulheres cada vez mais precocemente expulsas do mercado formal de trabalho. Como diz uma entrevistada de 53 anos em uma reportagem: "sou uma pessoa ativa, mas para o mercado sou considerada velha. Então a venda direta acabou sendo um caminho natural"[157]. Mais do que a própria atividade das revendas em si, estão em pauta as crescentes dificuldades no mercado de trabalho que levam mais e mais mulheres a se tornarem consultoras. O Sistema de Vendas Diretas expressa a realidade da flexibilização: trata-se da disponibilidade/necessidade de as pessoas trabalharem cada vez mais; expressa também o recurso das mulheres (atente-se para algo ainda mais sintomático: o crescimento da participação masculina) a um trabalho que, hoje, dificilmente lhes propicia uma identidade profissional, assim como não lhes traz qualquer tipo de garantia trabalhista. Além disso, a alta adesão a uma ocupação sem mediações públicas, que nem mesmo é necessariamente definida como trabalho, aponta para a potencialidade da informalidade: hoje, trata-se da literal perda de formas do trabalho.

Uma das reportagens celebrativas do sucesso das vendas diretas descreve a história de uma jovem revendedora "campeã" de vendas da Avon. Diz a vendedora, estudante de direito na PUC de São Paulo: "Eu sempre sonhei ser advogada, queria ser a melhor

---

[155] Idem.

[156] *Gestão & Negócios*. Disponível em: <http://carreiraenegocios.uol.com.br/gestao-motivacao/22/artigo176523-2.asp>. Acesso em 10 maio 2014.

[157] Dados extraídos do *Diário do Comércio*. Disponíveis em: <http://www.dcomercio.com.br/materia.aspx?id= 47491>. Acesso em 3 mar. 2011.

advogada do Brasil". Hoje mudou de perspectiva: "Mas, agora, me apaixonei por venda direta, quero ser a melhor revendedora do país". O segredo do seu sucesso? "Gostar de gente, e trabalhar muito, claro". Destaca-se a importância das relações pessoais para o sucesso da atividade; as suas lhe garantiram exclusividade de vendas na rádio Jovem Pan e no Tribunal Regional Federal de São Paulo[158]. Assim, jovens universitárias de classe média/alta também assumem as vendas. Dados da Natura de 2009[159] indicam que 46% de suas revendedoras vêm da classe B. O empreendedorismo informalizado não é exclusivo das classes de baixo rendimento.

Retomando as expressões utilizadas por Souza[160], as noções de trabalhador/empreendedor/batalhador levantam questões centrais não só sobre o mundo do trabalho, mas também sobre o desenvolvimento e a constituição do social. Fronteiras de difícil delimitação cercam as relações de trabalho então permeadas pelo empreendedorismo informal. Pensando nas consultoras, ao mesmo tempo que recortes de classe podem ser definidos, as lógicas desse empreendedorismo perpassam diferentes estatutos sociais e conectam trabalhadoras de diferentes qualificações e rendimentos pelos riscos da atividade, pela remuneração que se reverte em consumo dos próprios produtos, pela ausência de reconhecimento do trabalho. Ao longo dos próximos capítulos, os imperativos da economia permanecem norteando a análise; por ora, o que fica explicito é que os deslocamentos dos horizontes do desenvolvimento social desvelam as demandas e as possibilidades atuais do mercado de trabalho, costuradas pela necessidade – que já não tem classe tão bem definida – de "se virar". Para as "batalhadoras", "lutar com revista" – como definiu Patrícia ao se referir à cunhada empreendedora revendedora – é mais uma das opções de acesso ao trabalho e ao consumo.

Em resumo: A exploração nas palavras de uma trabalhadora

No site Reclame Aqui, consumidores postam reclamações sobre as empresas, as quais são procuradas para responder. Em maio de 2014, utilizando a seu favor a ambiguidade do ser trabalhadora-consumidora, uma consultora postou uma reclamação. Em poucas palavras, definiu o que são questões centrais deste livro:

> Sou consultora da Natura há algum tempo e venho tendo dificuldades com a pontuação mínima, assim como várias colegas que também vendem estão tendo. Acontece que a pontuação mínima para se fazer os pedido é de 80 pontos. Parece pouco para os gerentes ou para as grandes revendedoras, mas para quem revende pouco e não possui tantos clientes, na verdade não é. Pois na verdade, 80 pontos equivale a uns 280,00 (valor revendedora) ou mais. E isso é complicado, pois quando vendemos pouco, temos que acrescentar itens aos pedidos para atingir a pontuação mínima e não deixarmos os outros clientes na mão. E com isso fica difícil obter qualquer tipo de comissão, pois se temos que completar a pon-

---

[158] *Valor Setorial*, Especial Vendas Diretas, cit.

[159] Natura, *Relatório anual 2009*, cit.

[160] Jessé de Souza, *Os batalhadores brasileiros*, cit.

tuação mínima... Acabamos tendo que pagar para trabalhar, pois nem sempre os produtos adquiridos são vendidos de imediato. Muitas pessoas deixam de passar pedidos em alguns ciclos por causa disso. Eu por exemplo, tenho um monte de produtos a pronta entrega de tanto completar pontuação. E quero deixar registrado aqui que não estou falando só por mim, e sim por muitas consultoras que conheço, inclusive pessoas que conheci nas reuniões que têm a mesma dificuldade. É que muitas não têm coragem de reclamar ou até mesmo vão empurrando com a barriga.

A empresa respondeu: "Entendemos a sua manifestação e agradecemos por nos ajudar na busca constante do aprimoramento da qualidade dos produtos e serviços. Sinta-se à vontade para nos procurar através dos nossos canais de atendimento".

3

A FICÇÃO REAL DA ACUMULAÇÃO

*Um dia, todo o ato de comércio será uma oportunidade de
enriquecimento mútuo, e o momento de aproximar pessoas
Todo o produto terá intenção de melhorar a vida e todo
serviço terá intenção de servir
Um dia, toda empresa será uma riqueza da sociedade
A tecnologia se harmonizará com a natureza
E nenhum consumidor precisará se defender.*[1]

Nestes três últimos capítulos, determinadas questões guiam toda a análise: como tratar teoricamente das revendas em termos de exploração do trabalho? Como tratar da exploração por meio das imbricações entre tempo de trabalho e de não trabalho, assim como entre trabalho e consumo? Amplio a escala de análise, centrando-me na teoria marxiana do valor – penso na centralidade do trabalho no contexto das transformações abordadas no capítulo anterior.

Neste capítulo, a discussão é orientada pela desfetichização da marca. Esta desfetichização dará um caminho para tratar da relação entre dominância da valorização financeira[2] e precarização do trabalho. Analiso a relação entre a marca e as terceirizações que ultrapassaram fronteiras nacionais e que hoje estão relacionadas com formas extremamente degradantes da exploração do trabalho. Para tanto, proponho um retorno à análise marxiana sobre a exploração do trabalho e seu obscurecimento na forma de mercadoria.

---

[1] Propaganda institucional da Natura. O vídeo da peça está disponível em: <http://www.youtube.com/watch?v=SEUf_zjDCGk>. Acesso em 10 maio 2014.

[2] François Chesnais, "O capital portador de juros", cit.

Como discuti no capítulo anterior, o assalariamento bambeia como referência para a definição de uma "civilidade" capitalista que, hoje, já vai deixando claros os seus limites[3]; numa perspectiva marxista, e também bambeia como aquilo que dá forma obscurecida à exploração no modo de produção capitalista – a teoria marxiana desvendava o obscurecimento da exploração do trabalho que aparece como uma relação de equivalência na forma-salário[4]. As mudanças e indefinições atuais em torno da forma-salário pairam, hoje, sobre a teorização da relação entre exploração e acumulação, quando essa relação é posta em questão.

Desaparecem medidas historicamente constituídas do trabalho e, então, a crítica parece entrar num redemoinho: enquanto milhões de pessoas trabalham em formas semelhantes à de semiescravidão – as quais hoje constituem a mão de obra que produz a maioria dos bens de consumo no mundo –, resta a tarefa de nos debatermos em torno da centralidade do trabalho para a acumulação (ao menos já superamos as celebrações – infelizmente (?) infundadas – em torno de seu "previsível" desaparecimento). Vai para os ares a exploração visível e evidente do trabalho, toca o chão a fetichização do conhecimento e da acumulação que parece, então, realizar-se por meio de um capital que se autovaloriza desprendido de bases materiais (ambas fetichizações relacionadas em Arantes[5] e analisadas em Teixeira[6]).

A *era da informação* demarcaria uma transformação profunda nas relações de trabalho, e na acumulação. Embrenhadas em um fetichismo teórico, até mesmo teorias marxistas hoje dão conta de se manterem como tal ao mesmo tempo que alcançaram a proeza de pensar na dupla face da acumulação separadamente. Por um lado, a classe trabalhadora, menos presente nas fábricas, mais nos serviços; de volta ao trabalho em domicílio, em condições precárias e frequentemente degradantes; por outro, a chamada "revolução molecular-digital"[7], entre outras denominações. A relação fundante na teoria marxiana entre desenvolvimento tecnológico e exploração do trabalhador parece, então, passível de ser desfeita; uma espécie de esquizofrenia teórica, que tem de ser historicamente compreendida.

Duas definições centrais da teoria marxiana residem no olho do tufão: o trabalho abstrato e a queda tendencial da taxa de lucro. Primeiramente, o conhecimento estaria pautando uma nova constituição da exploração, o tempo de trabalho não daria mais a medida da exploração nem, consequentemente, da valorização (tese aqui examinada fundamentalmente pelas análises de André Gorz[8] e Rodnei Nascimento[9]), o que impossibilita pensarmos em trabalho abstrato, e então em mais-valor, e

---

[3] Robert Castel, *As metamorfoses da questão social*, cit.; Alain Bihr, *Da grande noite à alternativa*, cit.

[4] Karl Marx, *O capital*, Livro I, cit.

[5] "Entrevista com Paulo Arantes", *Trans/Form/Ação*, n. 31, v. 2, 2008, p. 7-18.

[6] Rodrigo Teixeira, *Dependência, desenvolvimento e dominância financeira*, cit.

[7] Francisco de Oliveira, *Crítica à razão dualista/O ornitorrinco*, cit.

[8] André Gorz, *O imaterial*, cit.

[9] Rodnei A. Nascimento, *Formas de subsunção do trabalho no capital*, cit.

no próprio valor enquanto tal. Em segundo lugar, seguindo a esteira das inovações tecnológicas e do desenvolvimento das forças produtivas, a progressiva substituição do trabalho vivo pelo trabalho morto estaria no cerne de uma nova configuração da acumulação e da própria perda de centralidade do trabalho. O modo de produção capitalista hoje estaria se mantendo por um fio, na medida em que teria alcançado quase a plenitude do caminho para a autoextinção, ou seja, o trabalho vivo estaria se tornando uma parte ínfima da composição do capital.

Dependurado nele ou não, a questão é que esse "fio" hoje tece as mais diversas formas de manutenção e aprofundamento da desigualdade social, a hiperconcentração da renda, a exploração do trabalho e seus velhos e novos modos violentos de perpetuação. Nestes capítulos proponho, portanto, pensar no trabalho das consultoras no contexto mais amplo da exploração do trabalho contemporâneo, o que possibilita abordar a exploração e a acumulação da empresa como um caso individual, ao mesmo tempo que se delineiam questões que considero centrais para uma teorização crítica do trabalho – no sentido de não perder de vista que o trabalho seja problematizado na sua relação com a acumulação. De saída, sublinho que muitas das questões aqui se colocam como levantamento de caminhos para uma análise a ser aprofundada.

Inicio tratando da *marca como algo que dá visibilidade à relação entre dominância da valorização financeira*[10] *e precarização do trabalho na atualidade*.

A MARCA NO CONTEMPORÂNEO

> *Em meu quarto relatório (1861) mostrei como é praticamente impossível para os trabalhadores obter o cumprimento daquilo que é seu primeiro direito em matéria de saúde, a saber, que o trabalho, qualquer que seja a atividade para a qual os trabalhadores são reunidos, esteja livre de todas as condições insalubres que possam ser evitadas pelo empregador. Demonstrei que, enquanto os trabalhadores forem praticamente incapazes de impor eles mesmos essa justiça sanitária, não poderão obter nenhuma ajuda eficaz dos funcionários nomeados da polícia sanitária. [...] Atualmente, a vida de miríades de trabalhadores e trabalhadoras é inutilmente torturada e abreviada por intermináveis sofrimentos físicos causados por sua mera ocupação.*[11]

> *A maioria dos trabalhadores da fábrica VT [fábrica de Tae Kwang Vina] era mulheres da zona rural, acostumadas ao trabalho pesado e às precárias condições de vida; ainda assim, elas achavam difícil trabalhar nas condições extremas daquela fábrica. Os solventes tóxicos e as colas usadas na fabricação causavam tontura, náusea e doenças respiratórias entre as trabalhadoras.*

---

[10] François Chesnais, "O capital portador de juros", cit.
[11] Extraído do sexto relatório do Public Health de Londres, 1864, citado em Karl Marx, *O capital*, Livro I, cit., p. 536.

> *Acidentes eram proeminentes nos setores perigosos da fábrica. Aos trabalhadores não era permitido ir ao banheiro mais do que uma vez e beber água mais do que duas vezes durante um turno de 8 horas. Eles também sofriam frequentemente abusos físicos e verbais. Em um setor, mulheres foram forçadas por supervisores a permanecer ajoelhadas e com os braços erguidos por até 25 minutos. Durante uma pesquisa da VLW em 1997, as trabalhadoras se queixaram dos frequentes assédios sexuais de seus supervisores estrangeiros. Não havia nenhuma comunidade próxima à VT e os trabalhadores não tinham um sindicato independente para cuidar de seus problemas. Entretanto, pressões da Nike, compelida por ONGs estrangeiras e pela atenção da mídia, demandaram visitas regulares de inspetores da empresa, bem como supervisão independente. Isso contribuiu para melhorar as condições de trabalho e diminuir riscos como a exposição aos solventes tóxicos e às colas. A introdução do "código de conduta da Nike", em 1999, garantiu um ambiente mais seguro nas fábricas da Nike, inclusive na VT.*[12]

No final da década de 1990, a Nike, empresa vendedora de tênis e estilos de vida, foi acusada de usar trabalho semiescravo nas fábricas que produziam seus calçados no Vietnã. Protestos organizados globalmente resultaram em melhoria das condições de trabalho, tais como redução do uso de elementos tóxicos na produção que seriam inadmissíveis nos Estados Unidos e que, entretanto, já haviam causado problemas de saúde a 86% dos trabalhadores vietnamitas[13]. A empresa americana – que não é detentora de nenhuma fábrica de tênis, pois em suas instalações concentradas nos Estados Unidos são produzidos, estritamente, a marca e o *design* dos produtos – viu

---

[12] "Nike in Vietnam: The Tae Kwang Vina Factory". Disponível em: <http://siteresources.worldbank.org/INTEMPOWERMENT/Resources/14826_Nike-web.pdf>. Acesso em 10 maio 2014. Aqui em tradução livre.

[13] Pressões organizadas por ONGs (seriam os atuais "administradores nomeados da policia sanitária"?) possibilitaram que os relatos feitos por trabalhadores sobre as humilhações, maus-tratos e terríveis condições de trabalho viessem a público na imprensa americana. Este artigo, publicado pelo Banco Mundial em parceria com o Indian Institute of Manegement, aponta o "empowerment" que as ONGs propiciaram no caso da Nike e que resultou na introdução do "código de conduta" por parte da empresa (quais as alterações reais nas condições de trabalho é uma questão, assim como qual "empowerment"). Os autores concluem sobre a importância das ONGs para a proteção dos trabalhadores, concomitantemente com a garantia da permanência do investimento estrangeiro direto por meio de políticas "proativas": "As campanhas de ONGs e de ativistas desempenham um papel vital ao utilizarem-se do potencial das ligações entre local e global para convocar as manifestações contra empresas como VT, empresas que parecem ser invencíveis no contexto local. [...] A coalizão global de agências e ativistas pode auxiliar os governos a regularem as grandes corporações, garantindo consequentemente a proteção dos trabalhadores [...]. É possível atrair o investimento estrangeiro e ao mesmo tempo regular fábricas como a VT por meio de políticas proativas", Banco Mundial, "Nike in Vietnam: the Tae Kwang Vina Factory, 2003". Disponível em: "http://www-wds.worldbank.org/external/default/WDSContentServer/WDSP/IB/2009/11/04/000333037_20091104011426/Rendered/PDF/514330WP0VN0Ni10Box342028B01PUBLIC1.pdf". Acesso em 12 maio 2014. Aqui em tradução livre.

tornar-se pública a relação entre sua marca e a alta exploração na produção material dos seus calçados. A Nike parece vender muito mais a marca do que o próprio tênis – questão central a ser problematizada; no fim das contas sua imagem não pareceu ser significativamente abalada pela revelação de suas reais condições de produção e de exploração do trabalho.

Mas não precisaríamos ir tão longe. Em Quixeramobim, pequena cidade cearense com 50 mil habitantes, mais de 3 mil trabalhadores de uma cooperativa estão hoje envolvidos na produção dos calçados Nike. A cooperativa cearense trabalha como terceirizada para uma empresa fornecedora de calçados do Rio Grande do Sul e, além do trabalho dos associados, quarteiriza parte de sua produção para trabalhadores em domicílio. Em cada um de seus galpões está a linha de produção de uma marca. Produz para a inglesa Clarks, para a francesa Marks & Spencer, para as lojas brasileiras da Decathlon e a também brasileira Miezko. Uma pesquisa indicou que os cooperativados trabalham em média dez horas diárias, seis dias por semana[14].

Na mesma época em que a jornalista canadense Naomi Klein lançava o livro jornalístico *Sem logo*[15], que deu relevo à centralidade da marca no contemporâneo, no Brasil a psicóloga Isleide Fontenelle apresentava em *O nome da marca*[16], uma perspectiva, inédita no cenário brasileiro, sobre a marca – especificamente a do McDonald's. Partindo do hambúrguer da maior cadeia de *fast food* do mundo, Fontenelle abre um leque de questões sobre acumulação e consumo no contemporâneo. Alguns anos antes, a experiência social constituída na relação com as marcas e com o *fast food* já era tratada pelo sociólogo americano George Ritzer, que, ao analisar também a grande cadeia de hambúrgueres, trazia uma nova perspectiva sobre a relação entre marca, trabalho e consumo. O autor define o termo mcdonaldização como o que daria formas para uma nova racionalização que ultrapassa em muito a loja-fábrica de hambúrgueres[17]. Seus argumentos ultrapassam a esfera da organização do trabalho para chegar aos modos contemporâneos de estruturação social.

A marca pode, então, ser tomada como o que dá formas fictícias aos elos entre capital, trabalho e consumo no contemporâneo. No caso das revendedoras, a análise da marca nos leva ao consumo, porém mais centralmente, e a partir daí podemos reconhecer a imbricação do consumo no trabalho.

A perspectiva que tece a análise é a de que a visibilidade contemporânea da marca se combina com a invisibilidade social que hoje permeia as relações de exploração. A China do *"made in China"*, entre outros países, que povoa as etiquetas e os rótulos de tantos produtos indica os destinos das terceirizações que hoje compõem as cadeias produtivas em nível global, e explicita também que a produção é baseada no *cheap labour* e nas condições degradantes de trabalho; mas, na esfera do consumo, a visibilidade é a da marca, que, em termos subjetivos, já não se refere tanto ao produto que a vincula,

---

[14] Jacob C. Lima, "Trabalho flexível e autogestão", cit.
[15] Naomi Klein, *Sem logo: a tirania das marcas em um planeta vendido* (São Paulo, Record, 2002).
[16] Isleide Fontenelle, *O nome da marca*, cit.
[17] George Ritzer, *The McDonaldization of Society*, cit.

mas ao indivíduo que a consome[18], as relações de trabalho que a produzem e lhe dão materialidade também se desvinculam de sua imagem.

Naomi Klein refaz a relação entre a marca e sua produção material, partindo das empresas e suas estratégias de marketing (que hoje se denominam *branding*, pela centralidade da marca) na América do Norte para chegar aos *sweatshops*[19] que povoam as Zonas de Processamento para Exportação das Filipinas. No meio desse percurso, analisa a produção do *design* e da tecnologia que dão forma a esses veículos da imaterialidade plena de significados.

A centralidade das marcas pode ser compreendida a partir do desenvolvimento do modelo de produção fordista e de uma paridade das condições materiais de produção. Tanto Klein quanto Fontenelle se baseiam nesta perspectiva: o desenvolvimento tecnológico alcançou tal ponto, e tal espraiamento, que hoje poderíamos pensar numa indiferenciação entre os fatores de produção de distintas empresas do mesmo setor. O que, em termos práticos, poderia significar que o que diferencia o lucro da companhia de cosméticos Boticário do lucro da Natura está muito menos num diferencial dos meios de produção e muito mais na eficácia publicitária – ou melhor dizendo, do *branding* que cada uma dessas companhias alcança. Klein afirma que: "A marca competitiva tornou-se uma necessidade da era da máquina – no contexto da uniformidade manufaturada, a diferença baseada na imagem tinha de ser fabricada junto com o produto"[20]. Fontenelle aponta na mesma direção: "[...] a crescente paridade do nível tecnológico entre as empresas levou a *marca* a se tornar o grande diferencial na concorrência entre os capitais individuais, em reposta à tensão homogeneização--diversificação, inerente ao capitalismo como um todo"[21].

Este é um bom ponto de partida, ainda que posteriormente eu discorde de uma anulação da centralidade do trabalho implícita nessa análise. O fato é que, se pensarmos no fordismo como produção e consumo de massa, a marca já tinha um papel fundamental – aspecto considerado por Klein e, principalmente, por Fontenelle. Podia ser compreendida como o veículo para disseminação do conhecimento sobre os produtos na ampliação do mercado consumidor; essa produção massificada e ampliada tornou-se o diferencial entre produtos do mesmo gênero. Nessa perspectiva, produtos de mesma qualidade passam a se diferenciar por algo que ultrapassa suas características reais; podemos compreender, então, a marca como uma ficção

---

[18] Isleide Fontenelle, *O nome da marca*, cit.

[19] O termo inglês "*sweatshop*" não tem tradução definida em português. Os *sweatshops* remetem a relações de trabalho na Inglaterra no século XIX organizadas originalmente pelo chamado *sweating system*. Nesse sistema, a produção têxtil era realizada pela subcontratação de pequenas fábricas e por trabalho em domicílio. Nesses estabelecimentos, os trabalhadores recebiam por peça produzida e eram submetidos a longas jornadas e péssimas condições de trabalho. Remunerações miseráveis e alto índice de doenças associadas ao labor eram constitutivas do *sweating system*. Para descrição aprofundada, ver Karl Marx, *O capital*, Livro I, cit.

[20] Naomi Klein, *Sem logo*, cit., p. 30.

[21] Isleide Fontenelle, *O nome da marca*, cit., p. 147. Grifo da autora.

que, entretanto, é o que dá formas à diferenciação entre os produtos e define a escolha do consumidor[22].

Segundo Klein, a publicidade em tempos fordistas pode ser compreendida mais pela criação de hábitos de consumo do que propriamente pela busca de uma identificação pela marca: "Esses produtos eram em si mesmo uma novidade; e isso praticamente bastava como publicidade"[23]. Estava em questão, portanto, a formação do consumidor enquanto tal. No entanto, por diversos processos, hoje temos de pensar num descolamento entre a marca e o produto produzido, e numa nova relação publicitária com o consumidor. Meu enfoque é, essencialmente, nas condições materiais que produzem a centralidade da marca para a acumulação; não me aventuro pelos aspectos subjetivos que possibilitam pensar mais profundamente na experiência da marca vivenciada pelo consumidor, caminho bem traçado por Fontenelle[24].

É essencial pensar em três movimentos que são parte de um mesmo processo: o obscurecimento das relações de produção e a realização da marca enquanto fetiche da mercadoria[25] nas suas formas contemporâneas; um segundo movimento, de uma potencialização dessa fetichização, quando a marca parece se autonomizar do próprio produto; e, então, considerarmos como nesse duplo movimento a marca *aparece* como agregadora de *valor*.

A construção da marca Natura

Se, em moldes de acumulação fordista, a marca se constituía fortemente atada às qualidades objetivas do produto e como veículo e reflexo da ampliação do mercado consumidor, na atualidade deu um passo além: mais do que espelho do produto, é formulada como reflexo do próprio consumidor[26].

No caso da Natura, como vimos em alguns dos relatos, a marca está distante do espelhamento de um valor de uso do shampoo, sabonete ou maquiagem, e próxima da imagem daquilo que o consumidor pode ser. Dos *slogans* da "mulher bonita de verdade", ao "bem estar bem", passando pelo Brasil exótico, mas moderno, a marca constrói um universo de mensagens que dizem respeito à subjetividade do consumidor.

A visita à fábrica da companhia é um excelente caminho para a análise da própria marca. A fábrica da Natura é mais que uma fábrica; é uma propaganda concreta da empresa. Como já dito anteriormente, é diariamente visitada não só por investidores, mas também pelo público em geral. Lá é possível visualizar num só lugar os elementos centrais que hoje constroem as mensagens da marca, ao mesmo tempo que se vê parte da produção material. Já no saguão, visualiza-se em uma parede o *slogan* principal da marca – o "bem estar bem". No site, a explicação: "bem-estar é a relação harmoniosa,

---

[22] Idem.
[23] Naomi Klein, *Sem logo*, cit., p.29.
[24] Isleide Fontenelle, *O nome da marca*, cit.
[25] Karl Marx, *O capital*, Livro I, cit.
[26] Isleide Fontenelle, *O nome da marca*, cit.

agradável, do indivíduo consigo mesmo, com seu corpo. Estar bem é a relação empática, bem-sucedida, prazerosa, do indivíduo com o outro, com a natureza da qual faz parte, com o todo". Essa é a tônica de todo o *branding* da empresa: a relação "harmoniosa" do indivíduo consigo mesmo, com os outros e com a natureza. Mensagem que se vincula perfeitamente à imagem da revendedora como a que celebra e cultiva as relações pessoais por meio das vendas, como tratarei a seguir.

A visita, feita em 2008, começa com a apresentação dos produtos alimentícios a serem lançados pela empresa; chás, sopas e cereais. A guia Mariana remete à fala de um dos donos da empresa, Luiz Seabra: "Ficamos falando do aquecimento global, da poluição, e não percebemos como no cotidiano nosso corpo está poluído". Seabra poderia ser comparado à associação que Isleide Fontenelle faz entre Calvin Klein e sua linha de perfumes, como se o produto fosse uma extensão e um reflexo do estilo de vida de seu criador[27]. Ele é o fundador da Natura, e para as consultoras – principalmente as mais antigas – sua imagem está associada à dos produtos. Como diz Lorena, o "Seabra é zen". Mariana destaca que a fábrica foi construída seguindo os princípios do *feng shui* e nos mostra o círculo místico, cheio de cristais, na entrada do setor de distribuição[28] – iniciativas desse diretor. Na inauguração da loja em Paris, o fundador se senta entre os presentes, tira o sapato e faz massagens no pé, certamente traduzindo nos seus próprios gestos a mensagem do "bem estar bem" (essas imagens são apresentadas nos vídeos que compõem a decoração da loja francesa).

Continuando a visita, Mariana conta que a Natura foi fundada em 1969, "fruto de duas paixões: os cosméticos e as relações". O cosmético seria um "veículo de autoconhecimento", assim como as relações. Essa mensagem dá formas fictícias ao que já foi discutido em relação ao SVD: a venda que "é mais do que a venda, é uma relação pessoal, é o estabelecimento de um vínculo", nas palavras da guia, é uma frase bastante semelhante às mensagens publicitárias da empresa; ou seja, a venda que permeia relações pessoais se realiza por meio delas. E a consultora é quem faz esse vínculo, além de ser um "agente de transformação social e ambiental", pois vende os refis dos produtos e faz trabalho voluntário para os projetos sociais da linha Crer para Ver.

A relação responsável entre produção e ambiente permeia toda a política da empresa. Está nos refis, no reflorestamento da área que circunda a fábrica, na extração certificada de vários elementos para a fabricação dos produtos, na eliminação completa do uso de animais para testes laboratoriais. Do outro lado da responsabilidade, está o investimento no "bem-estar". Desde os anos 1990, a empresa estrutura suas campanhas calcadas no conceito da "mulher bonita de verdade", da beleza que é para todas as mulheres, da beleza "que não se baseia na idade, mas na autoestima"[29].

---

[27] Ibidem, p. 266.

[28] Misticismos à parte, é interessante verificar que a proteção energética fica na porta do setor de distribuição, e não de produção.

[29] Mais informações na versão francesa do site da Natura, disponível em: <http://www.naturabrasil.fr/Company/CompanySub.aspx?PageId=233>. Acesso em 10 maio 2014.

Desse modo, a marca veicula a mensagem do contato responsável com a natureza, do cuidar de si que foge de padrões estéticos massacrantes e que, de alguma maneira mágica, permite ao consumidor participar desse "Brasil que dá certo", retomando a análise feita a partir do relato da revendedora Diva, que narra seu orgulho em mostrar para os clientes a fábrica de uma empresa brasileira bem-sucedida.

O *branding* da Natura consegue, assim, transformar seus produtos em veículos da propaganda de um mundo melhor. Portanto, a marca se associa à experiência de uma ação responsável no mundo. No final de cada visita é exibido um vídeo institucional, "Um dia" (citado na apresentação deste capítulo). As mensagens desse vídeo são repetidas das mais diversas maneiras em toda a publicidade da empresa. Nele, a mensagem da marca consegue sintetizar processos e questões que fazem parte da contemporaneidade: desigualdade social, relação entre tecnologia e natureza, sentido do trabalho e até mesmo descartabilidade social. Numa época de perda de horizontes políticos, como tratei no capítulo anterior, a marca remete a um horizonte que parece poder ser alcançado no ato do consumo – alcançado como horizonte. Desse modo, a mensagem é a de falta no presente e de possibilidade de realização no futuro – possibilidade que é a própria "razão de ser" da empresa.

O *slogan* principal, "bem estar bem", define como o discurso do desenvolvimento sustentável não é só uma forma de apresentar uma atuação responsável da empresa como em tantas outras. Em tempos do imaginário de "fim de mundo", ante o aquecimento global, o esgotamento de recursos, entre outras questões relativas à natureza que hoje dão formas a um horizonte catastrófico e despolitizado[30], a maioria das indústrias trata de se adequar a um discurso e, ocasionalmente, a uma prática voltados para a responsabilidade ambiental. A Natura ganha prêmios anuais por sua atuação sustentável, o que está longe de minhas possibilidades analisar. Entretanto, nesse caso, o desenvolvimento sustentável é mais que uma política de empresa ou uma contribuição para sua boa imagem; é o que estrutura a própria marca: a preocupação com o futuro parece ser materializada em cada embalagem. Na pesquisa Datafolha Top of Mind, publicada em outubro de 2008, são levantadas as marcas mais lembradas pelos consumidores. A Natura foi lembrada não na categoria "Higiene Pessoal"; juntamente com a Petrobras e o Greenpeace, entre outras, ficou entre as cinco marcas mais lembradas na categoria "responsabilidade ambiental". A marca consegue conciliar em seus produtos questões centrais de nossos tempos. Consumir um produto Natura está associado a ter um gesto "cidadão".

Esse desenvolvimento sustentável tem um apelo e uma atualidade ainda maiores por se tratar da responsabilidade na extração e no bom uso da flora brasileira. Os produtos com nomes de componentes exóticos parecem indicar a responsabilidade da empresa com seu próprio país. Castanha-do-pará, pitanga, breu-branco, priprioca e murmuru são componentes dos produtos da linha Ekos. A empresa concilia sua imagem de ser extremamente bem-sucedida e internacionalizada com o uso respon-

---

[30] Naomi Klein, *A doutrina do choque* (Rio de Janeiro, Ediouro, 2008).

sável da tropicalidade brasileira: exótico e moderno se combinam na imagem do "Brasil que dá certo".

Na outra ponta do "bem estar bem", a ideia de que os produtos são para a mulher bonita de verdade, ou seja, a mulher comum, que encontra sua própria beleza, sem mirar os padrões ditatoriais da moda. Assim, as propagandas não são feitas por modelos ou pessoas famosas, mas por pessoas desconhecidas, de diversos tipos e idades. A grande variedade de produtos e linhas, que têm preços também muito variados, está associada à mensagem de que o consumidor não tem classe, raça ou idade predefinidas. O interessante é que a marca conseguiu se popularizar sem perder o *status* conquistado. Talvez o "exemplo de brasilidade", como define a vendedora da classe alta paulistana, também se forme por esse aspecto "democrático": todos podem consumir – assim como todos podem vender – Natura.

As revendedoras são agentes centrais na divulgação da marca – questão central, desenvolvida mais adiante. Entretanto, a empresa também investe maciçamente em publicidade na mídia impressa e na TV. Veicula propagandas em horários nobres da programação televisiva e nas revistas de alta circulação. Nas novelas globais, por exemplo, estão se tornando comuns as cenas desenvolvidas especificamente para a promoção da marca. Pela segunda vez, uma personagem de novela de horário nobre da Rede Globo é uma revendedora Natura. A dona de casa de classe média que nunca havia trabalhado fora se torna "consultora"; cenas específicas promovem a marca, mostrando práticas da venda e do consumo da consultora com os rendimentos assim obtidos[31]. A marca, então, se imbrica na própria trama, e fica evidente o fenômeno social brasileiro de revenda e consumo dos produtos.

O fetiche potencializado da marca

> *Passamos a dizer que a Nike é uma empresa orientada para o produto, e o produto é nosso mais importante instrumento de marketing.*[32]

Analisando a marca Natura, percebemos como a constituição do *branding* vai muito além das qualidades e características dos cosméticos. A captura de questões que vão desde a identidade do "país tropical que dá certo" às questões catastróficas em torno do meio ambiente e seus desdobramentos na constituição de um consumo responsável aponta para um descolamento vinculado entre marca e produto.

Se partirmos de uma perspectiva marxista, a marca é reconhecível como realização contemporânea do fetiche da mercadoria, caminho já apontado por Fontenelle[33]. A consolidação da marca ocorreria, então, pelo obscurecimento das relações mate-

---

[31] Ana P. Mendonça e Loredana Limoli, "O *merchandising* comercial no ensino de língua portuguesa", I Colóquio Internacional de Estudos Linguísticos e Literários, Maringá, jun. 2010.

[32] Fala de CEO da Nike, citada por Klein, *A doutrina do choque*, cit., p. 46.

[33] Isleide Fontenelle, *O nome da marca*, cit.

riais de produção, que desaparecem ofuscadas pela coisa fisicamente metafísica[34], que é a própria constituição da mercadoria como tal.

Na definição de Karl Marx, o fetiche da mercadoria relaciona-se com a divisão social do trabalho no modo de produção capitalista[35]. O obscurecimento das relações de produção – que também é o obscurecimento da exploração do trabalho – está inerentemente ligado à abstração do "caráter particularmente útil"[36] do trabalho na definição do valor de troca da mercadoria, sendo, então, o valor de troca determinado pela redução de todos os trabalhos que teriam em comum, o "dispêndio de força humana de trabalho no sentido fisiológico"[37]. Trata-se, então, do caráter abstrato do trabalho, do dispêndio de energia, reduzido de suas formas concretas, o que, portanto, define o trabalho abstrato – ou, ainda, o *quantum* de trabalho socialmente necessário para a produção, que dá a medida de equivalência entre diferentes trabalhos concretos: "Como valores, as mercadorias não são mais do que geleias de trabalho humano [...]. Quando o casaco é equiparado ao linho como coisa de valor, o trabalho nele contido é equiparado com o trabalho contido no linho"[38]. Portanto, a medida comum aos trabalhos se dá pela abstração de suas formas sociais, de seu "caráter útil" – definidas como trabalho concreto, – para chegar ao átomo que têm em comum, "o dispêndio de energia", o *trabalho abstrato*:

> Com o caráter útil dos produtos do trabalho desaparece o caráter útil dos trabalhos neles representados e, portanto, também as diferentes formas concretas desses trabalhos, que não mais se distinguem uns dos outros, sendo todos reduzidos a trabalho humano igual, a trabalho humano abstrato. [...] Deles não restou mais do que uma mesma objetividade fantasmagórica, uma simples geleia [*Gellerte*] de trabalho humano indiferenciado, *i. e.*, de dispêndio de força de trabalho humana, sem consideração pela forma de seu dispêndio.[39]

A abstração da forma concreta e social do trabalho se objetiva na forma-mercadoria, o que se revela como a própria constituição da mercadoria como tal; existindo por ter não só valor de uso, mas valor de troca, ou seja, a expressão da quantificação do tempo de trabalho socialmente necessário para sua produção. De modo que:

> A força humana de trabalho em estado fluido, ou trabalho humano, cria valor, mas não é, ela própria, valor. Ela se torna valor em estado cristalizado, em forma objetiva. *Para expressar o valor do linho como geleia de trabalho humano, ela tem que ser expressa como uma*

---

[34] Karl Marx, *O capital*, Livro I, cit.

[35] Refaço parcialmente o "caminho das pedras" da teoria marxiana: nos próximos capítulos, aprofundarei a análise sobre a definição do trabalho abstrato e do próprio valor. Parto o mais-valor, da distinção e da definição de valor de troca e valor de uso e da separação entre capital e trabalho como já sabidas.

[36] Ibidem, p. 278.

[37] Ibidem, p. 124.

[38] Ibidem, p. 127.

[39] Ibidem, p. 116.

"objetividade" materialmente [dinglich] distinta do próprio linho e simultaneamente comum ao linho e a outras mercadorias. Assim, a tarefa está resolvida.⁴⁰

Isso nos leva à relação entre trabalho abstrato, valor de troca e fetiche da mercadoria. A pergunta "De onde provém, então, o caráter enigmático do produto do trabalho, tão logo ele assume a forma-mercadoria?" é respondida: "Evidentemente, dessa forma mesmo". A forma-mercadoria é a própria forma da fetichização. Como visto, a redução de todos os trabalhos à sua medida em comum e sua quantificação – ou seja, o dispêndio da força de trabalho no tempo – constitui o valor de troca da mercadoria. Assim, "a igualdade dos trabalhos humanos assume a forma material da igual objetividade de valor dos produtos do tabalho; a medida do dispêndio de força humana de trabalho por meio de sua duração assume a forma da grandeza de valor dos produtos do trabalho"⁴¹. Esta "forma de grandeza de valor" se concretiza na aparência como uma relação entre coisas, entre "produtos de trabalho", obscurecendo as relações sociais de produção, de modo que, "finalmente, as relações entre os produtores, nas quais se efetivam aquelas determinações sociais de seu trabalho, assumem a forma de uma relação social entre os produtos do trabalho"⁴². O fetiche é compreendido, portanto, como a naturalização e o obscurecimento dos processos históricos de produção, "e, por isso, reflete também a relação social dos produtores com o trabalho total como uma relação social entre os objetos"⁴³. Nessa naturalização, manifesta-se o caráter fantasioso da mercadoria – algo muito reconhecível na imagem do relógio Cartier suspenso no ar do filme de Farocki, em que o objeto é retratado por suas "propriedades naturais": "O caráter misterioso da forma-mercadoria consiste, portanto, simplesmente no fato de que ela reflete aos homens os caracteres sociais de seu próprio trabalho como caracteres objetivos dos próprios produtos do trabalho, como propriedades sociais que são naturais a essas coisas"⁴⁴.

Aparecem as propriedades naturais da mercadoria; desaparecem os processos históricos de sua produção. Voltando à definição do trabalho abstrato, o tempo de trabalho provê a medida na redução de todos os trabalhos ao seu denominador comum; mais que isso, *constitui também a medida para a valorização. O trabalho não pago, mensurado pelo tempo de trabalho, dá a substância da valorização do capital.* O tempo de trabalho não pago desaparece juntamente com o desaparecimento dos processos sociais de produção. A relação aparentemente equivalente – da compra e venda da força de trabalho – obscurece a expropriação do trabalhador. Marx se refere à mercadoria como "hieróglifo social" ⁴⁵; seu desvendamento é a historicização dos processos de separação entre força de trabalho e propriedade dos meios de produção, da venda

---

⁴⁰ Ibidem, p. 128. Grifos meus.

⁴¹ Ibidem, p. 147.

⁴² Idem.

⁴³ Idem.

⁴⁴ Idem.

⁴⁵ Idem, p. 149.

da força de trabalho que se realiza na redução do caráter social do trabalho ao tempo de trabalho, da acumulação que se faz na compra não paga pelo proprietário dos meios de produção.

A definição de hieróglifo social se adéqua à da marca como fetiche, como uma captura das manifestações históricas e sociais que se materializam ao modo de uma ficção real. Como afirma Fontenelle, "nesse sentido, parafraseando Eagleton, eu diria que, como fetiche, a marca é a forma perfeita da materialidade degradada: ela se manifesta como um espaço compacto no qual convergem, de modo bizarro, todas as contradições da sociedade"[46].

A desconexão contemporânea entre a marca e suas condições materiais de produção pode ser observada nesse sentido. Desaparecem as relações sociais de produção, a mercadoria adquire assim "propriedades naturais"[47] manifestadas na forma-marca, como características desconectadas das condições materiais de sua produção. Retomando o objeto de Fontenelle, num primeiro momento, portanto, poderíamos pensar como a mercadoria hambúrguer manifesta sua fantasmagoria obscurecedora na forma da marca McDonald's. Nesse sentido, a marca poderia ser compreendida como a realização e forma do próprio fetiche. Se Marx se refere à mercadoria como "coisa fisicamente metafísica"[48], a marca seria, digamos, a manifestação da metafísica da coisa.

Entretanto, se a desconexão entre o processo produtivo e a marca pode ser compreendida como a própria constituição contemporânea do fetiche da mercadoria, há que se pensar no que poderíamos denominar um duplo fetiche – ou melhor, numa potencialização dele. Sem aludir aos termos marxianos, Naomi Klein trata historicamente de um duplo movimento de descolamento da marca das suas relações de produção e de descolamento da marca do próprio produto a que se refere. Partindo-se de uma problemática distinta da minha, Fontenelle analisa esse possível desdobramento da fetichização da mercadoria, propondo que

> a marca parece perverter o próprio fetiche – uma espécie de "*fetichização do fetiche*": as pessoas deixam de se referir às coisas e passam a se referir às imagens sobre as quais essas próprias coisas se constroem.[49]

A ideia de potencialização do fetiche nos leva à problematização da centralidade da marca para a acumulação. Quando o tênis Nike vale mais que o tênis Bamba, aparentemente não por uma diferença nos fatores de produção, mas por uma determinação intangível e fictícia, a marca Nike aparece "valorizando" o tênis e, nesse sentido, o tênis se torna veículo da própria marca. Nessa valorização, desaparecem os fatores materiais; fica a tal – indefinível – "força da marca", expressão recorrente no mundo corporativo.

---

[46] Isleide Fontenelle, *O nome da marca*, cit., p. 296.
[47] Karl Marx, *O capital*, Livro I, cit., p. 164.
[48] Idem.
[49] Isleide Fontenelle, *O nome da marca*, cit., p. 284-5. Grifos meus.

O caminho a seguir pretende desfetichizar essa "força da marca", tratando-a em sua permanente relação com as condições materiais de produção, ao mesmo tempo que é pensada como materialização-imaterializada não só do fetiche da mercadoria, mas do fetichismo do dinheiro em suas constituições contemporâneas.

A ficção real da acumulação

Hoje, os que se aventuram a desvendar a imaterialidade que permeia as relações de produção e a acumulação repetidamente apontam para a disparidade entre o valor de mercado das marcas e o patrimônio físico da empresa[50]. Por essa perspectiva, o descolamento da marca do próprio produto que a vincula seria central para a acumulação na qual supostamente a produção material teria se tornado secundária. O intangível hoje estaria, então, no cerne da acumulação: marcas, patentes e o conhecimento teriam assumido uma centralidade que fere a espinha dorsal da teoria marxiana. A medida do tempo de trabalho reduzido a trabalho abstrato – a qual dava a medida e os parâmetros da exploração e da acumulação – daria lugar a essa intangibilidade imensurável, que hoje é teorizada e toma formas em definições como a do *imaterial*[51] e da *era do acesso*[52]. Nessa defesa da perda de medidas, a marca alcança seu fetiche teórico, quando se torna cada vez mais difícil discernir as relações de trabalho envolvidas na valorização do capital; assim, a esfera produtiva aparece desvinculada da produção da marca, como se fosse possível pensar numa valorização que se realiza por termos puramente subjetivos, numa espécie de estreita relação com a psique do consumidor.

Considerando-se que parto do trabalho não reconhecido de mais de um milhão de mulheres para pensar na relação deste com a acumulação de uma empresa, minha análise se constitui na oposição a essa centralidade do "imaterial": parto da perspectiva de que a exploração do trabalho está visível, mas parece ter se banalizado não só social como teoricamente. No entanto, também não é possível negar que essa imaterialidade esteja conectada com a acumulação. Assim sendo, atenho-me a essa "fetichização do fetiche", sendo a marca compreendida como uma das formas expressivas das ficções que hoje não só permeiam, mas também pautam, a acumulação, ainda que enquanto ficções. Em termos explicativos, a discussão sobre a marca se desdobra em duas perspectivas teóricas: a da centralidade das marcas para a acumulação tal como tratada nas teorias do *imaterial*[53]; e a de sua relação com as teorias da dominância financeira da acumulação[54]. Eu me apoiarei na última, fazendo a crítica à primeira.

---

[50] Idem; Naomi Klein, *Sem logo*, cit.; André Gorz, *O imaterial*, cit.; Jeremy Rifkin, *A era do acesso* (São Paulo, Makron Books, 2005).

[51] André Gorz, *O imaterial*, cit.

[52] Jeremy Rifkin, *A era do acesso*, cit.

[53] André Gorz, *O imaterial*, cit.

[54] François Chesnais, "O capital portador de juros", cit.; Leda Paulani, "Quando o medo vence a esperança", cit.; idem, *Brasil delivery*, cit.; idem, "Autonomização das formas sociais e crise", cit.; idem, "A crise do regime de acumulação com dominância da valorização financeira e a situação do Brasil", cit.

Klein, por exemplo, enfoca a diminuição do patrimônio físico das empresas, que teve seu correspondente aumento no investimento em publicidade. A autora chega a apontar para uma relação causal, na qual estaria em curso a desvalorização da produção material em detrimento de uma hipervalorização da marca. Assim, empresas como a Nike recorreriam ao enxugamento e ao barateamento de sua mão de obra como estratégia de sobrevivência num mercado no qual importa mais a marca e menos o produto. Diz ela:

> Empresas que tradicionalmente ficavam satisfeitas com uma margem de 100% entre o custo de fabricação e o preço no varejo têm atravessado o globo em busca de fábricas que possam fazer seus produtos a preços tão baixos que a margem fique mais próxima de 400%. E, como observa um relatório das Nações Unidas de 1997 [...], "em quatro de cinco países em desenvolvimento, a participação dos salários no valor agregado de fabricação de hoje é consideravelmente menor do que foi na década de 1970 e no inicio dos anos 1980". O oportunismo dessas tendências reflete não só o *status* do *branding* como panaceia econômica percebida, mas também uma desvalorização correspondente do processo de produção e de produtores em geral. O *branding*, em outras palavras, foi engolindo todo o "valor agregado".[55]

Rifkin, ao definir a *era do acesso,* afirma:

> Nos novos modelos contábeis da economia baseada em rede, o capital físico estará migrando continuamente do lado dos ativos no livro-razão para a coluna de despesas, onde eles serão listados como um custo operacional, enquanto as formas intangíveis de capital serão cada vez mais introduzidas na página de ativos.[56]

Gorz declara o tendencial fim do trabalho abstrato na formação do valor e a passagem para os rendimentos de monopólio do conhecimento. Afirma o autor:

> Na medida em que o valor simbólico do produto se torna a fonte principal do lucro, a criação de valor se desloca para um campo em que os progressos de produtividade podem continuar sem efeito sensível sobre o nível dos preços. O capital fixo imaterial da firma compreende agora a sua notoriedade, seu prestígio, constitutivos de um capital simbólico; e o talento, a competência, a criatividade das pessoas que produzem a dimensão quase artística dos artigos.[57]

A disparidade entre o patrimônio físico e o valor da marca é gigantesca – posteriormente refletirei sobre o que constitui essa contabilização do "patrimônio físico" no contexto das terceirizações e das formas de trabalho que já não aparecem como tais. O que vai tomando forma é a defesa da centralidade do imaterial em detrimento da produção material. Esta teria se tornado *mero suporte* para uma acumulação que agora se dá pelos meios imateriais.

---

[55] Naomi Klein, *Sem logo*, cit., p. 220-1.
[56] Jeremy Rifkin, *A era do acesso*, cit., p. 44.
[57] André Gorz, *O imaterial*, cit., p. 48.

Mas, afinal, no meio corporativo, o que determina hoje o valor da marca? Para ser respondida, essa questão demanda que adentremos o mundo da falta de medidas, ou melhor, das determinações indefiníveis que hoje são tratadas seriamente e têm consequências reais sobre as relações de trabalho e da própria acumulação.

A empresa Interbrand é hoje uma das maiores referências mundiais em avaliação das marcas. Anualmente, em parceria com a revista norte-americana *Business Week,* publica o *ranking* das marcas mais valiosas do mundo. No Brasil, a empresa avaliou as marcas brasileiras em 2010. A Natura ficou em sexto lugar, com valor de mercado estimado em mais de R$ 4 bilhões. À frente dela estão: Itaú, Bradesco, Petrobras, Banco do Brasil e Skol[58].

O site da Interbrand descreve a metodologia para a avaliação das marcas. Consiste na avaliação de dois fatores: a análise financeira e o papel da marca. A análise financeira é baseada nos custos operacionais e na "*previsão* de receitas atuais e futuras", o que determinaria uma medida de quanto é gasto e quanto "a marca é *capaz de gerar*". A segunda medida se dá pelo "papel da marca", ou seja, o quanto a "marca influencia na compra", influência que varia de acordo com o tipo de produto – no consumo de luxo, alerta o texto, a marca importa mais do que no setor de energia, por exemplo[59].

O "papel da marca" dá a medida da "força da marca". Como diz o diretor no site, "a força de uma marca se mede basicamente pela sua capacidade de gerar retorno no futuro". Essa mensuração do "possível retorno" se baseia em dez elementos que vale a pena observar de perto. Primeiramente, é medida a autenticidade da marca; trata-se de sua "verdade interna", explica o site, da "capacidade de atender às expectativas que seus públicos têm dela". Em segundo lugar, sua clareza em relação ao que representa e ao seu posicionamento, avaliando-se se o consumidor percebe as diversas dimensões que a marca representa. Em terceiro, o comprometimento, ou seja, o compromisso que *pode ser mensurado* pelo "suporte que determinada marca recebe em termos de tempo dedicado a ela, sua influência nas decisões de negócio da empresa e também o investimento financeiro contínuo recebido". Em quarto, a proteção: como a marca protege sua identidade, por meio de registros e propriedade intelectual, entre outras formas de proteção legal. Nesse item também é medida a atuação geográfica da marca. Em quinto, a capacidade de resposta às mudanças do mercado e de criar oportunidades. Em sexto, a consistência dos elementos da marca. Em sétimo, a diferenciação, capacidade de se diferenciar dos outros produtos do mercado. Em oitavo, a relevância, ou seja, adequação às necessidades e desejos do consumidor, seu poder de fidelização. Em nono, a presença, "do quanto a marca é percebida como onipresente". E, finalmente, o entendimento, sendo mensurada a "profunda compreensão de suas qualidades específicas"[60].

---

[58] "Ranking Interbrand das Marcas Brasileiras mais Valiosas 2010." Disponível em: <http://issuu.com/interbrand/docs/best_brazilian_brands_2010_portuguese>. Acesso em 12 maio 2014.

[59] Idem.

[60] Idem.

Com exceção do quinto item, que tem formas muito bem definidas e até mesmo quantificáveis, fica a questão, com resposta indefinível, sobre como todos esses elementos podem ser medidos e, finalmente, traduzidos em números. No entanto, a ficção se torna realidade. Um exemplo é o fato de que, em 2006, a empresa YouTube, que tinha nessa época 65 funcionários, mas que hoje é detentora de um dos sites mais acessados do mundo e uma das marcas mais conhecidas, foi comprada pela empresa Google por US$ 1,65 bilhão. O pagamento foi feito em ações da empresa[61].

Num primeiro momento, poder-se-ia não levar muito a sério essa mensuração. Certo distanciamento explicitaria o absurdo da coisa: a marca, criação plenamente fantasiosa, torna-se central para toda e qualquer empresa, em detrimento da produção material; e, mais, essa centralidade pode ser medida e quantificada em cifras, e assim a "verdade interna" do Google, sua "onipresença", sua capacidade de atender aos desejos do consumidor, entre outros, constituem seu valor de mercado[62].

Tratei anteriormente da marca como o que torna reconhecível o próprio fetiche, assim como sua potencialização; aqui é possível pensar nessas fetichizações em termos de financeirização da valorização e de seus elos com as relações materiais de produção.

Primeiramente, podemos compreender a marca como algo que dá forma ao capital financeiro, uma vez que as marcas tornam reconhecíveis os fluxos e movimentos do mercado financeiro. A mensuração no presente dos ganhos que a marca pode propiciar no futuro faz parte da lógica desse mercado: trata-se da futurologia que determina seus movimentos — até que o estouro de alguma bolha volte as atenções para o presente.

Retomo, então, a discussão feita no segundo capítulo, sobre a autonomização da valorização financeira[63]. Harvey define o capitalismo "de cassino" que hoje se baseia no movimento autonomizado e incontrolável do capital financeiro[64]. Paulani explicita a relação entre dominância da valorização financeira e precarização do trabalho, atualizando a definição de Chesnais na inversão para um *regime de dominância financeira da valorização*[65], a qual aponta para o fato de que a valorização financeira não só assume uma prevalência como passa a pautar a produção: esferas produtiva e

---

[61] "Google compra site YouTube por US$ 1,65 bilhão", *G1*. Disponível em: <http://g1.globo.com/Noticias/Tecnologia/0,,AA1304481-6174,00.html>. Acesso em 12 maio 2014.

[62] Os fatores que supostamente medem a força da marca são semelhantes aos requisitos hoje exigidos do trabalhador no mercado de trabalho: uma busca pela medida-sem-medida da "proatividade" e do "comprometimento", que não tem parâmetros definidos; no caso do trabalho, cabe ao trabalhador gerenciar as ficções e demandas reais que hoje povoam os manuais de recursos humanos, os livros de autoajuda e as dinâmicas perversas das entrevistas para emprego. Para saber mais sobre essa discussão, ver Silvia Viana, *Rituais de sofrimento* (São Paulo, Boitempo, 2013) e Daniel P. Andrade, *Paixões, sentimentos morais e emoções: uma história do poder emocional sobre o homem econômico* (tese de doutorado, São Paulo, FFLCH/USP, 2011). Entretanto, assim como no mercado de trabalho, a ficção imensurável tem consequências muito reais.

[63] François Chesnais, "O capital portador de juros", cit.

[64] David Harvey, *A condição pós-moderna*, cit., p. 300.

[65] Leda Paulani, "Quando o medo vence a esperança", cit.

financeira estão plenamente imbricadas, e as violências e intensificações da exploração do trabalho têm de ser compreendidas neste contexto. Está em jogo a busca de uma valorização real – que, portanto, passa necessariamente pela esfera produtiva; esta, por sua vez, está longe de acompanhar o passo da valorização financeira – que se autonomizou, o que possibilita que se dê ficticiamente.

A manifestação da marca como "agregadora de valor" pode ser examinada no mesmo sentido do movimento do capital financeiro[66]: está intimamente ligada à produção material, ainda que tenha sua valorização autonomizada desta – uma valorização que, portanto, passa pela esfera produtiva, mas que também assume um movimento próprio; assim sendo, a valorização da marca pode parecer desvinculada de bases materiais. Nesse sentido, a definição de um fetiche potencializado da marca remete à própria definição marxiana do fetichismo do dinheiro.

Retomando o fetichismo da mercadoria, a equiparação das mercadorias pelo *quantum* de trabalho socialmente necessário, assim como o roubo obscurecido do trabalho não pago, tomam forma no valor de troca da mercadoria. O dinheiro como equivalente geral de todas as mercadorias pode ser compreendido como a própria materialização (imaterial) do fetiche.

> Sem qualquer intervenção sua, as mercadorias encontram sua própria figura de valor já pronta no corpo de uma mercadoria existente fora e ao lado delas. Essas coisas, o ouro e a prata, tal como surgem das entranhas da terra, são, ao mesmo tempo, a encarnação imediata de todo trabalho humano. Decorre daí a mágica do dinheiro. O comportamento meramente atomístico dos homens em seu processo social de produção e, com isso, a figura reificada [*sachliche*] de suas relações de produção, independentes de seu controle e de sua ação individual consciente, manifestam-se, de início, no fato de que os produtos de seu trabalho assumem universalmente a forma da mercadoria. *Portanto, o enigma do fetiche do dinheiro não é mais do que o enigma do fetiche da mercadoria, que agora se torna visível e ofusca a visão.*[67]

O fetichismo se torna ainda mais "enigmático" quando a medida de valor se desprende de suas bases materiais: enquanto medida de valor, o dinheiro pode assumir um caráter simbólico, tornando-se representação da medida de valor, ainda que vinculado às bases materiais. Desse modo, seu valor de uso de ser medida de valor pode se dar na forma de signo de valor.

Assim, desfetichizando o fetiche: "Dinheiro, como medida de valor, é forma necessária de manifestação da medida imanente do valor das mercadorias: o tempo de trabalho"; forma esta que pode se manifestar como representação imaterial. "Em sua função de medida de valor, o ouro serve, portanto, apenas como dinheiro representa-

---

[66] Essa comparação poderia ser aprofundada num outro estudo, que a aborde a partir da definição marxiana do *capital portador de juros* (Karl Marx, *O capital*, Livro III, tomo I, cit.), que, aqui, dá o caminho para a problematização do valor fictício da marca. No entanto, seria necessário um aprofundamento sobre essa definição para, de fato, afirmar que a marca funcione como tal.

[67] Karl Marx, *O capital*, Livro I, cit., p. 167. Grifos meus.

do ou ideal"⁶⁸. Torna-se uma representação, que, entretanto, está atada a bases materiais, uma vez que "coisas relativamente sem valor, como notas de papel, podem, portanto, funcionar como moeda em seu lugar [...]. E tal lei é simplesmente aquela que diz que a emissão de papel-moeda deve ser limitada à quantidade de ouro (ou prata) – simbolicamente representada pelas cédulas – que teria efetivamente de circular"⁶⁹.

No entanto, o dinheiro funciona não só como medida de valor, mas também como meio de pagamento, o que dá complexidade ao seu caráter e define-o como mercadoria, na medida em que tem valor de uso e valor de troca:

> A função do dinheiro como meio de pagamento traz em si uma contradição direta. Na medida em que os pagamentos se compensam, ele funciona apenas idealmente, como moeda de conta [*Rechengeld*] ou medida dos valores. Quando se trata de fazer um pagamento efetivo, o dinheiro não se apresenta como meio de circulação, como mera forma evanescente e mediadora do metabolismo, mas como a encarnação *individual do trabalho social, existencia autônoma do valor de troca, mercadoria absoluta*.⁷⁰

Ao assumir a função de meio de pagamento, ao realizar-se como tal, o dinheiro contém, sem conter, o tempo de trabalho, o que o torna mercadoria – uma existência "autônoma do valor de troca", na medida em que essa "encarnação" não tem bases materiais. Essa definição fica mais clara se pensamos na realização do valor pelas metamorfoses da mercadoria⁷¹. A passagem da forma-mercadoria para a forma-dinheiro constitui um dos estágios do ciclo da acumulação, expresso em M-D-M.

> O processo de troca da mercadoria se consuma, portanto, em duas metamorfoses contrapostas e mutuamente complementares: conversão da mercadoria em dinheiro e reconversão do dinheiro em mercadoria. Os momentos da metamorfose das mercadorias são simultaneamente transações dos possuidores de mercadorias – venda, troca da mercadoria por dinheiro; compra, troca do dinheiro por mercadoria –, e a unidade dos dois atos: vender para comprar.⁷²

No entanto, além de ter seu valor de troca autonomizado de bases materiais, o dinheiro se torna fim em si mesmo; o movimento se inverte, de M-D-M para D-M-D, aparecendo então como "troca de dinheiro por dinheiro"; tal inversão se concretiza

---

⁶⁸ Ibidem, p. 171.

⁶⁹ Ibidem, p. 200.

⁷⁰ Ibidem, p. 210-1. Grifos meus.

⁷¹ A definição da metamorfose da mercadoria – e do próprio capital –, é central para a compreensão da teoria marxiana. A concepção de "metamorfose" fica mais clara no livro II de *O capital*, quando são analisados os diferentes estágios do ciclo do capital. O dinheiro, enquanto mercadoria, é entendido, portanto, com base nessa metamorfose da forma-mercadoria para a forma-dinheiro, movimento que no fim das contas torna reconhecível e constitui o próprio movimento do capital em suas diferentes formas. Mas já no livro I a forma-mercadoria e a forma-dinheiro são tratadas como "modos diversos de existência do próprio valor [...] o valor passa constantemente de uma forma a outra, sem se perder nesse movimento", Karl Marx, *O capital*, Livro I, cit., p. 229-30).

⁷² Ibidem, p. 179.

"como um movimento próprio e original, de espécie totalmente diversa da descrita na circulação simples de mercadorias", quando a inversão de M-D-M para D-M-D não expressa apenas o movimento "seria absurdo e vazio se a intenção fosse realizar, percorrendo seu ciclo inteiro, a troca de um mesmo valor em dinheiro pelo mesmo valor em dinheiro"[73]. O movimento "próprio e original" é o movimento da valorização: quando o D inicial não é semelhante ao D final. Chegamos a D-M-D′, onde D′ simboliza a adição do tempo de trabalho não pago na produção da mercadoria, ou seja, o mais-valor. Sua forma mais explícita seria: D-M...P...M′-D′[74], indicando que a valorização do capital é gerada na produção (ou na forma P do capital produtivo) e se realiza na circulação.

Mas, ainda que a passagem D-D′, isto é, a própria valorização, esteja explicitada em D-M...P...M′-D′, o dinheiro pode ser definido como capital apenas na sua relação com o ciclo da acumulação. Na esfera da circulação, dinheiro e mercadoria funcionam como dinheiro e mercadoria, ainda que funcionem como capital-mercadoria e capital monetário com relação ao ciclo global do capital. Explicitando:

> No ato de circulação, o capital-mercadoria funciona como mercadoria, e não como capital. É capital-mercadoria: 1) porque já está prenhe de mais-valia, sendo a realização de seu valor ao mesmo tempo realização de mais-valia; mas isso em nada altera sua simples existência como mercadoria, como produto de determinado preço; 2) porque essa sua função de mercadoria é um momento de seu processo de reprodução como capital e, portanto, seu movimento como mercadoria, por ser apenas movimento parcial desse processo, é ao mesmo tempo seu movimento como capital; *ele não se torna isso, entretanto, pelo próprio ato de venda, mas pela conexão desse ato com o movimento global dessa soma determinada de valor como capital.*[75]

Quanto ao dinheiro:

> Do mesmo modo, como capital monetário ele funciona apenas como dinheiro, isto é, como meio de compra de mercadorias (os elementos de produção). *Que esse dinheiro seja aqui ao mesmo tempo capital monetário, uma forma do capital, não decorre do ato de compra, da função real que aqui exerce como dinheiro, mas da conexão desse ato com o movimento global do capital, pois esse ato que realiza como dinheiro inaugura o processo de produção capitalista.*[76]

---

[73] Ibidem, p. 224.

[74] Ou, ainda, D-M(FT e MP)...P...M'(M+m)-(D+d) (Karl Marx, *O capital*, Livro II, cit., p. 142), em que FT = força de trabalho, MP = meios de produção, m = mais-valor na forma de mais-produto e d = mais-valor na forma monetária. Vale lembrar que "..." representa a interrupção da circulação do capital, ou seja, sua saída da esfera da circulação para o momento da produção.

[75] Karl Marx, *O capital*, Livro III, tomo I, cit., p. 244. Grifos meus.

[76] "O operário também compra serviços com dinheiro, o que constitui uma maneira de gastar dinheiro, mas não de transformá-lo em capital", Karl Marx, "Capítulo sexto inédito de *O capital*", em *O capital*, Livro I (São Paulo, Ciências Humanas, 1978), p. 79. Essa passagem explicita a diferença entre a forma capital monetário e o dinheiro como meio de pagamento.

No entanto, o dinheiro pode também funcionar como capital na esfera da circulação, o que nos leva ao *capital portador de juros*. Tal função está atrelada à separação entre o capital comercial e o capital industrial, a qual é constitutiva do próprio desenvolvimento do capitalismo (ela é tratada mais profundamente no último capítulo). Por ora, meu objetivo é examinar essa separação pela perspectiva de que o ciclo D-M...P... M´-D´ expressa que seu início se dá pelo adiantamento de capital (D) e estará realizado se voltar à circulação na forma D´ (ou seja, D+d, na qual d representa o mais-valor na forma monetária). Estando definidas as figuras do capitalista industrial e do capitalista comercial como figuras diferentes, é possível, então, pensar que o adiantamento do capital pode partir de uma negociação entre ambos os capitalistas. Traduzindo: para a produção toma-se dinheiro emprestado, o qual, na forma capital monetário, financia o processo produtivo e retorna à circulação. Assim, o dinheiro emprestado, que, tomado de empréstimo, dá inicio ao ciclo do capital industrial – e, portanto, da valorização do capital –, retorna à circulação na forma D´, voltando ao prestamista na forma de valor inicial mais juros. Ao ser alienado de um proprietário para outro, que investirá o dinheiro na produção, o dinheiro adquire um segundo valor de uso: o de produzir mais-valor. Assim, pode ser compreendido como "mercadoria *sui generis*"[77], na medida em que funciona como capital: o próprio capital se torna mercadoria.

> O possuidor de dinheiro que quer valorizar seu dinheiro como capital portador de juros aliena-o a um terceiro, lança-o na circulação, torna-o mercadoria *como capital*; não só como capital para si mesmo, mas também para outros; não é meramente capital para aquele que o aliena, mas é entregue ao terceiro de antemão como capital, como valor que possui o valor de uso de criar mais-valia, lucro; como valor que se conserva no movimento e, depois de ter funcionado, retorna para quem originalmente o despendeu, nesse caso o possuidor de dinheiro; portanto, afasta-se dele apenas por um período, passa da posse de seu proprietário apenas temporariamente à posse do capitalista funcionante, não é dado em pagamento nem vendido, mas apenas emprestado; *só é alienado sob a condição, primeiro, de voltar, após determinado prazo, a seu ponto de partida, e, segundo, de voltar como capital realizado, tendo realizado seu valor de uso de produzir mais-valia.*[78]

Então, o movimento se altera para: **D**-D-M...P...M´-D´-**D´**; no entanto, pode aparecer como D-D´. E aqui chegamos a uma fetichização do fetiche: se o dinheiro, enquanto meio de pagamento e medida de valor jogava a pá de cal na visibilidade obscurecida da expropriação do trabalhador, ao realizar-se como capital na esfera da circulação dá cabo definitivamente ao reconhecimento das "..." que representam a saída do capital da circulação para o estágio de sua valorização na esfera da produção. Assim, já obscuras, as relações materiais de produção desaparecem, tomando forma na máxima de que "dinheiro gera dinheiro"[79].

---

[77] Ibidem, p. 241.
[78] Ibidem, p. 244-5. Grifos meus.
[79] Como analisa Rodrigo Teixeira em *Dependência, desenvolvimento e dominância financeira*, cit., p. 28: "Assim, Marx coloca a forma capital portador de juros como sendo derivada do fato de

Torna-se, assim, propriedade do dinheiro criar valor, proporcionar juros, assim como a de uma pereira é dar peras. [...] Aqui a figura fetichista do capital e a concepção do fetiche-capital está acabada. Em D-D´ temos a forma irracional do capital, a inversão e reificação das relações de produção em sua potência mais elevada: a figura portadora de juros, a figura simples do capital, na qual este é pressuposto de seu próprio processo de reprodução; a capacidade do dinheiro, respectivamente da mercadoria, de valorizar seu próprio valor, independentemente da reprodução – a mistificação do capital em sua forma mais crua.[80]

É interessante o fato de que essa mistificação na sua "forma mais crua" é hoje também sua forma mais bem acabada[81]. Os elos entre capital portador de juros e desenvolvimento tecnológico tornam cada vez mais difícil reconhecer o lugar da exploração do trabalho na acumulação. Para pensarmos na valorização na contemporaneidade é importante não perder de vista este aspecto central da teoria marxiana: o dinheiro desempenha a função de capital na esfera da circulação como "*capital possível*"[82], ou seja, enquanto capital a ser valorizado, o qual depende do ciclo global que *ainda* desempenhará, isto é, da sua passagem pelo processo produtivo ainda por vir. Sua valorização, portanto, está posta como possibilidade no futuro. Um dos nós do problema é que esse valor de uso do dinheiro traz em si a possibilidade de a relação entre capitalistas se tornar um grande jogo de azar; "possibilidade" essa que tem efeitos multiplicadores. Empréstimos sobre empréstimos são traduzidos no distanciamento cada vez maior da esfera da produção, possibili-

---

que o dinheiro, como capital, adquire um novo valor de uso. De início, quando o dinheiro surge logicamente como equivalente geral, ele podia ser uma mercadoria qualquer, com valor de uso e valor (como o ouro). Porém, como vimos, o desenvolvimento do dinheiro mostra que, enquanto equivalente geral, ele não precisa ter valor de uso intrínseco; ele pode ser substituído por papel pintado, ficando apenas com seu valor de uso formal, ou seja, seu valor de uso de facilitar as trocas, na circulação simples de mercadorias. Quando o dinheiro se transforma em capital, ele adquire, assim, um novo valor de uso, que é gerar valor. Esse valor de uso, entretanto, decorre do valor de uso da força de trabalho, que é gerar mais valor, e que o proprietário do dinheiro pode comprar. Lembremos que não se deve cair no fetichismo de que o dinheiro gera valor por si mesmo. A propriedade do dinheiro permite a seu proprietário pôr em movimento a força de trabalho e meios de produção, e extrair a mais-valia gerada pela força de trabalho".

[80] Ibidem, p. 279.

[81] Como afirma Paulani em "Autonomização das formas sociais e crise", cit., "se Marx disse sobre o capital portador de juros que aí a relação capital atinge sua forma mais alienada e fetichista, a mistificação do capital em sua forma mais crua, talvez seja possível dizer que a securitização generalizada que hoje toma conta da valorização financeira opera essa mistificação de modo ainda mais contundente. Toda a complexidade das relações sociais que constitui a trama capitalista e que produz o crescimento efetivo da riqueza material fica plasmada num objeto que se relaciona consigo mesmo e que carrega consigo o milagre da valorização. Uma ação, um título de dívida privado ou público se valoriza por si só 'nos mercados' e vai produzindo riqueza financeira, enquanto constrange de modo cada vez mais violento o mundo da produção, pois essa riqueza, apesar de fictícia no agregado, é muito verdadeira para cada agente individualmente considerado e produz requerimentos sobre a riqueza real tanto quanto máquinas, equipamentos e instalações produtivas".

[82] Karl Marx, *O capital,* Livro I, Capítulo VI, cit., p. 241

tando uma valorização fictícia, descolada de bases materiais. Como afirma Paulani em uma entrevista:

> Quando o dinheiro é emprestado para que se o receba de volta aumentado, numa data futura, está implícita nessa transação a capacidade potencial que o dinheiro tem de se multiplicar. Essa capacidade é "verdadeira", se esse dinheiro for dar uma voltinha no mundo da produção de bens e serviços, mas cria capital fictício quando, por meio de uma série de mecanismos, cuja explicação demandaria um espaço que não temos, ele não percorre esse caminho.[83]

No Livro III de *O capital,* Marx já se referia à possível autonomização da esfera financeira, ou seja, à ampliação do movimento de valorização do capital que não passa pela esfera produtiva e que, portanto, existe apenas como jogo de apostas e fraudes em torno do "capital possível". No desenvolvimento do modo de produção capitalista, o sistema de crédito se desenvolve e se amplia. De saída (e de acordo com minhas possibilidades), é interessante compreender como o crédito – que tem um papel central na dinâmica da produção e da acumulação, e de seu desenvolvimento – assume formas mais acabadas, que, no entanto, têm em seu cerne o que Marx definiu pelo já citado "capital possível". Trata-se, portanto, do adiantamento sobre algo que ainda não foi produzido e, visto que tal prática é central para o próprio desenvolvimento capitalista, o sistema de crédito assume formas mais complexas. Nesse desenvolvimento potencializam-se os meios e a amplitude da valorização fictícia. O que está em jogo é:

> Quanto maior a facilidade com que se pode obter adiantamentos sobre mercadorias não vendidas, tanto mais esses adiantamentos são tomados e tanto maior a tentação de fabricar mercadorias ou lançar as já fabricadas em mercados distantes, somente para obter sobre elas de início adiantamentos em dinheiro. Como todo o mundo de negócios de um país pode ser tomado por tal embuste, e como acaba isso, a história do comércio inglês de 1845 a 1847 dá um exemplo contudente. Vemos aí o que o crédito pode fazer.[84]

Essa descrição feita por Paulani soa atual, ainda que:

> Estimando a circulação toda e o montante das obrigações de todos os bancos pelos quais pagamento imediato pode ser demandado, encontro uma soma de 153 milhões, cuja transformação em ouro pode ser exigida por lei, e em contraposição 14 milhões em ouro para satisfazer essa exigência.[85]

Paulani vem problematizando o desenvolvimento, mais especificamente os rumos políticos brasileiros da última década, à luz da autonomização financeira,

---

[83] Leda Paulani, "Poder e dinheiro: a flexibilidade do capital financeiro", *Revista do Instituto Humanitas Unisinos Online*, n. 278, ano VIII, 21 out. 2008. Disponível em: <http://www.ihuonline.unisinos.br/index.php?option=com_content&view=article&id=2245&secao=278>. Acesso em 12 maio 2014.

[84] Ibidem, p. 291.

[85] Karl Marx, *O capital*, Livro III, tomo I, cit., p. 286.

recuperando a definição de Chesnais, de *regime de acumulação com dominância da valorização financeira*[86]. A autora, como aponta Teixeira[87], fará uma inversão que explicita que o capital fictício passa a ditar a esfera da produção, definindo a *dominância financeira da valorização*:

> "Dominância financeira da valorização" afigura-se um termo mais adequado do que "dominância da valorização financeira", pois enquanto o último refere-se a momentos ou fases na história do capitalismo em que a valorização rentista se exacerba e se sobrepõe à valorização produtiva de um modo insustentável no longo prazo, o primeiro diz respeito à etapa corrente do capitalismo, na qual a importância e a dimensão dos capitais e da valorização financeira combinados à peculiar forma assumida pelo sistema monetário internacional fazem com que a lógica da valorização financeira contamine também a esfera produtiva, gerando um novo modo de regulação adequado ao regime de acumulação financeira. As mudanças operadas pelo toyotismo vão todas nessa direção. A chamada "flexibilização do trabalho", por exemplo, permite, entre outros: utilizar mais intensamente o valor de uso da força de trabalho; repartir com o trabalho os riscos do capital, flexibilizando o próprio capital; em conjunto com a costumeirização da produção, reduzir ao mínimo o custo de carregamento de estoques de matérias-primas e bens intermediários (o que se torna um desperdício imperdoável num contexto de taxas de juros reais positivas e elevadas). Todas essas mudanças têm a ver com o contexto no qual hoje deve se dar a valorização produtiva, qual seja, o contexto rentista e curto-prazista da valorização financeira.[88]

Tal inversão é central para a análise das atuais transformações no mundo do trabalho, e também para o destrinchamento das relações entre precarização do trabalho e acumulação, quando a valorização real é pautada pelas demandas da valorização fictícia. Recuperando a argumentação sobre o neoliberalismo apresentada no segundo capítulo, agora ficam mais claras: a relação entre precarização do trabalho e valorização financeira; as políticas de desregulamentação dos fluxos financeiros, ou seja, a liberação da autonomização financeira no neoliberalismo, reprimida durante os anos do *Welfare State*[89]; assim como a gravidade da associação apontada por Chesnais entre contribuição previdenciária e financeirização[90].

---

[86] François Chesnais, "O capital portador de juros", cit.

[87] Rodrigo Teixeira, *Dependência, desenvolvimento e dominância financeira*, cit.

[88] Leda Paulani, "Quando o medo vence a esperança", cit., p. 21. Essa definição de termos invertidos não incorre na possível fetichização de que a valorização possa ser estritamente financeira – ou seja, fica menos obscuro que a valorização financeira, como valorização real, tem de passar pela valorização produtiva; a inversão torna mais reconhecível a estreita relação entre a valorização financeira e as pressões sobre a valorização real, ou seja, sobre o trabalho.

[89] Gérard Duménil e Dominique Lévy, "O neoliberalismo sob a hegemonia norte-americana", cit.

[90] Marazzi também trata das amarras que hoje tornam o trabalho um *sócio* importante do capital: "O desvio das poupanças para os mercados de ações, iniciado pela "revolução silenciosa" nos fundos de pensão, tem como objetivo apenas: eliminar a separação entre capital e trabalho implícita na relação salarial fordista, atrelando as economias dos trabalhadores ao processo de transformação/reestruturação capitalista [...]. Como acionistas, eles estão sujeitos aos altos e baixos dos mercados, e, portanto,

A dominância financeira da valorização se desdobra nas pressões sobre o trabalho, as quais vêm tomando forma na intensificação do trabalho[91], na extensão do tempo de trabalho[92], nas eliminações de garantias e direitos do trabalho, assim como na transferência de custos da produção para o trabalhador – questões que serão esmiuçadas daqui em diante. Em termos das dificuldades em mapear as relações entre acumulação e trabalho, a associação entre contribuição previdenciária e capital financeiro torna a tarefa muito mais complexa; assim como o fetiche potencializado do dinheiro manifesto na expressão de que "dinheiro gera dinheiro" torna ainda mais indiscerníveis tais relações.

Voltando às marcas, pela perspectiva da dominância financeira da valorização, esses nomes fantasia patenteados tornam reconhecíveis e mensuráveis os movimentos e fluxos dos mercados financeiros. As marcas hoje emprestam formas ao capital portador de juros, assim como tornam reconhecíveis sua autonomização. A aparente desconexão com a produção material, e a valorização sem medidas definidas e sem concretude das marcas são, então, mais bem compreendidas, assim como sua aparente centralidade na acumulação no contemporâneo. *Tendo como cerne da questão o fato de a valorização fictícia estar conectada à valorização real, analiso a marca como representação que torna reconhecível a relação entre essa valorização fictícia e as formas mais eficazes de exploração do trabalho.* Ou seja, a marca torna-se uma espécie de expressão das garantias da valorização real para as demandas da valorização financeira – demandas e garantias que têm consequências muito reais na vida dos trabalhadores.

A ficção e a exploração

> *"A terceirização", diz o Outsourcing Institute, "não é nada menos que uma redefinição básica da corporação."*[93]

Financeirização, inovações tecnológicas e a mundialização da produção formam o imbróglio das transformações das relações de trabalho na atualidade. No capítulo 2 discuti a definição de precarização do trabalho à luz das políticas neoliberais. Partindo da *dominância financeira da valorização*[94] em seus elos com o capital produtivo, a exploração do trabalho pode, então, ser mais claramente pensada em relação com a acumulação. "Mais claramente" em termos, porque tal emaranhado torna muitas das definições teóricas complicadas ou não suficientes para dar conta das relações que atualmente pautam o mundo do trabalho.

---

são cointeressados no 'bom desempenho' do capital *em geral*", Christian Marazzi, *The Violence of Financial Capital*, cit., p. 37. Grifos do autor. Aqui em tradução livre.

[91] Sadi Dal Rosso, *Mais trabalho! A intensificação do labor na sociedade contemporânea* (São Paulo, Boitempo, 2008).

[92] Francisco de Oliveira, "Passagem na neblina", cit.

[93] Jeremy Rifkin, *A era do acesso*, cit., p. 37.

[94] Leda Paulani, "Quando o medo vence a esperança", cit.

Retomo a discussão em torno da transnacionalização da produção e da distribuição, agora pela perspectiva da financeirização. O que parece estar em jogo é a terceirização da produção e, consequentemente, da própria exploração do trabalho – o que não significa terceirizar o controle sobre a força de trabalho, tampouco sobre os lucros.

Voltando à Nike, a empresa hoje terceirizou toda sua produção material. Enquanto profissionais desenham o modelo do próximo tênis em algum lugar dos Estados Unidos, trabalhadores vietnamitas e cearenses, entre outros, produzem os calçados propriamente ditos; descrição que simplifica os nós que hoje formam a cadeia de produção e distribuição da marca Nike, mas que explicita a terceirização da produção. A questão central é como essa cadeia se organiza. Como afirma João Bernardo: "Há quem acredite que as empresas desse tipo se reduzem à função de gerir uma marca, e a afirmação não é completamente incorreta se não esquecermos que para isso é necessário administrar a conjugação de todos os processos de trabalho responsáveis pelos produtos abarcados por essa marca"[95].

Seguindo os passos fundamentais desse autor, as inovações tecnológicas em torno da informação permitem hoje que a produção esteja altamente fragmentada, mas rigidamente controlada. A produção *just in time* se realiza em um controle e em uma hierarquização das redes de subcontratação. Uma ampla gama de empresas pode estar, assim, subordinada às demandas de uma única. "Isso significa que além de controlarem os seus trabalhadores, os administradores da empresa principal adquirem, através das informações que obtêm e das especificações que enviam, um elevado grau de controle sobre a força de trabalho que labora nas fornecedoras e nas subcontratantes"[96].

Voltando à valoração das marcas, por um lado podemos pensá-la como expressão da valorização fictícia que se desprende até onde pode de suas bases materiais. Por outro, seu valor fictício-real pode ser compreendido como medida da eficiência da corporação ao se desvencilhar do fardo da produção e ao manter seu controle sobre os lucros. Como bem destaca Teixeira[97], na perspectiva marxiana a produção de valores de uso não é finalidade do capitalista, mas meio para a valorização do seu capital. As inovações tecnológicas possibilitam a terceirização desses "meios" e manutenção do controle sobre os mesmos. Rifkin[98], ao apontar para a passagem da propriedade ao *acesso,* poderia fornecer um caminho para essa problematização; entretanto, sua definição de acesso obscurece a centralidade da propriedade sobre o controle da produção e, evidentemente, sobre os lucros, desaparecendo também com a problemática da exploração do trabalho. Gorz, ao tratar das "firmas vassalas", toca no cerne da questão:

> As empresas de produção material são relegadas ao posto de vassalos das firmas cuja produção e cujo capital são essencialmente imateriais. [...] Não se trata mais de simplesmente

---

[95] João Bernardo, *Democracia totalitária*, cit., p. 118-9.
[96] Ibidem, p. 114.
[97] Rodrigo Teixeira, *Dependência, desenvolvimento e dominância financeira*, cit.
[98] Jeremy Rifkin, *A era do acesso*, cit.

reduzir o tempo de circulação do capital tão radicalmente quanto possível, eliminando os estoques e todo o pessoal estável, à exceção de um núcleo determinado. Trata-se agora de impor uma nova divisão do trabalho não somente entre prestadores de trabalho, mas entre empresas e capitais.[99]

Até aí estamos de acordo: Gorz explicita a relação que está em jogo. No entanto, sua própria análise é capturada pela primazia do capital imaterial. Vejamos: "*O capital material é abandonado* aos 'parceiros' contratados pela firma-mãe, que por sua vez assume para eles o papel de suserano: ela os força, pela revisão permanente dos termos de seu contrato, a intensificar continuamente a exploração de sua mão de obra". O autor trata, portanto, de uma exploração terceirizada, que se traduz em lucros: "Ela compra, a um preço muito baixo, produtos entregues pelos contratados, e embolsa ganhos bastante elevados (no caso da Nike, por exemplo, 4 bilhões de dólares por ano, apenas no que diz respeito às vendas nos Estados Unidos) revendendo-os já com a sua marca". Mas, por fim, ele deixa de fazer a conexão que está implícita em sua própria análise; atraído pela supervalorização do imaterial, desconsidera que o que está em questão é justamente a conexão entre a terceirização e a valorização do que denomina capital imaterial: "O trabalho e o capital fixo material são desvalorizados e frequentemente *ignorados pela Bolsa*, enquanto o capital imaterial é avaliado em cotações sem base mensurável"[100]. Enfim, as condições materiais se tornam desimportantes em sua análise, em detrimento da supremacia da "Bolsa".

As análises que pensam na acumulação pela prevalência do *acesso*[101], ou da propriedade sobre bens intangíveis[102], podem ser criticadas pela centralidade dessa terceirização altamente dispersa e controlada. Assim como milhares de trabalhadores hoje "autônomos", que de pessoa física se tornam "pessoa jurídica", estão subordinados e têm uma falsa autonomia com relação às empresas contratantes; a mesma lógica se efetiva, em ampla escala, entre empresas de diversos portes e nacionalidades. As terceirizações atualmente se tornam meio principal da desobrigação do capital para com encargos sociais historicamente estabelecidos, e então abrem sinal verde para as formas mais degradadas de exploração do trabalhador. Fica a tarefa de mapear e reconhecer a subordinação das fábricas e fabriquetas responsáveis pela produção, dos trabalhadores autônomos, dos trabalhadores temporários e dos próprios consumidores às empresas.

A marca pode, assim, ser pensada como instrumento para esse mapeamento; é ela que dá visibilidade a essas relações de trabalho, ainda que tais relações hoje tenham assumido uma invisibilidade social. No caso da Natura, a marca pode ser to-

---

[99] André Gorz, *O imaterial*, cit., p. 38-9.
[100] Idem, grifos meus. Para Gorz, a problemática da valorização gira em torno da imensurabilidade do capital imaterial, algo importante e que será debatido no último capítulo. Por ora, interessa explicitar como a teoria, ainda que reconheça as formas da exploração hoje, a relegou para segundo plano.
[101] Jeremy Rifkin, *A era do acesso*, cit.
[102] André Gorz, *O imaterial*, cit.

mada como o que torna reconhecível o trabalho das consultoras, ainda que também na invisibilidade social. É possível, então, partir da marca para reconhecer a terceirização da comercialização que é espraiada pelo imenso exército de revendedoras. Um caminho que ainda demanda mais elementos para a reflexão.

A partir da centralidade das terceirizações, a disparidade entre valor do patrimônio físico e valor da marca é relativizada: a empresa do Vietnã que impinge o trabalho com cola tóxica aos seus operários não é propriedade da Nike, assim como a cooperativa em Quixeramobim, entre outros estabelecimentos que produzem para a empresa, mas estão rigidamente subordinadas a ela[103], encarregando-se de toda sua produção material. A falta de medidas novamente volta ao cerne da questão, pois é difícil definir o que de fato constitui o capital produtivo das corporações, quando na atualidade sua produção é realizada no que Bihr[104] denomina "fábricas difusas".

Desregulação dos mercados financeiros, abertura de mercados – especialmente os da China e Índia – e inovações tecnológicas possibilitaram que as cadeias produtivas se estendessem mundo afora, o que resultou na migração de fábricas de países do Primeiro Mundo para o Terceiro. Nos países do Primeiro Mundo, a ameaça do desemprego veio junto com o cerceamento de garantias historicamente constituídas do trabalho; no Terceiro Mundo, a globalização das cadeias produtivas se traduziu no crescimento do trabalho em domicílio, da exploração de trabalho semiescravo, nas jornadas de trabalho estendidas em condições degradantes[105]. Sobrevivem no mercado empresas que tiverem os elementos para administrar suas "fábricas difusas" e realizar parte das promessas do *capital possível*[106]: a futurologia dos mercados, assim como a valoração das marcas, realiza-se em bases fictícias – mas não só fictícias: também objetivas, que se referem ao desempenho presente e às expectativas da valorização real que, na busca para acertar o passo (in)acertável com a realização do *capital possível*, se volta a formas antigas de exploração do trabalho que se atualizam, assim como para outras novas. Velhas e novas constituições da exploração se combinam e se fortalecem como relações produtivas no terreno estéril (ou transgênico?) da dominância financeira da valorização.

---

[103] Talvez esteja subordinada não só à Nike como a outras empresas. Na fragmentação da produção, empresas fornecedoras podem se especializar na produção de um determinado componente que atende a empresas diversas, como vimos no exemplo da cooperativa de Quixeramobim. Isso na realidade pode resultar numa ampla massificação dos produtos do mesmo tempo: "sucede que a produção mundial obedece cada vez mais a padrões idênticos", afirma João Bernando em *Democracia totalitária*, cit., p. 73. Nesse sentido, a marca diferencia produtos extremamente semelhantes.

[104] Alain Bihr, *Da grande noite à alternativa*, cit.

[105] Mike Davis, "Planeta de favelas", cit.; idem, *Planeta Favela*, cit.

[106] Karl Marx, *O capital*, Livro III, tomo I, cit.

A invisibilidade explícita

> *"Se a China", declara o parlamentar Stapleton a seus eleitores, "se tornar um grande país industrial, não vejo como a população trabalhadora europeia poderia sustentar a luta, sem descer ao nível de seus concorrentes."*[107]

> *Não mais salários continentais, não, salários chineses, este é agora o objetivo almejado pelo capital inglês.*[108]

> *"Nesses lugares, afastados das cidades, requeriam-se subitamente milhares de braços; principalmente Lancashire, até então comparativamente pouco povoado e infértil, agora necessitava, antes de mais nada, de uma população. O que mais se requisitava eram dedos pequenos e ágeis. [...] E assim muitos, muitos milhares dessas pequenas criaturas desamparadas, entre os 7 e os 13 ou 14 anos, foram despachadas para o norte. Era habitual que o patrão (isto é, o ladrão de crianças) vestisse, alimentasse e alojasse seus aprendizes numa casa de aprendizes, próxima à fábrica. Capatazes eram designados para vigiar o trabalho. [...] Foram acossadas até a morte por excesso de trabalho [...], foram açoitadas, acorrentadas e torturadas com os maiores requintes de crueldade; em muitos casos, foram esfomeadas até restar-lhes só pele e ossos, enquanto o chicote as mantinha no trabalho. [...] Sim, em alguns casos, foram levadas ao suicídio! [...] Os lucros dos fabricantes eram enormes. [...] Implementaram o trabalho noturno, isto é, depois de terem esgotado um grupo de operários pelo trabalho diurno, já dispunham de outro grupo pronto para o trabalho noturno; o grupo diurno ocupava as camas que o grupo noturno acabara de deixar, e vice-versa. Em Lancashire, dizia a tradição popular que as camas nunca esfriavam."*[109]

> *Steve Jobs, o presidente-executivo da Apple, disse na terça-feira, durante uma conferência de tecnologia na Califórnia, que estava preocupado com as mortes na Foxconn, mas disse que a fábrica não era um estabelecimento escravizante, acrescentando que a Apple estava "tentando descobrir o que está acontecendo".*[110]

---

[107] *Times*, 3 set. 1873.

[108] Karl Marx, *O capital*, Livro III, tomo I, cit., p. 179.

[109] John Fielden, *The Curse of the Factory System* (Londres, 1836), citado em Karl Marx, *O capital*, Livro I, cit., p. 827-8.

[110] *The New York Times*, 6 jun. 2010. Na notícia original em inglês, o CEO afirma que a fábrica não é um *sweatshop*. Disponível em <http://bits.blogs.nytimes.com/2010/06/02/steve-jobs-muses-on-all-things-apple/?scp=4&sq=steve%20jobs,%20sweatshop&st=cse>. Acesso em 12 maio 2014. Versão

As formas mais degradadas de exploração do trabalho no contemporâneo estão tão explícitas que, quando o diretor de uma das corporações mais destacadas no mundo afirma que a fábrica que fornece, produz e monta seus aparelhos eletrônicos não é um *sweatshop*, nada soa muito espantoso. A negação afirma a possibilidade de que o fosse (e também não significa realmente que não o seja).

A notícia se refere ao décimo primeiro suicídio cometido em 2010 na Foxconn, empresa que somente na China emprega em torno de 800 mil pessoas e produz não só para Apple, como para Dell, Nokia, HP, entre outras grandes corporações do setor da informação e comunicação. Onze suicídios em menos de um ano parecem, então, um número suficiente para que venham a público as terríveis condições de trabalho de mais uma das fábricas que hoje constituem as chamadas Zonas de Processamento para Exportação (ZPEs) na China – a empresa em questão também tem uma filial no estado de São Paulo.

As condições de trabalho das fábricas chinesas, dentre as de outros países que constituíram formal ou informalmente suas Zonas de Exportação, mais parecem as descrições sobre a classe trabalhadora no século XIX. No entanto, são elas as produtoras da maioria dos produtos que constituem o mercado de consumo global. Ao pensarmos nos *sweatshops* e em sua centralidade na produção material em escala global, voltamos ao fetiche da mercadoria. Os "*made in*" *China*, *Korea*, *Turkey* povoam as etiquetas, mas não a mente do consumidor. Discuto mais aprofundadamente os *sweatshops* contemporâneos na medida em que me parece ser o caminho mais explícito para refletir sobre a invisibilidade social da exploração do trabalho na atualidade – o que nos mune de elementos para tratar das revendedoras.

A discussão do possível desaparecimento do trabalho engendrada em tempos de aceleração tecnológica perdeu as possibilidades de se manter de pé ante o aprofundamento e a ampliação da degradação do trabalho das últimas décadas. Os *sweatshops*, dentre outras formas explícitas de alta exploração do trabalho, tornam visíveis a conexão entre as corporações e a atualização das mais antigas formas dessa exploração. Isso significa que concentração do capital, tecnologias de ponta e exploração do trabalho estão plenamente imbricados. Assim, entra em questão a mobilidade do capital e sua relação com os paraísos de extração de mais-valor absoluto dos países da periferia[111].

---

em português disponível em: <http://noticias.bol uol.com.br/internacional/2010/06/03/apos-onda--de-suicidios-foxconn-aumenta-salarios-os-empregados-na-china.jhtm>. Acesso em 12 maio 2014.

[111] Não só absoluta, mas também relativa. Os *sweatshops* contemporâneos podem ser fábricas que têm jornadas de trabalho estendidas, mas também intensificação do trabalho. Isso torna complexa a definição contemporânea, porque eles combinam rebaixamento de salários com aumento de produtividade pela intensificação e extensão do trabalho. Questão formulada por Higginbottom nas suas análises da relação contemporânea entre exploração do trabalho, imperialismo e subdesenvolvimento (Andy Higginbottom, "The System of Accumulation in South Africa: Theories of Imperialism and *Capital*", Iippe Conference, Grécia, 2010). Por exemplo, a Foxconn – que sediou trinta tentativas de suicídio em 2010, das quais treze se efetivaram – é hoje uma multinacional da produção de componentes eletrônicos, faturando globalmente mais de US$ 60 bilhões por ano. No Brasil, a empresa já tem cinco plantas e este ano anunciou o acordo com o governo brasileiro para a produção de iPads

A mobilidade do capital passa a ser compreendida também pela ótica da mobilidade do trabalho. Por uma perspectiva marxista, o *Manifesto Comunista* já apontava explicitamente para o movimento historicamente globalizante da burguesia[112]. Em questão estava a reação proletária – tal reação aqui não se delineia, talvez nem mesmo como horizonte, algo a se problematizar. No entanto, a mobilidade do capital para além da liberação dos mercados financeiros, e da transnacionalização das corporações, tem de ser compreendida pela mobilidade contemporânea do trabalho: fábricas montadas, desmontadas, transferidas de cidade, de país; trabalhadores imigrantes que correm atrás do trabalho. Os movimentos migratórios hoje deixam claro que a globalização é feita também pelo fluxo de pessoas, para além do de capitais[113]. Trabalhos em domicílio, que são parte da cadeia produtiva de grandes empresas, operadores de telemarketing indianos que atendem nos Estados Unidos consumidores insatisfeitos, imigrantes nacionais e estrangeiros formam os exércitos da mão de obra altamente explorada em países dos Primeiro e Terceiro Mundos.

A transnacionalização da produção e da distribuição se realizou em consonância com as desregulações dos fluxos de capitais e das relações de trabalho das últimas décadas. É nessa relação que se constituem as Zonas de Processamento para Exportação. Klein[114], em sua investigação sobre os *sweatshops* de uma cidade das Filipinas, traz elementos centrais para a análise.

As ZPEs surgem por iniciativa do conselho econômico e social das Nações Unidas; oficialmente estava em pauta um projeto de integração do comércio com as nações em desenvolvimento. Nos anos 1980, países como a Índia passam a consolidar o que poderíamos compreender como expressão bem acabada da nova relação entre trabalho e desenvolvimento: zonas de baixos salários, nas quais as empresas estabelecidas tinham suspensão de impostos por cinco anos, renováveis[115]. Saskia Sassen se refere aos paraísos fiscais para o capital financeiro das zonas *offshore*; aqui podemos vislumbrar os paraísos do capital produtivo, nas zo-

---

no país. Mais informações a respeito estão disponíveis em: <http://www.istoedinheiro.com.br/noticias/54329_QUEM+E+A+FOXCONN+A+GIGANTE+DO+HARDWARE+QUE+VAI+MONTAR+IPAD+NO+BRASIL>. Acesso em 4 maio 2011.

[112] Karl Marx e Frederich Engels, *Manifesto Comunista* (trad. Álvaro Pina, São Paulo, Boitempo, 1998).

[113] Os movimentos migratórios têm hoje estreita relação com os fluxos financeiros, além de atualizarem a problemática do trabalho informal. As remessas de dinheiro feitas por imigrantes constituem parte importante do PIB de diversos países subdesenvolvidos (PNUD. "Como se saem os migrantes", cit.; Alejandro Portes, "Globalization from Below", cit.). Pela perspectiva do trabalho, imigrantes estendem as fronteiras do Terceiro Mundo, circulando em dimensões transregionais (Alejandro Portes, William Haller e Luis Guarnizo, "Transnational Entrepreneurs", cit.) em torno do trabalho de baixa remuneração e baixa qualificação. Como abordado no primeiro capítulo, Alejandro Portes ("Globalization from Below", cit.) define a "globalização por baixo", tratando da combinação contemporânea entre empreendedorismo e mobilidade internacional.

[114] Naomi Klein, *Sem logo*, cit.

[115] Idem.

nas *off-western* ("além-ocidente" aqui entendido na perspectiva recorrentemente europeia-primeiro mundista, ou seja, o leste e os países do Sul).

Retomando a discussão sobre a informalidade feita no segundo capítulo, nos anos 1970, no Brasil, Francisco de Oliveira problematizava o atraso e o moderno como lados da mesma moeda, a da forma específica da acumulação capitalista que caracterizava o subdesenvolvimento brasileiro[116]. As desigualdades do campo não só garantiam a exploração do trabalho rural como financiavam a constituição do urbano; a modernização do país se assentava no suprimento e na garantia de mão de obra barateada nas cidades. Como tratei anteriormente, por essa perspectiva, a problematização em torno do subdesenvolvimento ocorria por meio da relação entre capital e trabalho. Os *sweatshops* atualizam essa discussão em tempos de transnacionalização do capital. Êxodo rural e pleno barateamento da força de trabalho constituem os cenários dessas "zonas de indústria pura", como Klein as denomina (cenário assustadoramente descrito por Davis[117]).

Os *sweatshops* contemporâneos dão a dimensão da substituição da questão social pelos imperativos econômicos nas políticas neoliberais. Desenvolvimento econômico não está necessariamente atrelado às noções de justiça ou igualdade social; pelo contrário, elas podem mesmo ser vistas como entraves ao desenvolvimento[118]. Seguindo Klein, "as corporações multinacionais têm se defendido veementemente da acusação de que estão orquestrando uma 'corrida pela pior posição' com o argumento de que sua presença ajudou a elevar o padrão de vida em países subdesenvolvidos"[119]. *Sweatshops* e favelas materializam as condições de sobrevivência desse "imenso exército de trabalhadores informais", como definiu Mike Davis, recuperando a definição de Alejandro Portes e William Haller[120]. Mais do que informais, trata-se de trabalhadores temporários que acertam o passo com os deslocamentos e as demandas do capital, do trabalho de 16 horas sob o sol para o de mesmo tempo nas fábricas. Há os defensores dos *sweatshops* – sim, eles se pronunciam, como o Nobel de Economia Paul Krugman ou o economista americano de Harvard, Jeffrey Sachs, ao afirmarem que "as fábricas têxteis de baixa remuneração voltadas para exportação são um primeiro passo essencial para a prosperidade moderna nos países em desenvolvimento"[121]. O

---

[116] Francisco de Oliveira, *Crítica à razão dualista/O ornitorrinco*, cit.

[117] Mike Davis, *Planeta Favela*, cit.

[118] Com o devido cuidado na associação, no caso da cooperativa de Quixeramobim, ela é a última remanescente de uma política do governo cearense engendrada nos anos 1990. Visando atrair investimentos para as indústrias têxtil, de confecções e vestuário, o Estado realizou parcerias com Sebrae, Senai, Banco do Nordeste, prefeituras e empresas voltadas para a formação de cooperativas. Dadas as denúncias do Ministério Público sobre o caráter fraudulento da maioria das quinze cooperativas que funcionaram ao longo daquela década, o governo recuou de tal política (Jacob Lima, "Trabalho flexível e autogestão", cit.).

[119] Naomi Klein, *Sem logo*, cit., p. 253.

[120] Alejandro Portes e William Haller, "La economía informal", cit.

[121] Relata o *The New York Times* em 1997: "Por mais de um século, os *sweatshops* provocaram indignação. Desde os escritos de Charles Dickens e Lincoln Steffens até as atuais reportagens de TV, a imagem de tra-

argumento não é novo: em nível individual, melhor trabalhar sob ar-condicionado do que sob sol, melhor ganhar treze centavos de dólar do que sete centavos por hora; no macro, os *sweatshops* estariam assim contribuindo para o desenvolvimento econômico de países do Terceiro Mundo e garantindo melhores condições de vida para esses milhares de trabalhadores.

A descrição de Klein[122] sobre Cavite, cidade das Filipinas que compõe uma dessas ZPEs, dá a dimensão da indiscernibilidade que toma conta das relações de produção. Como diz a autora, essa cidade é um espaço urbano que se constitui na ausência de publicidade. O espaço onde o veículo da materialidade das marcas é produzido é aquele em que as marcas desaparecem enquanto tais. Para além da desconexão entre a marca e sua produção, é interessante notar como nessas terceirizações a mesma fábrica produz para diferentes empresas (aspecto analisado por Bernardo[123] ao analisar a massificação da produção). Nesse sentido, o termo "indústria pura", utilizado por ela, define bem esse processo em que uma mesma fábrica produz para diferentes marcas: os *sweatshops* desnudam o fetiche. Nike e Adidas, por exemplo, podem ter seus veículos de marca produzidos pelas mãos do mesmo operário vietnamita. A descrição de Klein sobre as camas então asiáticas que "jamais esfriavam", a respeito das condições de sobrevivência desses trabalhadores e trabalhadoras, deixa exposta a fantasmagoria da marca em face das reais condições de trabalho:

> [...] encontrei nos dormitórios das trabalhadoras um grupo de seis adolescentes que compartilhavam um quarto de concreto de 1,8 por 2,4 metros: quatro dormiam no beliche improvisado (duas em cada cama), e as outras duas em esteiras estendidas no chão. As garotas que produziam drives de CD-ROM Aztec, Apple e IBM compartilhavam o beliche de cima; as que costuravam roupas Gap, o de baixo.[124]

As terceirizações da produção e da exploração do trabalho são fundamentais para pensarmos a centralidade da marca hoje em sua relação com a mobilidade do capital. A declaração do CEO da Apple de que "vamos averiguar" as condições de trabalho da fábrica que produz os componentes dos produtos da empresa do qual é diretor

---

balhadores debruçados sobre suas máquinas por pagamentos pífios se tornou uma bandeira da reforma. No ano passado, companhias como Nike e Walmart, e celebridades como Kathie Lee Glifford tiveram de se defender após notícias sobre as horas torturantes e mal pagas de trabalhadores que produzem seus sapatos caros ou roupas populares. Porta-vozes aflitos de corporações procuraram explicar as fábricas como uma possibilidade de ascensão para trabalhadores dos países pobres. Glifford emocionadamente negou ter conhecimento de tais condições. Agora, alguns dos economistas mais proeminentes da nação, com sólidas credenciais liberais e acadêmicas, oferecem uma lógica muito mais ampla e cheia de princípios. Economistas como Jeffrey D. Sachs, de Harvard, ou Paul Krugman, do MIT, dizem que as fábricas de baixos salários que fabricam roupas e sapatos para os mercados estrangeiros são um primeiro passo essencial rumo à prosperidade moderna dos países em desenvolvimento". Disponível em: <http://www.nytimes.com/1997/06/22/weekinreview/in-principle-a-case-for-more-sweatshops.html>. Acesso em jul. 2014. Aqui em tradução livre.

[122] Naomi Klein, *Sem logo*, cit.

[123] João Bernardo, *Democracia totalitária*, cit.

[124] Naomi Klein, *Sem logo*, cit., p. 244

evidencia a desconexão entre marca – enquanto representação da corporação – e trabalho. A Apple já não tem uma responsabilidade direta sobre a produção (ou sobre os vinte suicídios ocorridos em menos de dois anos): terceiriza não só o trabalho como a responsabilidade pela exploração do trabalhador. Assim, a marca é um dos elementos que tornam reconhecíveis as amarras deste espraiamento da produção.

Nas últimas décadas, as corporações vêm consolidando um vigoroso enxugamento de seus postos de trabalho; entretanto, é essencial notar que esse enxugamento se realiza muito mais como transferência de postos de trabalho do que de fato eliminação do *trabalho vivo*[125] na produção. Pelo contrário, se tomarmos os *sweatshops* como mais um dos exemplos das condições de trabalho que, hoje, envolvem a produção material mundial, a exploração do trabalho está bem viva, se não mais aprofundada.

Poderíamos deslocar a discussão de uma perda de centralidade do trabalho para a centralidade de uma livre exploração do trabalho. Assim, empresas antes "satisfeitas" em lucrar 100% sobre os custos de produção agora alcançam a possibilidade de quadruplicar seus lucros pelo barateamento da força de trabalho[126]. Se por um lado a valoração se dá pela imaterialidade da marca – que, por mim, é entendida não como valoração imensurável do *imaterial*[127], mas como expressão da autonomização da valorização financeira –, por outro estão os processos históricos de desregulação das relações de trabalho e de transnacionalização da produção. Nessa perspectiva, as abordagens da progressiva eliminação do trabalho vivo são postas em xeque pelo espraiamento das formas degradadas – e modernas – de exploração do trabalho, que se combinam com suas formas menos delimitáveis e mais inéditas. Trata-se, portanto, mais de uma *invisibilidade social que o trabalho adquire* e menos de sua perda de centralidade para a acumulação.

As pressões na valorização real – que se realizam no contexto da inovação tecnológica e do desemprego – se desdobram no aprofundamento e na extensão de injustiças cotidianas que permeiam o mundo do trabalho na atualidade. Os *sweatshops* nos possibilitam ultrapassar a dimensão subjetiva que envolve a centralidade das marcas, para pensarmos, a partir das relações de produção, na conexão fetichizada entre mercadoria e trabalho, entre produção e exploração. A transnacionalização das cadeias produtivas, o deslocamento da produção da indústria para o setor de serviços, a informalização do trabalho, e a terceirização e subcontratação – orientados pela *dominância financeira da valorização*[128] – são movimentos centrais da nebulosa relação entre capital e trabalho. No entanto, ainda que o mapeamento das cadeias produtivas tenha se tornado mais complexo e envolva relações de trabalho menos reconhecíveis, a exploração está explícita. O *fetichismo da teoria* se concretiza na possibilidade de se teorizar sobre a perda de centralidade do trabalho ao mesmo tempo que se reconhecem as formas explícitas, e mesmo nebulosas, da exploração. Exploração que,

---

[125] Karl Marx, *O capital*, Livro I, cit.

[126] Naomi Klein, *Sem logo*, cit.

[127] André Gorz, *O imaterial*.

[128] Leda Paulani, "Quando o medo vence a esperança", cit.

sabidamente, ultrapassa as fronteiras dos países do Terceiro Mundo: a precarização é um termo que tem muito mais força teórica se relacionado aos países que deram suas medidas de civilidade para a exploração por algumas décadas. Desse modo, a atual nebulosidade que permeia o mapeamento das cadeias produtivas se combina à invisibilidade social de relações de exploração que são teoricamente reconhecidas.

Desenvolvo daqui em diante uma problematização sobre essa invisibilidade por meio de um duplo enfoque. O primeiro deles é a banalização da exploração – que chega à teoria: a exploração do trabalho está socialmente explícita e aceita em diversos níveis, embasada pelas demandas do desenvolvimento econômico; igualmente desaparece como questão na cisão de teorias da acumulação e do trabalho. Desse modo, embora esteja gritantemente explícita, a exploração adquire invisibilidade social e teórica. O segundo enfoque se refere a uma perda de formas do trabalho que, por sua vez, dificulta o reconhecimento da exploração em determinadas relações que nem sempre podem ser definidas como de trabalho; de tal modo que o referido desaparecimento do trabalho passa a ser compreendido por seu oposto – uma perda de formas concretas indicaria a "plenitude do trabalho abstrato", seguindo a indicação brevemente desenhada por Oliveira[129], definição aprofundada no quinto capítulo. A exploração do trabalho nas esferas do consumo e dos serviços está no centro dessa problematização. Banalização da exploração e perda de formas do trabalho se combinam. O trabalho das revendedoras nos permite prospectar a invisibilidade social – e teórica – da exploração do trabalho por essa dupla perspectiva.

Vimos como o acesso do consumidor aos produtos Natura se efetiva pelo trabalho das consultoras; um acesso que é amplamente garantido, nos mais diversos espaços sociais. A atividade de vendas, em sua ausência de qualquer forma contratual ou publicamente estabelecida, perde a própria forma-trabalho. Pensando em termos da invisibilidade social da exploração do trabalho, no caso das consultoras é possível se referir a uma *visibilidade obscurecida*, no sentido de que sua atividade enquanto venda permeia as mais diversas relações sociais, ao mesmo tempo que não aparece como um trabalho de fato – uma definição que em última análise repõe a ideia de uma invisibilidade explícita. Meu objetivo é colocar em evidência essa ausência da forma-trabalho que se combina com uma imensa presença da atividade.

O argumento agora mais evidente que estrutura a minha reflexão consiste na possibilidade de inverter a hipótese de uma tendencial diminuição do trabalho abstrato ou de seu desaparecimento; penso em uma tendencial perda de formas concretas do trabalho que corre junto com o espraiamento e a atualização de antigas relações de exploração. Devo, portanto, analisar como esses fatores aparecem, e como o trabalho das revendedoras pode ser tratado sob essa perspectiva.

---

[129] Francisco de Oliveira, *Crítica à razão dualista/O ornitorrinco*, cit.

4

A ORGANIZAÇÃO NA DISPERSÃO

No capítulo 2, discuti o sucesso do Sistema de Vendas Diretas em sua relação com o trabalho tipicamente feminino: a falta de mediações públicas dessa relação de trabalho combina-se com a mesma ausência que caracteriza o trabalho e emprego em domicílio, entre outras ocupações desempenhadas pelas mulheres. Na inexistência de mediações bem definidas desse trabalho, entretanto, sobressai a presença da marca, que é o que aparentemente faz o elo na atividade de todas as consultoras, uma vez que as mais diferentes formas e estratégias de venda têm em comum o discurso da marca. Ela constitui, assim, uma unidade fenomênica a essa multidão de vendedoras. O elo menos reconhecível é o da precarização nas suas diferentes formas e profundidades, que se realiza no que venho tratando pela polivalência precária que hoje permeia diversas ocupações do mundo do trabalho.

Senhoras da sociedade paulistana organizam excursões para a fábrica, professoras de escolas particulares vendem os produtos entre as aulas e são consumidoras assíduas, faxineiras vendem para seus patrões e também enchem suas gavetas de produtos, mulheres brasileiras na França se tornam consultoras para ter um "vínculo com o Brasil", entre outras histórias que trazem à tona a força da marca no discurso e na atividade dessas mulheres. O "consumo cidadão" está amplamente difundido; entretanto, é possível pensarmos também num "trabalho cidadão" – com as aspas sempre demarcando uma cidadania vazia de política e plena de mercado[1]. O trabalho das consultoras é também o trabalho de disseminação e promoção da marca: são agentes da mensagem da marca do "Brasil que dá certo", da responsabilidade com o futuro, da "tropicalidade civilizada", elementos que compõem o discurso da marca, como analisei no capítulo anterior. Diga-se de passagem, são agentes não pagas pelo marketing que realizam.

---

[1] Ludmila C. Abílio, *Dos traços da desigualdade ao desenho da gestão*, cit.

Assim, além dos veículos de mídia utilizados para o *branding*, a Natura conta com a ação dispersa e sem forma predefinida desse milhão de mulheres. A atividade da venda tem uma permeabilidade social que possibilita sua realização nos mais diversos contextos. No capítulo 2, esmiucei essa capilaridade do trabalho, que retomarei aqui. Indo além das campanhas publicitárias, a empresa alcançou uma estratégia de *branding* altamente eficaz e praticamente gratuita. É possível assumir que a marca Natura tem uma permeabilidade social que as marcas de cosméticos vendidos em lojas não têm. Posteriormente esmiuçarei a possibilidade de o trabalho das consultoras ser pensado em termos de trabalho não pago. Mas não é preciso muito para aventar que a publicidade da empresa inclui o trabalho de promoção da marca desse exército de revendedoras, um trabalho não reconhecido nem contabilizado como tal.

Além disso, as consultoras oferecem um poderoso – e gratuito – *feedback* com relação ao consumo e à própria marca. Como vendedoras em contato direto com os clientes e ao mesmo tempo também consumidoras dos produtos, elas dão esse retorno por diversos canais. As reuniões mensais com suas promotoras de vendas incluem relatos sobre a aceitação dos produtos. As consultoras que vendem mais por setor costumam ser convidadas para conversas com responsáveis pela promoção da marca e pelo desenvolvimento dos produtos. A empresa estabelece canais dispersos que garantem o mapeamento e a pesquisa de mercado. Canais altamente eficientes, se considerarmos que a vendedora está em contato direto e pessoal com o consumidor e que, além disso, pode ser uma usuária assídua dos produtos.

As mulheres como veículos alastrados da marca: essa caracterização nos dá a dimensão de como as relações de trabalho se realizam no caso das consultoras, pela dispersão, pela ausência de formas do trabalho, pela ausência de locais de trabalho predefinidos. A informalidade, nesse caso, ultrapassa em muito a própria discussão do trabalho informal. A ausência de formas, medidas e mediações publicamente estabelecidas se combina a essa veiculação da marca.

Porém, é preciso ultrapassar a dimensão fenomênica da marca. A forma indefinida, flexível e adaptável que parece costurada pela marca é também amarrada pela rigidez dos boletos de pagamento, entre outros modos de controle menos reconhecíveis. Os boletos formalizam a relação das consultoras com a empresa, assim como os juros e a Serasa. No entanto, se o pagamento dos produtos está apoiado em mediações legais e muito materiais, o trabalho das consultoras não está.

O caso da Natura possibilita levantar a hipótese de que *novas formas de controle do trabalho estejam em jogo*. Pensando nesse milhão de mulheres vendedoras, o controle se realizaria na própria dispersão, e na própria indiscernibilidade da relação de trabalho – algo novo e que demanda uma problematização aprofundada.

A marca hoje torna reconhecível a organização na dispersão, dando-nos um caminho, como aquele feito por Klein: partir de sua produção imaterial para chegar à organização da produção material. Desvencilhando-nos da imaterialidade fetichizada da marca, podemos, portanto, considerá-la como algo que torna reconhecível a relação obscurecida entre capital e trabalho. No desvendamento da marca pelas relações materiais de produção que a constituem, chegamos às corporações, aos *sweatshops*, à *dominância financeira da valorização*[2]. Nesse sentido, na transformação da geometria das cadeias produtivas e sua conexão com o que já analisamos em termos de flexibilização do trabalho, a marca desponta como o cume da indiscernibilidade e do espraiamento das relações de produção, que, entretanto, estão organizadas, ainda que não apareçam como tais.

Bernardo[3] se refere à *fragmentação e a dispersão dos trabalhadores*; David Harvey desenvolve o argumento no mesmo sentido, sintetizando bem o movimento de concentração do capital e espraiamento das relações de produção e distribuição. A definição de uma *organização através da dispersão*[4] aponta um caminho teórico para a compreensão da relação entre a acumulação da empresa Natura, sua produção e a comercialização, espraiada e sem predefinições, pelas revendedoras. Um caso expressivo das formas contemporâneas de organização da produção e da distribuição. Define Harvey:

> A acumulação flexível levou a maciças fusões e diversificações corporativas [...]. Novos sistemas de coordenação foram implantados, quer por meio de uma complexa variedade de arranjos de subcontratação (que ligam pequenas firmas e operações de larga escala, com frequência multinacionais), através da formação de novos conjuntos produtivos em que as economias de aglomeração assumem crescente importância, quer por intermédio do domínio e da integração de pequenos negócios sob a égide de poderosas organizações financeiras ou de marketing (a Benetton, por exemplo, não produz nada diretamente, sendo apenas uma potente máquina de marketing que transmite ordens para um amplo conjunto de produtores independentes).[5]

A flexibilização do trabalho passa, então, a ser compreendida pela desregulamentação das relações de trabalho e pela constituição de redes de contratação que dificultam o mapeamento e a delimitação das cadeias produtivas. Flexibilização que, como aponta Bernardo[6], se traduz num rígido controle das corporações sobre a produção terceirizada. Harvey trata da concentração do capital que vem se dando pelas fusões corporativas e pela diversificação dos segmentos de mercado que as corporações passam a abarcar. Ambos os autores, portanto, enfocam esse movimento de concentração do capital e da dispersão do trabalho.

Nessa perspectiva, a dispersão pode ser compreendida como parte da constituição contemporânea do controle do trabalho. Farei, então, um trajeto que situe o SVD num contexto mais amplo das novas formas de controle e subsunção do trabalho.

---

[2] Leda Paulani, "Quando o medo vence a esperança", cit.
[3] João Bernardo, *Democracia totalitária*, cit.
[4] David Harvey, *A condição pós-moderna*, cit.
[5] Ibidem, p. 150.
[6] João Bernardo, *Democracia totalitária*, cit.

A DISPERSÃO RACIONALIZADA E O TRABALHADOR TEMPORÁRIO-PERMANENTE

> *"Economize dez passos por dia de cada 12 mil empregados", dizia Henry Ford de seu sistema de manter painéis de ferramentas e materiais ao lado do trabalhador em vez de deixá-lo se mover para apanhá-los livremente, "e terá poupado cinquenta milhas de movimento desperdiçado e energia dissipada."*[7]

George Ritzer, há mais de uma década, investiga as relações entre capital, trabalho e globalização. A rede de *fast food* McDonald's se torna, para o autor, um ponto de partida para a análise de uma nova racionalização – a mcdonaldização – que é reconhecível nas redes de *fast food*, mas se difunde para as mais diversas esferas do mundo social. Sua abordagem possibilita a reflexão a respeito das atualizações do controle sobre o trabalho e também sobre o consumo. As redes *fast food* oferecem alimentos padronizados e poucas opções; apoiam-se no cálculo, pelo consumidor, do custo-benefício entre preço e qualidade dos produtos (como diz Ritzer, a qualidade no *fast food* parece ser muito mais definida pela quantidade do que pela própria qualidade) e operam por meio de franquias. As companhias bem-sucedidas do setor consolidaram suas marcas globalmente; o sistema de franquias garante a difusão da marca pelas mais diversas cidades do mundo. O cálculo do tempo é a essência do negócio; como o próprio termo diz, trata-se da garantia de consumo rápido e eficiente.

Pela perspectiva das relações de produção e de distribuição, a mcdonaldização pode ser compreendida como uma atualização da racionalização taylorista. A novidade é que se realiza no setor de serviços. A produção e a venda dos hambúrgueres ocorrem numa linha de montagem que muito pouco difere dos padrões tayloristas de produção. Alimentos são montados e servidos em tarefas milimetricamente controladas e extensivamente repetidas. Os trabalhadores das redes *fast food* se tornam operários da alimentação.

O cálculo do tempo é fundamental tanto na produção quanto no consumo. A precisão em torno desse aspecto envolve a garantia de uma produção e de uma distribuição eficientes e altamente padronizadas. Volta à cena o operário apertando parafusos; no entanto, trata-se de sanduíches sendo montados, roupas sendo vendidas, ligações telefônicas comerciais com *script* e cronômetro. Em questão, o controle sobre o trabalhador: as formas de gerenciamento sobre o trabalho que garantam o tempo, a qualidade e a uniformidade.

Como afirma Ritzer:

> Ainda que hoje já não se ouça falar muito sobre Taylor, sobre peritos em eficiência e estudos da relação tempo-movimento, seus impactos são fortemente sentidos numa sociedade mcdonaldizada. Por exemplo, cadeias de hambúrgueres lutam para descobrir e

---

[7] Harry Braverman, *Trabalho e capital monopolista*, cit., p. 263.

implementar "o melhor método" de grelhar hambúrgueres, fritar batatas, preparar *shakes*, organizar clientes etc. Os meios mais eficientes de se lidar com uma variedade de tarefas foram codificados em manuais de treinamento e ensinados para gerentes que, por sua vez, os ensinam para novos empregados. O *design* de um restaurante *fast food* e suas várias tecnologias foram desenvolvidos para se obter os meios mais eficientes para alimentar grande número de pessoas. Aqui, novamente, McDonald's não inventou essas ideias e sim as conectou com os princípios da burocracia e das linhas de produção, contribuindo assim para a criação da mcdonaldização.[8]

Para além da homogeneização globalizada, compreendida como concentração de capital e sua materialização visível nas marcas e nas franquias dispersas pelo mundo, Ritzer traz à tona uma perspectiva essencial para a o debate sobre a centralidade do trabalho e suas transformações. Escapando das armadilhas do fetichismo do *imaterial*[9] e olhando para o setor que hoje emprega mais gente em todo o mundo, o autor trata da permanência da racionalização taylorista do trabalho que permeia o setor de serviços. Isso significa dizer que – mais que o envolvimento emocional, mais que a associação entre produtividade e criatividade do trabalhador, que hoje guiam as teorias em torno das novas formas de gerenciamento do trabalho – a separação entre concepção e execução, a desqualificação do trabalho e o rígido controle sobre o trabalhador baseado no tempo e na padronização de tarefas a serem executadas permanecem operando no cerne das relações de trabalho – e mais, da relação entre acumulação e exploração do trabalho.

A perspectiva não é inédita: nos anos 1970, Harry Braverman já polemizava com os celebradores da "sociedade pós-industrial", apontando que estava em jogo a formação de uma classe trabalhadora que extrapolava o setor industrial. A análise do setor terciário desvelava o deslocamento da racionalidade taylorista da fábrica para os serviços.

A degradação do trabalho, na perspectiva de Braverman[10], trata da necessidade intrínseca ao capitalismo de controlar a porção inevitavelmente "variável" da composição do capital, ou seja, o trabalho vivo, mais especificamente a força de trabalho. Nesse sentido, a degradação do trabalho é inerente às relações capitalistas de produção, na medida em que, para se realizarem como tais, pressupõem a alienação do controle e do conhecimento sobre o trabalho, o que, na forma capitalista, se efetiva pela separação entre a propriedade dos meios de produção e a venda da força de trabalho.

Assim, quando o capitalista compra imóveis, matérias-primas, ferramentas, maquinaria etc., pode avaliar com rigor seu lugar no processo de trabalho. Ele sabe que certa parcela de seu desembolso será transferida a cada unidade de produção e sua contabilidade o lançará sob o título de custos e depreciação. Mas, quando ele compra tempo de trabalho, o resultado

---

[8] George Ritzer, *The McDonaldization of Society*, cit., p. 31. Aqui em tradução livre.

[9] André Gorz, *O imaterial*, cit.; Rodnei A. Nascimento, *Formas de subsunção do trabalho no capital*, cit.

[10] Harry Braverman, *Trabalho e capital monopolista*, cit.

está longe de ser tão certo e tão determinado de modo que possa ser computado desse modo, com rigor e antecipação. Isto significa simplesmente que a parcela de seu capital despendido na força de trabalho é a porção "variável", que sofre um aumento no processo de produção; para ele, a questão é de quanto será o aumento. Torna-se, portanto, fundamental para o capitalista que o controle sobre o processo de trabalho passe das mãos do trabalhador para as suas próprias. Esta transição apresenta-se na história como a *alienação progressiva dos processos de produção* do trabalhador; para o capitalista, apresenta-se como o problema de *gerência*.[11]

A gerência ocorre, então, como o meio de um controle nunca plenamente atingível sobre a força de trabalho. A racionalização taylorista se assentava, essencialmente, menos no controle do tempo e muito mais no controle sobre o trabalhador. A elaboração do autor ultrapassa a questão dos métodos, para chegar ao fundamento dessa racionalização. Como ele dirá, os princípios tayloristas, para além de "trivialidades", tais como "cronômetro, aceleramento etc", constituem "uma teoria que nada mais é que a explícita verbalização do modo capitalista de produção"[12]. A gerência científica como racionalização e intensificação do controle sobre a força de trabalho passa para o centro da reflexão.

[...] Taylor elevou o conceito de controle a um plano inteiramente novo quando asseverou como uma necessidade absoluta para a gerência adequada a imposição ao trabalhador da maneira rigorosa pela qual o trabalho deve ser executado. [...] A gerência, insistia ele, só podia ser um empreendimento limitado e frustrado se deixasse ao trabalhador qualquer decisão sobre o trabalho. Seu "sistema" era tão somente um meio para que a gerência efetuasse o controle do modo concreto de execução de toda atividade no trabalho, desde a mais simples à mais complicada.[13]

A racionalização taylorista nascida e desenvolvida na produção industrial era, então, pensada em seu deslocamento. Para Braverman, estava em questão a passagem da organização taylorista da fábrica para os escritórios, o que se desdobrava numa constituição outra da classe trabalhadora, a qual, no entanto, permanecia apartada dos meios de produção e do controle sobre o trabalho[14].

Interessa-nos o excedente do trabalho distribuído em *novas* formas de produção ou não produção, visto que foi deste modo que a estrutura ocupacional e, portanto, a classe traba-

---

[11] Ibidem, p. 59. Grifo do autor.

[12] Ibidem, p. 83.

[13] Ibidem, p. 86. Grifos do autor. Se abordarmos por uma perspectiva bravermaniana (e não bravermaníaca, desqualificação cunhada por críticos ao autor e aos que o seguem), os processos de decisão que hoje permeiam o cotidiano dos trabalhadores, seja nas fábricas ou nos escritórios, seja nas ocupações de alta ou baixa remuneração, têm de ser entendidos como parte do controle, do gerenciamento sobre a força de trabalho, e não como seu escape, visto que a clivagem entre propriedade dos meios de produção e propriedade/venda da força de trabalho se mantém; esse ponto será aprofundado no próximo capítulo.

[14] Ibidem, p. 251.

lhadora foi transformada. [...]. Impõe-se atentar agora não para as alternâncias ocupacionais no seio das indústrias tradicionais, mas de preferência para as alternâncias industriais, os movimentos que alteram toda a divisão social do trabalho. Ao fazê-lo, estamos acompanhando o curso do capital, e os atalhos pelos quais ele arrastou o trabalho.[15]

Para Braverman, a crise teórica que hoje se forma em torno da definição do trabalho produtivo estava bem resolvida. Obviamente, no período em que escreve estava apenas a ser esboçada a assim chamada terceira revolução tecnológica: ao passo que o autor observava o trabalho de datilógrafas nos escritórios, hoje temos de lidar com o desenvolvimento das tecnologias da informação, que transformam até mesmo o que seriam os escritórios. Em sua análise está posta a produtividade do setor de serviços e, se as tecnologias trazem novas configurações, o cerne da questão não é muito diferente. Braverman atentava para a *terciarização*[16], que desde então se aprofundou.

De saída, Braverman nos dá a trilha a ser seguida: a da ampliação e reconfiguração da classe trabalhadora no deslocamento dos postos de trabalho da indústria para os serviços; e, mais que isso, da racionalidade técnica que também é deslocada. Nesse caminho, é possível compreender a degradação do trabalho nas formas atuais, assim como atentar para as imbricações entre inovações tecnológicas e precarização do trabalho.

Bernardo, também pensando em termos do trabalho produtivo no setor de serviços, refere-se a uma "reindustrialização", contrariando o "desaparecimento da classe operária"; o que estaria em jogo seria, então, "uma expansão sem precedentes da classe trabalhadora, que, entretanto, se reestruturou internamente"[17]. A atenção a esse deslocamento é fundamental para a crítica às teorias em torno da perda da centralidade do trabalho, e, mais, à banalização da exploração no fetichismo da teoria. Como dito no inicio do capítulo anterior, o fetichismo do conhecimento[18] levou à proeza de se problematizarem as inovações tecnológicas e as transformações do trabalho qualificado de forma desconectada da exploração da classe trabalhadora. Certamente tal proeza é historicamente constituída – afinal, ficou difícil até mesmo nomear essa classe, cada vez menos operária na definição clássica do termo. Isso posteriormente nos leva de volta a estas questões: como pensar politicamente no trabalho das consultoras? Quais os caminhos para pensar ainda em termos de *classe trabalhadora*? Nela há lugar para as revendedoras?

O deslocamento do trabalho para os serviços é central para tratarmos das dificuldades do reconhecimento da classe trabalhadora. Dentre as transformações que hoje permeiam esse reconhecimento intricado, o deslocamento da racionalização taylorista constitui algo novo no controle do trabalho: a nova-velha classe operária internalizou a esteira de fábrica.

---

[15] Ibidem, p. 218-9. Grifo do autor.
[16] Luis Antonio Machado da Silva, "Mercado de trabalho, ontem e hoje", cit.
[17] João Bernardo, *Democracia totalitária*, cit., p. 105.
[18] Rodrigo Teixeira, *Dependência, desenvolvimento e dominância financeira*, cit.

A racionalização do trabalho nos escritórios é, então, destrinchada por Braverman. No segundo capítulo, fiz referência a um dos aspectos fundamentais da análise dele: a relação entre trabalho feminino e degradação do trabalho – retomando a perspectiva do autor de que "as mulheres constituem a reserva ideal de trabalho para as novas ocupações maciças. [...] Para o capital, isso exprime o movimento ascensional das ocupações mal pagas, domésticas e 'suplementares'"[19]. A racionalização taylorista dos serviços apontada por Braverman nos trará de volta para a mcdonaldização e para a *feminização* do trabalho flexível. Para isso, vale analisar brevemente a relação com uma das ocupações que mais crescem no Brasil e que hoje representa uma das maiores categorias profissionais no país[20].

Os operadores de telemarketing hoje apresentam altos índices tanto de rotatividade no trabalho em empresas quanto de doenças associadas à atividade que desempenham, como lesões por esforço repetitivo (LER), cistite hemorrágica, lesões auditivas e doenças associadas ao estresse emocional. Humilhações, situações de estresse continuado e más condições de trabalho parecem ser características corriqueiras. Esses profissionais estão na linha de frente dos embates e laços entre consumidores e empresas. São responsáveis pelo marketing direto por um lado, e, por outro, materializam a "voz" da empresa quando se trata da resolução de conflitos com o consumidor.

Retomando a relação que está no eixo de toda a análise aqui desenvolvida entre modernização e precariedade, o trabalho dessa categoria concilia a tecnologia da informação com uma atualização das formas tayloristas de organização. Como afirmam Antunes e Braga: "[o trabalho no setor de telemarketing] articula tecnologias do século XXI com condições de trabalho do século XIX, mescla estratégias de intensa e brutal emulação do teleoperador, ao modo da flexibilidade toyotizada, com técnicas gerenciais tayloristas de controle sobre o trabalhador"[21].

Documentário exibido pela BBC mostra como o trabalho dos operadores é vigiado em centrais de controle, que mapeiam seu desempenho ao longo do dia, suas pausas, o tempo de atendimento de cada ligação: trata-se da vigilância sobre o fluxo do trabalho de cada operador. *Software* similar é utilizado para rastrear o trabalho dos motoristas de caminhão de uma empresa de transportes, que podem ter seu desempenho constantemente vigiado pela empresa[22].

As corporações podem fazer com os serviços o mesmo que fazem com sua produção material; assim, a busca por mão de obra barata vem transnacionalizando essa ativida-

---

[19] Harry Braverman, *Trabalho e capital monopolista*, cit., p. 326.

[20] Ricardo Antunes e Ruy Braga, *Infoproletários*, cit., p. 9.

[21] Ibidem, p. 10.

[22] BBC, *Who is Watching You?*, 2009, episódio 2. Processamento da informação também utilizado para mapear os trajetos do consumidor numa rede de supermercados: a vigilância também garante a organização eficaz e o fluxo do consumo. Em *I Thought I Was Seen Convicts* (2000), o diretor Harun Farocki desvenda relações entre a tecnologia utilizada para a vigilância de presos – pelas tornozeleiras eletrônicas, já utilizadas no Brasil – e o mapeamento do consumo dentro de uma rede de supermercados. Em *Democracia totalitária*, cit., Bernardo também analisa a relação entre o desenvolvimento das tecnologias de vigilância e o controle sobre o trabalho.

de. O cliente americano pode, em sua ligação local, estar falando com um indiano do outro lado do mundo. O termo "*call center offshore*" já se torna conhecido, e o Brasil passou a ser um mercado profícuo também para a terceirização globalizada do atendimento ao cliente. Mulheres e jovens bilíngues encontrarão melhor remuneração, 30% acima do salário médio de dois ou três salários mínimos, em jornadas médias, segundo a notícia[23], de 36 horas semanais que acompanham o fuso horário do país de origem[24]. O setor de telemarketing talvez seja a melhor ilustração da combinação entre antigas relações de trabalho com modernas tecnologias, da atualização da racionalização taylorista em seu deslocamento da esteira de fábrica para as empresas do setor de serviços. A combinação entre mobilidade do trabalho[25], tecnologias da informação, taylorismo associado a metas e envolvimento subjetivo do trabalhador dá os contornos do imbróglio de um possível reconhecimento do proletariado.

A expressão do "trabalhador temporário permanente" nos remete a uma problematização diversa e próxima da *instalação no provisório* tal como a definiu Robert Castel[26]. Como foi dito no segundo capítulo, isso se refere aos deslocamentos da questão social, tratada por ele na passagem de uma *integração social* para a *inserção social*. Com relação aos jovens trabalhadores que hoje lidam com a persistente condição de ser temporários, há um paralelo relevante, na medida em que é seu lugar social e sua integração pelo trabalho que já não se realizam embasados pela segurança, acesso a propriedade social e ao "progresso indefinido"[27] que pautavam a condição do trabalhador nos países do Primeiro Mundo. A *instalação no provisório* atualizada para o sentido de ser *o temporário permanente* diz respeito não só à condição dos jovens nos países do Terceiro Mundo; também assume suas formas contemporâneas nos países do Primeiro Mundo.

Dentre elas, estão os empregos temporários, que são parte majoritária do setor de serviços. As redes *fast food* – para além do setor alimentício –, as grandes cadeias

---

[23] Mais informações disponíveis em: <http://carreiras.empregos.com.br/carreira/administracao/noticias/230505-callcenter_offshore.shtm>. Acesso em 12 maio 2014.

[24] A notícia mais recente que encontro sobre os "*global call centers*" no Brasil trata do acordo firmado com a empresa Duty Free, responsável pela comercialização dos Free Shops em aeroportos e zonas portuárias. A empresa optou pelo contrato com uma agência brasileira, em vez de pela indiana concorrente. Trinta operadores trabalharão seis dias por semana, seguindo o fuso horário dos países em que atendem.

[25] Hoje é possível a eliminação física dos postos de trabalho dos operadores, transferidos para o trabalho em domicílio. O deslocamento pode ser até mais imprevisível, como no exemplo dado por Ritzer: "Algumas vezes, os operadores de telemarketing podem, literalmente, ser prisioneiros. Presidiários agora são utilizados dessa forma em muitos estados, e a ideia atualmente está no legislativo de vários outros. Os atrativos desses prisioneiros são óbvios – eles trabalham por salários baixíssimos e podem ser controlados num grau muito mais alto do que até mesmo os '*phoneheads*' discutidos anteriormente. Além do mais, a presença deles no trabalho é garantida. Como diz um gerente, 'eu preciso de gente que esteja lá todo dia'", George Ritzer, *The McDonaldization of Society*, cit., p. 123. Aqui em tradução livre.

[26] Robert Castel, *As metamorfoses da questão social*, cit.

[27] Ibidem.

de roupas, livros e CDs, alimentação, lazer e diversos serviços têm na interface com o consumidor um vasto exército de jovens trabalhadores temporários. Nas redes *fast food*, os jovens trabalhadores dos serviços são responsáveis por garantir que a eficiência, o cálculo e a previsibilidade[28] se realizem nas redes mcdonaldizadas. Assim como os operadores de telemarketing, seu trabalho se constitui em torno de um controle minucioso sobre o tempo e sobre seu próprio corpo, bem como sobre suas ações na relação com o cliente.

Essas empresas se armam em torno da legislação do trabalho, homogeneizando suas formas de exploração do trabalhador. Apoiadas na difusão legalizada do trabalho temporário, constituem os "McEmpregos"[29], que, de certo modo, adquirem legitimidade como "porta de entrada" para o mercado de trabalho. Klein descreve uma das campanhas publicitárias do McDonald's: "[...] em meados de 1999, a cadeia de *fast food* lançou uma campanha televisiva nacional em que exibia trabalhadores do McDonald's servindo *milk-shakes* e batatas fritas sobre as legendas 'futuro advogado', 'futuro engenheiro', e assim por diante"[30]. No entanto, os "futuros" profissionais, estão muito mais para estudantes endividados com o pagamento de seus estudos, como diz uma estudante trabalhadora da rede de cafeterias Starbucks: "[...] nós, de nossa faixa etária, finalmente estamos percebendo que saímos da universidade, temos zilhões de dólares em dívidas e trabalhamos na Starbucks. Não é assim que queremos passar o resto de nossa vida, mas agora o emprego de sonho não está mais à nossa espera"[31]. Relato que, no contexto brasileiro, nos leva de volta à fala da "futura melhor advogada do Brasil" que se tornou "campeã de vendas da Avon". A falta de perspectivas seguras e bem definidas para os jovens no mercado de trabalho combina bem com o trabalho sem lastro do SVD, e também com as ocupações de alta rotatividade e baixa remuneração do setor de serviços.

Parti da marca para pensar na formação dos "paraísos de extração de mais-valor" nas zonas de livre comércio; os jovens operários das redes de *fast food*, das lojas de departamentos, das centrais de telemarketing constituem mais uma das faces da exploração: a produção dos bens materiais é delegada para fábricas dos mais diversos portes nos países do Terceiro Mundo, ao mesmo tempo que a comercialização, a distribuição e os serviços se tornam uma das principais "portas de entrada" para o trabalho rebaixado em todos os países, inclusive no Primeiro Mundo.

A mcdonaldização pode também ser compreendida como padronização altamente eficiente da precarização do trabalho, facilmente reconhecível nas redes *fast food*. Há uma combinação entre flexibilidade e um rígido controle sobre a produtividade e o tempo de trabalho. No caso dos trabalhadores em permanente condição temporária, essas formas estão perfeitamente combinadas: trabalhadores têm suas jornadas reduzidas, o que garante que o vínculo empregatício e os direitos a ele associados

---

[28] George Ritzer, *The McDonaldization of Society*, cit.
[29] Naomi Klein, *Sem logo*, cit.
[30] Ibidem, p. 268.
[31] Ibidem, p. 262.

não se estabeleçam, ao mesmo tempo que atendem eficientemente às demandas da produção e da comercialização.

Francisco de Oliveira se referia aos trabalhadores *just in time* no início dos anos 2000, tratando dos que se encontram inteiramente disponíveis ao trabalho, sem a contrapartida dos direitos. O autor aborda as eliminações entre tempo público de trabalho e tempo privado de não trabalho. Diz ele:

> A outra ampliação se dá com os trabalhadores *just in time* ou *online*, vale dizer, numa massa crescente de trabalhadores que *devem* estar à disposição 24 horas por dia, embora concretamente isso ocorra apenas ocasionalmente. São os trabalhadores do celular ligado e do *pager*. Já aparecem em certas categorias – entre as quais o médico assalariado, que trabalha simultaneamente em vários locais, hospitais e consultórios – é o profissional antecipatório. A tensão do estar à disposição soma-se à negação de qualquer privacidade [...]. Mesmo no que ainda se define como emprego, dá-se uma privatização, que não quer dizer estritamente emprego no setor privado; quer dizer ausência da dimensão pública. A primeira dimensão dessa privatização ocorre também nos empregos *online*: aqui, acaba a distinção entre tempo público, o do contrato, e tempo privado, o do não trabalho. O empregador, ou o Estado, tem direito de invadir o tempo que era, antes, de fruição privada.[32]

A indistinção entre tempo público e tempo privado, portanto, se efetiva por meio das tecnologias que permitem a desnecessidade de elementos que constituam publicamente a relação de trabalho: seja por uma disponibilidade dos trabalhadores para além de uma jornada de trabalho definida, seja pela possibilidade de deslocamento dos postos de trabalho para fora dos escritórios. Atualmente, essa indistinção está evidente e aprofundada nos mais diversos setores do mercado de trabalho. A privatização do tempo de trabalho já não parece ter classe nem país bem definidos[33]. Alen-

---

[32] Francisco de Oliveira, "Passagem na neblina", cit., p. 16.

[33] A eliminação da jornada de trabalho legalmente definida se combina a diferentes modos de eliminação progressiva de direitos trabalhistas para profissionais de diferentes setores, qualificações e remuneração. Os profissionais de alta qualificação e remuneração de empresas brasileiras de desenvolvimento de sistemas são um exemplo. Castro recupera dados do IBGE de que 24% da mão de obra da área de informática está em relações de trabalho não assalariadas, a que a autora soma uma nova categoria de contrato de trabalho, a "CLT flex", na qual "a empresa registrava o salário do trabalhador em um valor diferente do combinado. A diferença era paga em benefícios não tributáveis", Bárbara Castro, "Apontamentos sobre a modificação das relações de trabalho nas décadas de 1990 e 2000 a partir do setor de TI", III Simpósio Nacional de Tecnologia e Sociedade, Curitiba, 2009, p. 5. Como mostra Luiz F. Alencastro em "A servidão de Tom Cruise: metamorfoses do trabalho compulsório", *Folha de S.Paulo*, São Paulo, 13 ago. 2000: "como se sabe, a utilização do correio eletrônico, do telefone celular e o uso combinado, via WAP (sigla em inglês para 'protocolo de aplicações sem fio'), do *email* e do acesso à *web* no celular aumentam a demanda de trabalho nos escritórios e empurram as tarefas laborais para dentro da casa e da vida privada dos assalariados. Um estudo realizado pela firma Pitney Bowes revela que um funcionário americano recebe uma média de 204 mensagens diárias em seu escritório, incluindo *emails* (50), telefonemas (48), correspondência interna (18), cartas (15), fax (10) e outros recados. Uma análise publicada em 1997 pela agência Reuters, 'Dying for Information' ('Morrendo por informação'), mostrava que um quarto dos 1.313 executivos americanos interrogados declarava se sentir fisicamente doente com o afluxo contínuo de informações em suas mãos.

castro[34] captou numa imagem a síntese dessa indistinção. No artigo "A servidão de Tom Cruise: metamorfoses do trabalho compulsório", aborda "o direito ao assalariado de se desligar – fora do horário de trabalho, nos fins de semana, nas férias – da rede telemática, do arreio eletrônico que o liga ao seu patrão ou a sua firma". Como diz o autor, trata-se hoje do "direito à desconexão": "direito espetacularmente desrespeitado na primeira cena de *Missão Impossível 2*, quando um helicóptero dos serviços secretos acha Tom Cruise no alto de uma montanha e o engaja numa nova empreitada"; no fim do filme, "depois de salvar o mundo, informa ao chefe que não dirá onde vai descansar com a mocinha, senão não poderá ter férias tranquilas"[35]. Com relação às ocupações de baixa remuneração, o operariado dos serviços também pode fazer parte do exército de trabalhadores *just in time*, mas sua situação traz novos elementos à problematização: a definição pública do tempo e local de trabalho permanece; o que desaparecem são as medidas publicamente estabelecidas que regem tais relações. Ou seja: há jornada e local de trabalho definidos, porém a ameaça de desemprego garante a plena disponibilidade dos trabalhadores às demandas da produção. Tornou-se possível haver, literalmente, um estoque de trabalhadores disponíveis – o que não é a mesma coisa que a formação de um exército de reserva, pois esses trabalhadores estão contratados (em formas ocultas ou não), mas podem ser utilizados e pagos de acordo com a demanda da produção, sem custos adicionais para o contratante. A determinação do uso dessa disponibilidade também pode ser eficientemente calculada e controlada. A taylorização dos serviços ocorre na combinação entre inovações tecnológicas, ameaça de desemprego e desregulações do trabalho. Assim, esse tipo de racionalização do trabalho não só gerencia rigidamente o trabalho, mas também dispõe livremente da utilidade do trabalhador[36].

Para tanto, é preciso um controle também sobre esse, diríamos, "estoque não estocado de trabalho":

> [...] a Gap – que define horário integral como trinta horas por semana – adota um sistema em que mantém os funcionários "em disponibilidade" em certos turnos, durante os quais o tempo em que eles não estão na escala de trabalho ou não são pagos deve estar disponível para o caso de uma convocação da gerência. (Uma funcionária brincou comigo que ela tinha de comprar um *pager* para o caso de uma crise de fraldas ser deflagrada na Gap Kids.) A Starbucks foi a mais inovadora na moderna arte do

---

Além disso, a pressão do trabalho transborda os limites do escritório. De fato, outro estudo, realizado em 1999 pelo Gallup e o Institute of the Future, indica que 42% das mensagens recebidas por um funcionário em sua casa ou no trajeto entre seu domicílio e o local de trabalho dizem respeito, na realidade, ao seu serviço. No setor específico da nova economia, depois de algumas mortes por exaustão de jovens executivos mergulhados no trabalho contínuo, nasceu a expressão 'pifado pelas *dotcom*' ('*dotcom burnout*')".

[34] Luiz F. Alencastro, "A servidão de Tom Cruise: metamorfoses do trabalho compulsório", cit.

[35] Idem.

[36] No próximo capítulo, retomo a discussão em torno destes trabalhadores *just in time* pela perspectiva da definição marxiana do salário por peça (Karl Marx, *O capital*, Livro II, cit.).

cronograma elástico. A empresa criou um *software* chamado Star Labor que permite à sede o máximo controle sobre o cronograma de seus funcionários a cada minuto. Com o Star Labor, acabaram-se coisas grosseiras e imprecisas como um turno do dia ou da tarde. O *software* mede exatamente quando cada café é vendido e por quem, depois faz os turnos sob medida – frequentemente de apenas algumas horas de duração – para maximizar a eficiência na venda de café.[37]

O trabalho temporário é parte importante da constituição da *organização através da dispersão*[38]. Contratos por tempo indeterminado cedem lugar ao "aluguel" do trabalhador. Como explicita Bernardo ao tratar das agências de trabalho temporário, em especial a maior delas que atua globalmente: "Nos meados da década de 1990, a Manpower alugava diariamente em todo o mundo a força de trabalho de mais de um milhão e meio de pessoas, duas vezes mais do que os empregados da General Motors, e em 1995 os seus lucros totais ascenderam a 7 bilhões de dólares"[39]. (Para se ter uma dimensão da organização do trabalho temporário, em 2011, a Manpower e suas duas concorrentes mais próximas constituíam em torno de 15% do mercado mundial de empregos temporários.[40])

Dos parafusos para os hambúrgueres

Como Ritzer sugere, a mcdonaldização ocorre não só nos serviços, mas por toda a cadeia produtiva. As redes de *fast food* hoje determinam não só suas próprias relações de trabalho como as de seus fornecedores, fabricantes e distribuidores. Esse argumento nos remete à análise de Bernardo, e ultrapassa essas redes: a terceirização acontece a partir de um rígido controle sobre a produção em todos os nós da cadeia produtiva. A mcdonaldização – agora se faz mais claro – nomeia o controle da produção dispersa que Bernardo problematiza por meio das terceirizações. O controle e a racionalização da produção alcançam as várias etapas do processo produtivo, amarrando as diversas relações de trabalho que estejam em jogo.

Assumo, portanto, a posição teórica de que a relação entre desenvolvimento tecnológico e degradação do trabalho é constitutiva – está no cerne – do modo de produção capitalista. Entretanto, o controle sobre o trabalhador parece ter algo de historicamente inédito, como se a alienação do trabalho tivesse dado um passo além; se a cena clássica do apertador de parafusos engolido pela máquina ilustrava

---

[37] Naomi Klein, *Sem logo*, cit., p. 270.
[38] David Harvey, *A condição pós-moderna*, cit.
[39] João Bernardo, *Democracia totalitária*, cit., p. 121.
[40] O "aluguel" do trabalhador temporário talvez feche um elo que fica em aberto nas definições de Jeremy Rifkin, em *A era do acesso*, cit. A terceirização da propriedade física tem de ser problematizada na sua relação com o controle sobre o trabalho; caso contrário, fica-se rodando em torno de uma propriedade sobre o intangível – algo que também não fica claro na argumentação do autor: afinal, trata-se de acesso ou propriedade de bens imateriais? – sem abordar as condições objetivas que garantem essa propriedade.

o controle nunca plenamente alcançado sobre o corpo e a alma do trabalhador, há algo de mais profundo no controle contemporâneo?

O controle do trabalho parece, de fato, ter assumido um novo grau. Trata-se de uma espécie de "esteira de fábrica" internalizada. Com relação aos teleoperadores, por exemplo, toda a realização e toda a repetição das tarefas têm como instrumento central a sua própria voz: o *script* não é algo que existe fora; ele só se concretiza na própria ação do trabalhador. Por mais que esteja amarrado pela vigilância sobre seu trabalho, é o trabalhador que imprime o ritmo da produção. Os operadores de telemarketing se tornam repetidores de textos, mas a realização eficaz de seu trabalho envolve o bom uso de seus próprios atributos pessoais; garantem uma interação humano-automatizada, que, no entanto, é mais eficaz que a relação cliente-máquina, na medida em que esse automatismo humanizado também permite a flexibilidade no *script,* sem escapar dele. Portanto, o próprio corpo e a subjetividade dos trabalhadores dão o ritmo e a qualidade do fluxo da produção. Os atendentes das redes de *fast food*, por exemplo, agem de forma repetida, cronometrada, controlada, também têm seu *script* muito bem definido. Quando chegamos à relação desses trabalhadores com os clientes, a internalização da esteira se desvela de forma ainda mais inédita: a relação entre atendente e cliente é regida por um ritmo pautado pela velocidade da caixa registradora, pela velocidade com que as batatas são fritas e disponibilizadas ou o sanduíche é montado; no entanto, o momento da venda se mantém orientado pela mesma velocidade, mas ocorre na relação entre duas pessoas, sendo que uma delas é o consumidor.

Ficam estabelecidos alguns elementos centrais para, então, chegar ao controle com relação ao trabalho das revendedoras:

- A *organização através da dispersão* expressa uma organização do trabalho que combina fragmentação e alastramento das cadeias produtivas com uma rígida racionalização que pauta tanto a produção quanto a distribuição.
- Essa racionalização traz novos elementos sobre o controle do trabalho. Envolve a subjetividade do trabalhador de novas maneiras ao constituir um gerenciamento do trabalho sobre uma esteira de fábrica que é materialmente inexistente, mas que pode ser reconhecida em cada etapa desempenhada por esse operariado dos serviços.
- A condição de trabalho desse operariado envolve a perda de garantias do trabalho, os contratos de trabalho temporários, assim como a perda de uma identidade profissional na sua condição de *temporário permanente*.
- Esses trabalhadores se tornam *trabalhadores just in time*, o que significa que sua força de trabalho é utilizada de acordo com as demandas da produção, cada vez menos reguladas pelos direitos e proteções do trabalhador.
- Assim como tratei dos *sweatshops* como o que, hoje, dá a forma mais visível à alta exploração do trabalho que envolve a produção material, os trabalhadores do telemarketing e das redes *fast food*, é importante destacar que eles também chamam as teorias do *imaterial* para o chão das novas constituições do operariado.

As inovações da tecnologia da informação desembocam num novo envolvimento subjetivo do trabalhador, mas também na atualização de formas tipicamente tayloristas de gerenciamento do trabalho.

O descontrole controlado do trabalho das revendedoras

No caso das revendedoras, onde está o controle?

Nestas seções parti das análises de Harvey e Bernardo para problematizar e relativizar a ideia da definição de flexibilidade no mundo do trabalho. Para tanto, prospectei um controle do trabalho que se realiza na própria dispersão, que possui nós bem amarrados e é pautada pelas fusões de capitais e espraiamento do trabalho. O controle dessa dispersão se realiza nas formas contemporâneas de racionalização do trabalho, como as descritas aqui. *O caso da Natura torna muito reconhecível essa organização na dispersão, ao mesmo tempo que é difícil visualizar o controle do trabalho em ato.* A análise se complica e talvez se torne mais relevante pela falta de seleção e de regras sobre o trabalho cotidiano das consultoras. É intrigante pensar que uma só empresa dá conta de organizar toda sua distribuição por meio do trabalho/consumo de mais de um milhão de pessoas. Ainda mais instigante é que essa organização dispersa se realiza na distribuição, mas está diretamente conectada à produção. A esteira de fábrica e o exército de mulheres estão essencialmente ligados.

Retomando a descrição e a análise já feitas sobre a fábrica, de lá são despachadas diariamente cerca de 40 mil caixas, a ser entregues nos endereços das consultoras pelos correios e por empresas de transporte. No site, a empresa afirma processar, entre as operações nacionais e no estrangeiro, 62,3 mil pedidos de consultoras por dia. Vendas em festas de família, em locais de trabalho, para consumo próprio, tudo se concentra em caixas etiquetadas, preenchidas por produtos automaticamente depositados; portanto, o trabalho informal da revendedora se traduz em informação do lado de dentro da fábrica. Os estoques estão nas gavetas das consultoras. Na fábrica, a produção é *just in time*, o que significa que é o trabalho/consumo desse milhão de pessoas que determina o ritmo da produção. O controle pela informação possibilita, portanto, que a produção seja rigorosamente pautada por um trabalho sem formas nem regulações definidas, e de dimensões gigantescas.

Mas a ausência de formas não significa ausência de controle; significa que o controle se adapta à informalidade e opera de modos menos reconhecíveis. As promotoras de vendas têm um papel fundamental: trabalhando com metas e bonificações, o desempenho delas, assim como a remuneração, está plenamente vinculado à produtividade. Elas coordenam seus setores, instruem sobre os novos produtos, dão "dicas" de venda, sorteiam produtos e criam suas próprias estratégias de motivação das vendedoras nas reuniões. Entretanto, o papel de vigia do trabalho das consultoras depende do envolvimento destas. Como vimos, algumas consultoras não têm contato com suas promotoras, não frequentam as reuniões. Assim sendo, esse controle se realiza de modo fluido e inconstante. Entretanto, as metas a ser atingidas materializam o controle bem mais rígido, ainda que aparentemente flexível, sobre o trabalho das promotoras, o qual, portanto, se desdobra nesse controle maleável sobre as consultoras[41].

As formas em que as vendas se realizam não são controladas nem definidas. A flexibilidade realmente se adéqua à atividade das vendedoras, até o momento em que seu pedido é emitido na esteira de fábrica. Entretanto, há alguns elementos que informalmente regulam a atividade. Um regulador – constantemente presente na atividade de qualquer revendedora – é a concorrência, algo que demanda "proatividade" das vendedoras para se manterem no jogo, mesmo que no papel mais de consumidoras do que de revendedoras. É preciso ser produtivo para manter clientes e garantir a pontuação dos pedidos, produtividade que pode se desdobrar em estratégias que aumentam as adversidades do trabalho, como descrevi; em um bairro inteiro, por exemplo, as vendedoras abrem mão de 20% de sua comissão para poderem enfrentar a concorrência. A pontuação dos pedidos também é elemento central para a garantia da manutenção da produtividade; afinal, mesmo para consumir é preciso vender, e os pontos se tornam, assim, um estímulo e um requisito para as consumidoras-trabalhadoras, o que as mantém em atividade como vendedoras, cujo ranqueamento oficializa o reconhecimento das que são mais produtivas – algo que tem eficácia visível com relação às consultoras que fazem da atividade uma fonte importante de geração de renda e que também opera como referência geral entre as revendedoras de medidas de produtividade. No mesmo sentido do ranking, as premiações e festas podem ser consideradas metas informais das revendedoras; não é preciso atingi-las para se manter no jogo, mas funcionam como medida do sucesso, além de se manifestarem como reconhecimento da empresa. O boleto bancário é a forma de controle rígida e facilmente reconhecível. Atrasos significam pagamento de juros altos, inadimplências levam o nome das consultoras para a Serasa, assim como invalidam seu cadastro na empresa. O boleto, ao mesmo tempo que mantém a consultora na indistinção entre ser cliente ou revendedora, formaliza o que a amarra juridicamente à empresa, sendo também o que dá as garantias para a empresa na dispersão.

Com relação à marca, é difícil dizer que se realize como controle sobre o trabalho, mas é evidente que assegura uma homogeneização do discurso das vendedoras. É por meio do *branding* que a empresa "instrui" suas consultoras, adequando seus métodos informais de venda a um discurso fortemente estabelecido via publicidade.

---

[41] A cena de *Missão impossível 2* também nos remete às consultoras. Uma funcionária da Natura contou uma das dinâmicas usadas em um treinamento dado para promotoras de vendas: após assistirem à primeira cena desse filme, as promotoras recebem um par de óculos num estojo com as diretrizes do curso. Na cena, o personagem de Tom Cruise está dependurado num penhasco; em meio a uma escalada, recebe uma missão digitalizada num par de óculos. Dali em diante, toda a história gira em torno de como o personagem se submete a situações violentas e arriscadas, encarando os perigos friamente e com soluções habilidosas, como parte de seu trabalho. É bastante simbólico um curso de treinamento que se inicia pela imagem do herói dependurado (já nem é por um fio, pois ele se segura por conta própria), mas que consegue chegar ao topo; ela parece bem adaptada à "missão" das promotoras com relação às revendedoras. A flexibilidade bem-sucedida fica expressa na combinação entre o risco e a habilidade.

Poderíamos conjecturar sobre os limites desse controle uma pergunta sem resposta, mas que traz uma problemática interessante. Até onde essa organização se sustenta? O crescimento acelerado do número de vendedoras impõe desafios à empresa, por isso é preciso adaptar as formas de gerenciamento das vendedoras. Afinal, quando a dispersão se dá estritamente pela informalidade, não há como garantir que a produtividade das consultoras esteja fortemente amarrada pelas demandas da empresa. Ficam, então, modos de controle que podem nem ter a forma-controle, mas operam como tais.

O que se delineia é uma discussão extremamente atual, da combinação entre controle do trabalho, informalidade e informação; o trabalho das revendedoras fornece indícios que permitem se tratar do trabalho informal no contexto das inovações tecnológicas. A perda de formas do trabalho não necessariamente significa trabalho menos produtivo ou menos controlado; o que se coloca é que o próprio controle pode se manifestar informalmente, ainda que operando de forma eficiente.

O consumidor trabalhador

Ampliando novamente a escala de análise, há uma pergunta de fundo que estrutura a reflexão em torno da mcdonaldização na perspectiva de Ritzer, ou das marcas e da cultura descartável a partir de Fontenelle: o que mobiliza e constitui, hoje, essa experiência do consumo *fast food*, que ocorre não só por toda a organização da produção e distribuição, como discuti até aqui, mas também, fundamentalmente, pela participação do consumidor? Em outras palavras, recoloca-se a pergunta: o que leva as pessoas a formarem fila, optarem por uma refeição completamente padronizada, sentarem-se às mesinhas de plástico vermelho (ou comerem dentro de seus carros) e limparem a mesa após se alimentarem com uma rapidez proporcional ao tempo da venda?

Com relação à Natura, eu formularia uma pergunta diversa, mas que se encontra com essa questão: como explicar centenas de milhares de mulheres se envolvendo com uma atividade que, para a maioria delas, é pouco rentável, que demanda investimento monetário e de tempo, e que passa a permear tanto o tempo de trabalho como o tempo do lazer, de outras sociabilidades?

Pode-se afirmar que Ritzer[42] e Fontenelle [43] têm como questão central a formação de uma experiência controlada, previsível e padronizada; todavia, o enfoque da análise aqui se refere ao trabalho não pago que é transferido para o consumidor, e que, entretanto, tem formas de controle operantes e definidas. O funcionamento do *fast food* como tal depende do e define o comportamento do consumidor. Se a velocidade é a "alma do negócio", também é a do consumo; cálculo e controle do tempo são essenciais para o lado de dentro e para o lado de fora do balcão.

Estando isso em questão, retomo a ideia da internalização da esteira inexistente, pois esse controle acontece na relação entre o atendente e o consumidor. Há uma au-

---

[42] George Ritzer, *The McDonaldization of Society*, cit.
[43] Isleide Fontenelle, *O nome da marca*, cit.

tomatização em ambos os comportamentos, certamente que mais plena e visível para os que estão do lado de dentro. Para os que estão do lado de fora, o que aparece como acesso à modernização (e ao consumo de preços acessíveis) é essencialmente transferência de tarefas. O desenvolvimento tecnológico se desdobra também na delegação de tarefas para o consumidor. No caso do *fast food*, a produção taylorizada *just in time* dos hambúrgueres, entre outros produtos, garante essa organização racionalizada da venda e do consumo.

Tal transferência se apoia no cálculo do tempo e na eficiência também da parte do consumidor. Assim, o setor bancário, por exemplo, entre 1994 e 2000 eliminou 29,8% dos seus postos de trabalho[44]; a contrapartida foi o acesso aos serviços bancários via internet, centrais telefônicas e caixas eletrônicos. Os *slogans* "Itaú 30 horas", "Bradesco dia e noite" e outros iluminam em que essa eliminação de trabalhadores se apoia publicamente: na oferta de um serviço extremamente acessível e ininterruptamente disponível[45]. Os exemplos são variados[46] e essencialmente envolvem taylorização nos serviços, desenvolvimento tecnológico e eliminação de postos de trabalho. A eficiência dá legitimidade às modernizações que povoam o setor de serviços. Na interface com o consumidor, vão predominando as relações com as máquinas ou com trabalhadores que agem como máquinas.

Em *Le travail du consommateur*, Marie-Anne Dujarier[47] faz o exercício de reconhecer e nomear essas relações. Uma delas trata de uma "autoprodução dirigida" ("*autoproduction dirigée*"), na qual o consumidor é posto para trabalhar – não por escolha, mas por falta de opção. Dujarier analisa como a relação com máquinas passa a compor o acesso aos serviços: máquinas, hoje, falam com o consumidor, dão instruções e substituem a figura do trabalhador. Se antes mediavam a relação com o consumidor, hoje o trabalhador pode aparecer como um mediador da relação homem-máquina

---

[44] João Sicsu e Fernanda Vilhena, "Mapeamento da produtividade do trabalho nos bancos brasileiros", *Ensaios FEE*, n. 25, v. 1, 2004.

[45] A drástica redução dos postos de trabalho no setor bancário deixa evidente a relação entre desenvolvimento tecnológico e desemprego. Desenvolvimento tecnológico e controle/redução do tempo de trabalho estão no cerne da teoria marxiana. Por outra perspectiva, Paul Virilio, em *Guerra pura: a militarização do cotidiano* (São Paulo, Brasiliense, 1984), discorre sobre a politização necessária em torno do desenvolvimento tecnológico, o que poderia até mesmo ser compreendido como outra perspectiva para a potencial irracionalidade desumanizante da racionalização, como pensada por George Ritzer (*The McDonaldization of Society*, cit.). Diz Virilio: "Nós temos de politizar a velocidade [...]. A velocidade é tão importante quanto a riqueza na fundação do político. A riqueza é a face oculta da velocidade e a velocidade é a face oculta da riqueza. [...] Há, na riqueza, uma violência que já foi compreendida; o mesmo não ocorre com a velocidade", Paul Virilio, *Guerra pura*, cit., p. 37. Na sua reflexão, pensa em termos de uma *dromocracia*, um regime pautado pela centralidade da velocidade; a irracionalidade viria da despolitização da tecnologia, no sentido de que já não há controle sobre o que é produzido. Ele conclui: "chega de ilusões a respeito da tecnologia. Não controlamos o que produzimos. Saber como fazer não significa que saibamos o que estamos fazendo", ibidem, p. 65.

[46] Para ver mais exemplos, consulte George Ritzer, *The McDonaldization of Society*, cit., p. 75-8, e Marie-Anne Dujarier, *Le travail du consommateur* (Paris, La Découverte, 2008).

[47] Marie-Anne Dujarier, *Le travail du consommateur*, cit.

no acesso aos serviços. A autora vai além: nessa mediação, cabe ao trabalhador dos serviços um novo papel, o de amortecer as tensões entre consumidor e empresa, visto que, entre a imaterialidade e a automatização que estruturam essa relação, o atendente se torna a face visível da empresa.

Com relação à mcdonaldização, que possibilitou pensar na homogeneização que determina as experiências de consumo e organiza a produção, há aqui um movimento semelhante: uma padronização dos serviços, que se traduz efetivamente na substituição de trabalho humano por máquinas, e nas atividades que têm, então, de ser desempenhadas pelo consumidor. Tudo se passa como se falar com a voz computadorizada já não fosse mais uma opção – o acesso a vários serviços o impõe[48].

Aprendizado e certa coerção andam juntos nas atividades que devem ser desempenhadas pelo consumidor. A falta de opção se combina a técnicas de vigilância e controle sobre o cliente. O "para sua segurança, esta ligação está sendo gravada", "para sua segurança, você está sendo filmado", ou, mais ilustrativo ainda "sorria, você está sendo filmado" dão certa dimensão dessa combinação contemporânea:

> "Para seu conforto e segurança" geralmente é seguido de uma injunção ao consumidor para que adote um comportamento específico a fim de facilitar a coprodução. Quase sempre anuncia uma proibição, uma imposição ou ainda um monitoramento. Frequentemente, o acesso a dados pessoais é obtido com esse argumento, bem como a legitimação dos sistemas de vigilância.[49]

Seja fazendo fila ou interagindo com máquinas, há um controle sobre o consumidor, que, assim como nas relações de trabalho, se realiza em torno das determinações de sua produtividade. Os "menos familiarizados" com as máquinas põem à mostra que é preciso um aprendizado para lidar com as regras e as máquinas, e mais, é preciso aprender a lidar de forma "produtiva", ou seja, no intervalo de tempo adequado, ou seja, no tempo que mantém a eficiência do serviço. Nesse sentido, o aprendizado e compreensão das normas de funcionamento estão no centro da *autoprodução dirigida*[50]. Em tempos de consolidação do fordismo, Henry Ford designou assistentes sociais

---

[48] Retomando os infoproletários (Ricardo Antunes e Ruy Braga, *Infoproletários*, cit.), as tecnologias exercem controle não só sobre o trabalhador; ao cliente, resta lidar com as máquinas para, então, chegar aos operadores autômatos – se chegar. Como uma anedota contada por Ritzer: "Um humorista descreve deste modo a 'conversa' e o trabalho de quem faz a chamada: A pessoa com quem você quer falar – Thomas Watson – não está disponível no momento. Para deixar um recado, espere pelo bip. Para ouvir sua mensagem, digite 7. Para mudar sua mensagem depois de ouvi-la, digite 4. Para acrescentar algo à sua mensagem, digite 5. Para falar com outra pessoa, aperte estrela e digite o ramal de 4 dígitos. Para ouvir Muzak, digite 23. Para sair do menu e falar com um ser humano, o que garanto que será um esforço inútil, digite 0 – porque nós tratamos você como um", George Ritzer, *The McDonaldization of Society*, cit., p. 77. Aqui em tradução livre. Sem querer explicar a piada, Thomas Watson é ou um dos colaboradores na invenção do telefone ou o primeiro presidente da IBM, enquanto Muzak se refere à "música de elevador", remetendo à Muzak Corporation, que fornece a música ambiente mcdonaldizada para lojas, shoppings etc.

[49] Marie-Anne Dujarier, *Le travail du consommateur*, cit., p. 56. Aqui em tradução livre.

[50] Idem.

para lidar com a constituição moral e psicológica não só do novo trabalhador, mas também do novo consumidor[51]. O marketing, hoje, desempenha o papel "educativo" com relação ao consumidor, que pode ser também o novo trabalhador. Mais do que didaticamente sinalizar as regras (como descrevem Ritzer e Fontenelle a respeito das "dicas" que indicam como agir no ambiente *fast food*), os hábitos de consumo estão em jogo[52]: é preciso aprender a "linguagem das marcas"[53], e as novas mediações e acessos do setor de serviços. A produtividade do consumidor depende, portanto, de sua adaptabilidade aos procedimentos que são transferidos a ele[54].

Ao olharmos para o consumo hoje, a mcdonaldização desvenda como o controle e o cálculo sobre o tempo ultrapassaram a esfera da produção – ultrapassagem que se efetiva em sua relação com as inovações tecnológicas. Vale notar como as inovações apontadas por Braverman, e que para ele se traduziriam na taylorização dos serviços, alcançaram também o consumidor:

> Com o aperfeiçoamento de numerosos sistemas de conferência computadorizados semiautomáticos, contudo, um número cada vez maior de cadeias de mercados varejistas – em outros ramos, como no dos alimentos – passou a substituir seus sistemas de caixas registradoras por novos sistemas que, segundo estimam, quase duplicarão o número de clientes agora atendidos por um caixa em dado tempo. O sistema implicará na fixação em cada mercadoria de um rótulo ou etiqueta com o número adequado do estoque (um código de dez algarismos foi adotado pela indústria de alimentos) e talvez um preço, impresso em caracteres que podem ser reconhecidos por um dispositivo ótico. Desse modo, o funcionário simplesmente passará o artigo pelo aparelho (ou levará uma lente dele ao rótulo) e o registro transmitirá a operação a um computador que pode ou fornecer o preço ou conferi-lo com a lista atualizada. [...] Mas, no caso, o caixa passa a adotar o ritmo da linha de montagem da fábrica, em vez de seu próprio ritmo de trabalho.[55]

A rede de supermercados Tesco, maior empregadora do setor no Reino Unido, abriu recentemente uma loja *self-service* na qual o consumidor tem de passar as mer-

---

[51] "O propósito do dia de oito horas e cinco dólares só em parte era obrigar o trabalhador a adquirir a disciplina necessária à operação do sistema de linha de montagem de alta produtividade. Era também dar aos trabalhadores renda e tempo de lazer suficientes para que consumissem os produtos produzidos em massa que as corporações estavam por fabricar em quantidades cada vez maiores. Mas isso presumia que os trabalhadores soubessem como gastar seu dinheiro adequadamente. Por isso, em 1916, Ford enviou um exército de assistentes sociais aos lares dos seus trabalhadores 'privilegiados' (em larga medida imigrantes) para ter certeza de que o 'novo homem' da produção de massa tinha o tipo certo de probidade moral, de vida familiar e de capacidade de consumo prudente (isto é, não alcoólico) e 'racional' para corresponder às necessidades e expectativas da corporação", David Harvey, *A condição pós-moderna*, cit., p. 122.

[52] As assistentes sociais fordistas tinham o mote do "consumo prudente" e "racional"; já a publicidade hoje parece estimular o endividamento, como na divulgação das diversas formas de parcelamento veiculadas nas propagandas.

[53] Marie-Anne Dujarier, *Le travail du consommateur*, cit.

[54] Idem.

[55] Harry Braverman, *Trabalho e capital monopolista*, cit., p. 311.

cadorias pelo leitor ótico, ensacá-las e realizar o pagamento diretamente na máquina; não há funcionários trabalhando nos caixas[56]. Esse exemplo indica que atualmente o consumidor já pode adotar o ritmo da linha de montagem.

Seguindo os passos de Dujarier, a terceirização de tarefas significa transferência de tempo de trabalho para um tempo de trabalho não pago para o consumidor. Pode significar para ele redução de custos do consumo ou não (ainda que em ambos os casos seu trabalho seja não pago).

A transferência de trabalho pode ou não ser acompanhada pela transferência de custos; no caso dos serviços bancários *online*, por exemplo, o consumidor é responsável por financiar os meios de acesso, bem como em qualquer serviço de compras e pagamentos pela internet. Para a empresa, o serviço virtual pode proporcionar eliminação de custos com a estrutura física e o "material humano" (como o *management* agora se refere aos trabalhadores); para o cliente, fica a avaliação em torno do cálculo da redução do tempo gasto em deslocamentos e na interação com pessoas.

A redução dos custos para o cliente em determinados serviços vem acompanhada também pela redução da qualidade; isso já está implícito no custo-benefício. As companhias aéreas exemplificam bem essa relação: nas companhias europeias de baixo custo, cabe ao cliente fazer a pesquisa e comprar pela internet, imprimir em casa seu cartão de embarque (tem de pagar multa caso não o faça), pesar a bagagem previamente para garantir que não exceda os limites controlados e taxados pela empresa, carregá-la para dentro da aeronave (a não ser que pague mais para despachá-la); o preço reduzido das passagens cobre uma viagem sem refeições e sem acentos marcados (o cliente deve, então, entrar em mais uma fila, em busca de um "bom" lugar).

Ao consumidor cabe o cálculo do custo-benefício entre preço e qualidade. O espraiamento do consumo do *fast food* pelos mais diversos setores pode ser compreendido pela combinação entre redução do poder de compra do trabalhador e aumento do crédito. Uma espécie de combinação generalizada entre *cheap labour* e *cheap food* – combinação que, bem o sabe o consumidor, "dá trabalho".

Voltando à imagem da organização dispersa, esse trabalho sem formas realizado no ato do consumo ocorre em sua aparentemente incontrolável – e de vastíssimas dimensões – difusão. As coerções e imposições sobre o cliente poderiam, então, ser entendidas como formas de controle sobre esse trabalho sem forma-trabalho, assim como as marcas e o papel educativo da publicidade estariam no cerne de seu gerenciamento.

---

[56] "Os dias do caixa registrador estão contados? Tesco é pioneiro na primeira loja 'totalmente *self-service*'. Hoje a rede Tesco tocou a marcha fúnebre para os caixas registradores ao inaugurar o primeiro mercado 100% *self-service* [...]. A companhia descreveu como 'uma loja assistida', planejada para aumentar a eficiência e aumentar a velocidade do processo de compra [...]. Mas críticos alertam que a mudança marca o fim da interação básica humana nas compras semanais e que pode eventualmente custar milhares de empregos. Os principais supermercados empregam em torno de 750 mil trabalhadores na Grã-Bretanha e o Tesco é o que tem a maior força de trabalho: em torno de 221 mil pessoas", "Are the days of the checkout worker numbered? Tesco pioneers first ever self-service only shop", *Daily Mail*, 14 jun. 2010. Disponível em: <http://www.dailymail.co.uk/news/article-1221940/Death-checkout-worker-Tesco-pioneers-self-service-store.html>. Acesso em 13 maio 2014. Aqui em tradução livre.

Nesse contexto, a *multidão* teria um sentido afastado de sua potencialidade política[57]; seria a realização da expropriação do trabalho em formas totalmente contemporâneas. O fato é que essa multidão está conectada e ativamente produzindo, como veremos a seguir, não só assumindo tarefas que lhes são transferidas, mas também se envolvendo com atividades que lhes exigem, além de tempo, conhecimentos e exercício da criatividade. Esse enfoque nos dá caminhos para abordar a indistinção entre consumo e trabalho para a multidão de consultoras produtivas.

Crowdsourcing: gestão produtiva da multidão?

Atualmente, as técnicas de gestão, as lógicas que operam no controle sobre o trabalho e as técnicas voltadas para o consumo e para o *branding* são vastamente tratadas pela literatura de negócios, que esmiúça explicitamente o gerenciamento do "material humano" de um modo que as ciências humanas estão longe de acompanhar. A literatura do *management* e do *business*, que hoje combina os livros de recursos humanos com os que têm um tom de autoajuda para os "empresários de si"[58], torna-se uma fonte valiosa para a crítica e análise das relações de trabalho no contemporâneo. Em *Crowdsourcing*[59], um livro que transita entre o entretenimento e as receitas prescritivas de sucesso, o jornalista Jeff Howe dá conta de desvelar mais uma face do consumo. Fazendo um jogo de palavras com o termo *outsourcing*, que em inglês designa terceirizações, o autor cunha o *crowdsourcing*: a multidão se torna a fonte terceirizada da produção.

A empresa Google, que oferece serviços *online*, foi fundada em 1998 por dois jovens amigos doutorandos em ciências da computação nos Estados Unidos. Russo e americano parecem ter feito a parceria ideal: criaram uma ferramenta de busca na internet e, hoje, figuram entre os 24 bilionários mais bilionários do mundo, com uma fortuna avaliada em 17,5 bilhões de dólares, segundo a revista *Forbes* (Luiz Seabra, um dos donos da Natura, em 2010 estava em 437º lugar, com um patrimônio de 2,2 bilhões de dólares; seu sócio, Guilherme Leal, em 462º. Convém lembrar que essa avaliação sempre envolve as ficções realizáveis ou não do mercado financeiro)[60].

No final de 2006, a Google comprou por 1,65 bilhão de dólares o site de vídeos mais acessado da internet, o YouTube. Esse site, hoje, se tornou um instrumento para que pessoas postem e vejam vídeos produzidos em qualquer parte do mundo. Dos programas e imagens veiculados pela TV e cinema aos vídeos caseiros, o mundo

---

[57] Ver, a respeito, Michael Hardt e Antonio Negri, *Império* (Rio de Janeiro, Record, 2006).

[58] Osvaldo J. Lópes-Ruiz, *O "ethos" dos executivos das transnacionais e o espírito do capitalismo* (tese de doutorado, Campinas, IFCH/Unicamp, 2004).

[59] Jeff Howe, *Crowdsourcing*, cit.

[60] Luisa Kroll, "The World's Billionaires", *Forbes*, 3 out. 2010. Disponível em: <http://www.forbes.com/2010/03/10/worlds-richest-people-slim-gates-buffett-billionaires-2010_land.html>. Acesso em 14 maio 2014.

das imagens pode ser postado e assistido ali; o acesso é gratuito. Pode-se afirmar que o YouTube se tornou uma referência mundial e poderosa na disseminação e compartilhamento da informação pela internet. Quando foi comprado pela Google, contava com 65 funcionários trabalhando num pequeno escritório na Califórnia.

O que valoriza o site, concordando com Howe, não é seu *contabilizado* patrimônio físico e a tecnologia que oferece: a compra do YouTube tem no bojo a ação do consumidor – o que está em jogo é o imenso número de acessos, de muitos milhares por dia. Mais que o acesso, o que faz o YouTube ser o que é são as centenas de milhares de conteúdos postados pelos usuários. O site em si nada mais é que um mediador entre a produção dos vídeos e seus espectadores. Como diz o autor, "Google não pagou pela expertise desenvolvida naquele escritório em San Bruno. Pagou pelos milhões de usuários que criam e postam vídeos no YouTube, e pelo fluxo que direcionam para o site"[61].

Outro caso semelhante é o das redes sociais virtuais, como o Facebook, que em 2010 tinha um valor de mercado avaliado em 6,5 bilhões de dólares e hoje alcança os 195 bilhões. O número de usuários já ultrapassou 1,23 bilhão[62], sendo que 61% destes afirmam acessá-lo todos os dias. Nessa rede, pessoas postam seus perfis, fotos, criam redes de amigos, trocam mensagens públicas ou privadas. Numa espécie de panóptico virtual, é possível acompanhar o movimento dos usuários, da data do nascimento à sua foto ou comentário mais recente. A política de privacidade do site é constantemente discutida; mudanças recentes deixam os dados do usuário disponíveis na rede, caso ele não se manifeste contrariamente. Obviamente o valor do Facebook se refere ao gigantesco banco de dados que vem coletando, fornecido e ativado pelos próprios usuários. A empresa afirma publicamente que está desenvolvendo novas ferramentas de publicidade, que se adequarão ao perfil de cada usuário. A empresa tem capital aberto desde 2012, e entre abril e junho de 2014 seu lucro líquido foi de 791 milhões de dólares[63].

O mesmo ocorre com o Google: a identificação do perfil do usuário pelo tipo de buscas que realiza, com as ferramentas adequadas, propicia uma publicidade imediata que se adapta plenamente ao seu perfil. Mais uma vez, a coleta de dados – agora em sua forma virtual e menos localizável ou controlável – e o consumo estão imbricados.

Nesses dois casos, portanto, a valoração do site ocorre pela movimentação dos usuários. Embora aqui não haja transferência coercitiva de tarefas (a *autoprodução dirigida* de Dujarier), os sites se constituem como um meio para o consumidor lidar e interagir com o espaço virtual. Em ambos os exemplos transparece um trabalho sem

---

[61] Jeff Howe, *Crowdsourcing*, cit., p. 109. Aqui em tradução livre.

[62] "Facebook tem 1,23 bilhão de usuários mundiais; 61,2 milhões são do Brasil", *UOL Notícias*, 3 fev. 2014. Disponível em: <http://tecnologia.uol.com.br/noticias/afp/2014/02/03/facebook-em-numeros.htm>. Acesso em 30 jul. 2014.

[63] Marcelo Poli, "Facebook surpreende e já encosta na IBM em valor de mercado", *Exame*, 24 jul. 2014. Disponível em: <http://exame.abril.com.br/mercados/noticias/facebook-surpreende-dobra-o-lucro-e-mercado-curte>. Acesso em 30 jul. 2014.

formas concretas; há tempo despendido, uma produção em ato que aparece como entretenimento, e não na forma-trabalho.

As tecnologias da informação, hoje, põem em xeque uma separação outrora clara entre trabalho e consumo; há algo novo que precisa ser problematizado teoricamente. Outros exemplos de *crowdsourcing* aclaram e ao mesmo tempo tornam mais complexa a discussão. Retomando a valoração das marcas, inicialmente a associei com a valorização fictícia da autonomização financeira. Num segundo momento, relacionei-a com a precarização do trabalho, pela perspectiva da dominância financeira da valorização[64]. O valor das marcas também seria, então, expressão da, digamos, capacidade administrativa de concentrar capital e terceirizar o trabalho. Tendo o *crowdsourcing* em foco, o valor da marca também expressaria a potencialidade do papel desempenhado pelos consumidores, que por fim se efetiva como trabalho terceirizado. Quando a marca Google, por exemplo, é a mais bem cotada do mundo, o que está em jogo, pela minha perspectiva, são o acesso e as atividades desempenhadas pelos consumidores nos sites da marca. Vale lembrar, neste caso, que o Google é o site atualmente mais acessado no mundo.

Alguns casos deixam menos imaterial a delegação de tarefas que podem ser consideradas como um tipo de trabalho.

Testando a multidão

Em 2000, a Nasa procurava uma solução para a tarefa de verificar as imagens capturadas de Marte, em busca de vestígios de água no planeta. Um engenheiro da computação estava em busca de um modo de dispor *online* os dados coletados desde 1970, para que amadores – categoria central desse consumo produtivo, como eu analisarei adiante – identificassem e medissem crateras, vales, entre outras tarefas necessárias nesse mapeamento. Entretanto, a acuidade do trabalho amador deveria ser testada antes. Para isso, a Nasa disponibilizou 88 mil imagens já identificadas, que haviam demandado dois anos de trabalho de um profissional especializado. Criou-se, assim, o programa Clickworkers. Um mês depois, milhares de internautas haviam identificado fotos, e de forma precisa. Como bem resume um dos engenheiros, "as pessoas gastam dez minutos de seu dia fazendo isso, mas, para nós, é uma ajuda imensa. Dá conta do trabalho repetitivo e cotidiano e libera os cientistas para o trabalho intelectual de peso"[65].

Anteriormente apontei, seguindo a definição de Dujarier, a "autoprodução dirigida", no sentido da transferência de tarefas para o consumidor, que as cumpre para poder consumir e baseia-se num cálculo do custo-benefício, que envolve tempo, dinheiro e alguma coerção. A terceirização para a *crowd* no sentido da coprodução (também tomando emprestado o termo da autora) se concretiza na transferência de

---

[64] Leda Paulani, "Quando o medo vence a esperança", cit.
[65] Jeff Howe, *Crowdsourcing*, cit., p. 63. Aqui em tradução livre.

tarefas que podem ser cumpridas como trabalho criativo, envolvendo atividades de elaboração e até mesmo de pesquisa e desenvolvimento.

O site InnoCentive, por exemplo, hoje tem mais de 140 mil cientistas cadastrados[66]. A relação de trabalho está explicita: grandes empresas apresentam no site projetos não resolvidos por seus setores de Pesquisa e Desenvolvimento; o usuário que apresentar uma solução satisfatória ganha um prêmio que varia de 10 mil a 100 mil dólares. A propriedade intelectual é da empresa. A corporação transnacional Procter & Gamble – hoje a quinta maior corporação do mundo, desenvolvendo desde produtos de higiene pessoal e cosméticos até alimentos – é uma das empresas associadas ao InnoCentive. Até 2000, das inovações da empresa 15% eram realizadas por "agentes externos" e a meta era chegar a 50%; essa meta já foi ultrapassada. Como escreve o CEO responsável pela reestruturação da empresa, "A Procter & Gamble emprega em torno de 8.500 pesquisadores, e nos demos conta de que há 1,5 milhão de pesquisadores semelhantes com competências em áreas pertinentes. Por que não aproveitar as ideias deles?"[67] Num misto de entretenimento e possibilidade remota de remuneração, milhares de cientistas empenham seu tempo livre desvendando os "enigmas" apresentados. É o caso de Sargetta, cientista americana retratada por Howe. A cientista dona de casa formou-se em química, mas hoje tem um emprego como gerente de qualidade numa fábrica de pesticidas. Todas as noites, após fazer o jantar e colocar os filhos para dormir, Sargetta se refugia em seu pequeno laboratório caseiro improvisado. Já resolveu alguns dos "InnoCentive challenges" e, em um deles, ganhou 30 mil dólares; a descoberta foi posteriormente patenteada pela Procter & Gamble. Agora trabalha em busca de um prêmio maior, pois quer terminar de pagar a hipoteca de sua casa. Há outro exemplo, o do físico caseiro que desvendou como inserir bolhas no tubo de pasta de dente da marca Colgate: "'A solução era realmente muito simples', diz Melcarek. 'Por que a Colgate não pensou nisso? Eles provavelmente são caras que testam tubos de pasta sem qualquer treinamento em física'. Melcarek ganhou U$ 25 mil por seu empenho. Pagar o setor da P&G para produzir a mesma solução poderia ter custado muitas vezes esse valor – se é que teriam conseguido"[68].

Os casos são muitos e envolvem os mais diversos tipos de atividades: vídeos caseiros; enciclopédias *online* (a Wikipédia, cujos verbetes são escritos, corrigidos e aprimorados exclusivamente por usuários, contabiliza hoje mais de 2,2 bilhões de entradas[69]); bancos de fotografias (o site iStockphoto está dificultando a vida dos profissionais no mercado, ao disponibilizar um imenso acervo de fotos postadas por profissionais e amadores que podem ser vendidas até por alguns centavos de dólar); *designs* de camisetas que são feitos e eleitos pelos internautas; mapeadores de Marte; rede virtual de cientistas *just in time*.

---

[66] Idem.
[67] Ibidem, p. 9-10.
[68] Ibidem, p. 150.
[69] Idem.

A Natura também vem desenvolvendo seus métodos de *crowdsourcing* no ciberespaço. Ao longo destes anos em que realizei a pesquisa, foi difícil acompanhar as formas de organização da empresa no mundo virtual. Criou o projeto "Oscar Freire" – endereço da fundação da empresa, nos anos 1960. Em "Você tem uma ideia? Clique aqui para enviá-la", o link convida o usuário a postar suas reclamações, sugestões, avaliações dos produtos. No tópico "conquistas da comunidade", são elencados produtos que voltaram a circular "a pedidos". No "Concurso cultural: qual a sua ideia inovadora para um produto de verão?", o ganhador era premiado com um kit de produtos Natura para usar nessa estação. Na abertura do site, há fotos dos "criadores top", aqueles que têm suas ideias mais votadas, dos "participantes top", aqueles que fazem mais comentários. A comunidade hoje conta com mais de 23 mil usuários[70].

Aqui, vem à tona a mesma pergunta que inquieta Ritzer, Fontenelle ou a mim mesma: afinal, o que mobiliza essas pessoas? Uma pesquisa realizada pela Google indica que, de todo o conteúdo postado no site da Wikipédia americana, 50% é elaborado por 1% dos usuários[71]. O que isso quer dizer? Que existem pessoas dedicando horas de seu dia à elaboração dos verbetes, anônimas e sem qualquer tipo de retorno financeiro, numa espécie de jornada de trabalho gratuita para o site.

Certamente que há um sentido de comunidade propiciado pela internet e que parece estar acima do valor dos sites e da publicidade. Formam-se novos modos de comunicabilidade e intercâmbios que podem estar no cerne dessa mobilização. Todavia, há algo a ser problematizado em termos de acumulação e apropriação privada de conhecimento, para além de um inegável espírito comunitário que pode ter desdobramentos políticos.

As falas dos cientistas cibernéticos apontam para a centralidade de um sentido do trabalho, que talvez esteja perdido em suas profissões reais e cotidianas. Sargetta, a química solucionadora de enigmas e pagadora de hipoteca, afirma que "'o dinheiro não é o motivo principal [...]. Mais do que o dinheiro', ela relata, 'é o sentimento de que está novamente fazendo ciência de verdade'"[72].

Essa frase é praticamente idêntica à que ouvi durante a pesquisa de mestrado nas entrevistas com desempregados de baixa renda e alta idade – ou seja, 40 anos – que haviam se tornado beneficiários de programas de geração de ocupação e renda da prefeitura de São Paulo. Uma das minhas questões era o que mantinha aquele grupo de treze pessoas trabalhando no mínimo oito horas por dia numa cozinha a fim de fornecer marmitex, sendo que a retirada mensal era menor que a dos "bicos" de anteriormente. Um dos integrantes – antes operário da construção civil, que se tornou ajudante numa cozinha industrial, para depois de mais uma demissão vender algodão-doce pelas ruas do bairro com uma máquina emprestada – iluminava a questão ao dizer que, na cooperativa, "as pessoas estão aqui pelo trabalho, não é

---

[70] Mais informações disponíveis em: <http://naturaoscarfreire.com>. Acesso em 12 maio 2014.
[71] Levantamento feito a partir de Jeff Howe, *Crowdsourcing*, cit.
[72] Ibidem, p. 41 e 43.

pelo dinheiro"[73]. O fato de novamente terem um local de trabalho fixo e publicamente reconhecido, usarem uniformes, cumprirem uma jornada definida e terem funções e papéis estabelecidos dentro do grupo parecia assumir uma importância que ultrapassava o valor recebido no fim do mês. Havia naquele trabalho um sentido que desaparecera nas ocupações prévias daqueles trabalhadores flexíveis-viradores de baixa renda.

As atividades mediadas pelo mundo virtual podem, em alguma medida, ser compreendidas no mesmo sentido. É o caso da gerente da fábrica de pesticidas que pode, então, realizar o trabalho de cientista, ainda que num laboratório domiciliar improvisado, e o que é fundamental: a possibilidade de alcançar um reconhecimento por isso está dada. A celebração irônica de Howe em torno do *crowdsourcing* aponta para questões fundamentais, dentre elas a meritocracia que se coloca paralelamente às lógicas seletivas do competitivo mundo do trabalho. Não são currículos, dinâmicas orientadas pelos Recursos Humanos, aparência, "inteligência emocional" – entre outros fatores publicamente pouco mensuráveis que hoje medeiam a entrada e saída do mercado de trabalho – que definem as conquistas da *crowd*. A indistinção é o ponto de partida; naquele site com milhares de cientistas cadastrados não há critérios seletivos além da obtenção do resultado final.

O *trabalho do amador* tem lugar por meio do mundo virtual. O *amador*, termo utilizado tanto por Dujarier[74] quanto por Howe[75], aponta para um novo tipo de trabalhador: o trabalhador não profissional – ou, mais do que isso, um trabalhador que não tem em sua atividade a forma-trabalho definida. Os amadores podem, então, prestar serviços para a Nasa ou para as maiores corporações do mundo, e isso só ocorre justamente por estarem na condição de amadores.

Saindo da perspectiva da mobilização subjetiva e voltando para a da *organização na dispersão*, é essa indistinção de uma multidão altamente motivada que faz girar a roda do trabalho do consumidor. Nesse sentido, estaria em jogo uma gestão do trabalho que aparece na ausência de controle ou escolha, mas que produz resultados definidos e racionalizados. Estaríamos nos defrontando com um imenso e indistinto exército de trabalhadores inteiramente não pagos? Estaria esse consumo produtivo apoiado num sentido e realização que vão se perdendo na esfera pública do trabalho?

São perguntas que já indicam as próprias respostas, mas que ainda demandam muita pesquisa. Sua formulação deixa explícita uma relação entre uma nova gestão de pessoas e acumulação. Uma gestão que se realiza na dispersão, na ausência de definições e medidas. Muitos dirão que se trata de um acesso democrático à criatividade e ao compartilhamento de informações; entretanto, lá está a lista dos quinhentos bilionários da Forbes, indicando que a comunidade se tornou um negócio altamente rentável.

Como definir essa atividade que se realiza como trabalho inteiramente não pago? A discussão não é nova. O trabalho tipicamente feminino em domicílio há tempos

---

[73] Ludmila C. Abílio, *Dos traços da desigualdade ao desenho da gestão*, cit., p. 160.

[74] Marie-Anne Dujarier, *Le travail du consommateur*, cit.

[75] Jeff Howe, *Crowdsourcing*, cit.

coloca questão semelhante. Por essa perspectiva, Huws[76] se refere ao *consumption work* (algo como "trabalho do consumo"), termo cunhado nos anos 1970[77]. Enfocando a transferência de tarefas via mundo virtual, Dujarier fala do "consumidor trabalhador"[78]. Ritzer recupera o termo *prosumption* (uma mistura de *production* e *consumption*)[79] para se referir ao "*prosumer capitalism*", que demarcaria uma nova fase do capitalismo, na qual a exploração se estende ao trabalho não pago realizado na esfera do consumo, e que pode ser tratado em termos de produção de mais-valor[80].

Em *O capital*, Marx fala de um "consumo produtivo"[81] ao abordar o encontro entre trabalho vivo e trabalho morto na produção, quando trabalho vivo consome os meios de produção como parte do processo de valorização do capital, o que é também um consumo da força de trabalho por parte do capitalista:

> O consumo do trabalhador tem uma dupla natureza. Na própria produção, ele consome, por meio de seu trabalho, meios de produção, transformando-os em produtos de valor maior que o do capital adiantado. Esse é seu consumo produtivo. Ao mesmo tempo, ele é consumo de sua força de trabalho pelo capitalista que a comprou. Por outro lado, o trabalhador gasta em meios de subsistência o dinheiro pago na compra da força de trabalho: esse é seu consumo individual. O consumo produtivo e o consumo individual do trabalhador diferem, portanto, inteiramente. No primeiro, o trabalhador atua como força motriz do capital e pertence ao capitalista; no segundo, ele pertence a si mesmo e executa funções vitais à margem do processo de produção. O resultado de um é a vida do capitalista, o do outro é a vida do próprio trabalhador.[82]

Esse trabalho que se realiza na esfera do consumo pode ser definido como *consumo produtivo*? Se seguirmos a definição marxiana, esse consumo produtivo, hoje, continuaria se dando pelo encontro entre trabalho vivo e meios de produção – e, portanto, de produção de mais-valor; mas, simultaneamente, também se realiza na forma de

---

[76] Ursula Huws, *The Making of a Cybertariat*, cit.

[77] Batya Weinbaum e Amy Bridges, "The Other Side of the Paycheck: Monopoly Capital and the Structure of Consumption", em *Monthly Review*, n. 28, 1976, citadas por Ursula Huws, *The Making of a Cybertariat*, cit.

[78] Marie-Anne Dujarier, *Le travail du consommateur*, cit.

[79] Alvin Toffler, *The Third Wave* (Nova York, Morrow, 1980), citado por George Ritzer, *The McDonaldization of Society*, cit.

[80] "*Prosumption*, mais do que focar nesta ou naquele, envolve tanto a produção como o consumo. Argumenta-se que as formas antecessoras do capitalismo (capitalismo do produtor e do consumidor) já eram também caracterizadas pelo *prosumption*. Dada a explosão recente do conteúdo usado e gerado *online*, podemos ver o *prosumption* cada vez mais como central. No capitalismo *prosumer*, o controle e a exploração assumem um caráter diferente do de outras formas do capitalismo: há uma tendência para o trabalho não pago, ao invés do trabalho pago, e para a oferta de produtos sem qualquer custo", George Ritzer e Jurgenson Nathan, "Production, Consumption, Prosumption: the Nature of Capitalism in the Age of the Digital 'Prosumer'", *Journal of Consumer Culture*, n. 10, v. 1, 2010, p. 13-4. Aqui em tradução livre.

[81] Karl Marx, *O capital*, Livro I, cit.

[82] Ibidem, p. 646.

consumo individual do trabalhador. Assim, essa definição nos termos da presente discussão recupera a definição marxiana ao mesmo tempo que é distinta dela, pois nesse ato do consumo haveria uma fusão entre consumo produtivo e consumo individual. Como em muitas das transformações do mundo do trabalho hoje, é difícil definir um termo que alcance o que está em jogo. Adoto, então, a do *consumo produtivo*, por me parecer suficientemente expressiva; entretanto, é preciso destacar que traz embutida uma fusão que não está colocada na definição marxiana.

A multidão de amadoras vendedoras disponíveis

Retorno aqui às vendedoras de cosméticos. O que caracteriza seu trabalho é a atividade dispersa e de imensas dimensões que ocorre na ausência de medidas ou de regulação. A *crowd* cosmética de um milhão de brasileiras é formada pela indistinção de seu perfil profissional e socioeconômico, atada por um controle pouco reconhecível; como já dito, qualquer pessoa pode se tornar uma consultora Natura, basta ter o CPF regularizado e ser maior de idade. Por meio desse acesso "democrático"[83], a empresa garante a permeabilidade da venda e da distribuição de seus produtos pelo país.

A relação de trabalho pode ser pensada pela mesma lógica que rege as atividades do usuário nos sites aqui apresentados. Em primeiro lugar, a referência ao *trabalho amador* cai como uma luva para o trabalho das mulheres revendedoras, resolvendo a persistente dificuldade em nomear o trabalho que realizam. Entretanto, tal definição se torna precisa apenas quando se pensa que a *aparente desimportância expressa na associação semântica entre trabalho e amador na realidade desvela a centralidade deste trabalho que perdeu suas formas publicamente estabelecidas*. Em segundo, para além da falta de formas, a definição explicita também a ausência de critérios de seleção. Na relação com o trabalho das revendedoras, esses critérios não se apresentam como relevantes para a empresa, uma vez que importa apenas o resultado: quanto é vendido todo mês. Na realidade, para a própria empresa a distinção entre trabalho e consumo não é bem definida, pois as encarregadas da distribuição dos produtos são também suas consumidoras assíduas – indistinção que também existe nas tarefas propostas nos sites.

Entretanto, é preciso cuidado ao ligarmos esse trabalho às atividades dos consumidores-trabalhadores da internet, pois nas revendas há uma remuneração garantida pela comissão sobre as vendas. Como vimos, tal remuneração pode não ser contabilizada como tal, revertendo-se em descontos para o consumo próprio; o que nos remete ao cálculo do custo-benefício do consumidor que se incumbe de tarefas que lhe possibilitam um consumo barateado (relação definida pela *autoprodução dirigida*[84]). Por essa perspectiva, voltamos à definição apresentada já no primeiro capítulo,

---

[83] Assim como em outra pesquisa analisei o discurso da cidadania que hoje se assenta na despolitização, sendo possível até mesmo pensarmos num mercado da cidadania, hoje também é possível se referir a essa democracia de mercado, na medida em que o termo "democrático" também pode aparecer esvaziado de qualquer sentido político: basta significar o acesso de muitos a qualquer coisa.

[84] Marie-Anne Dujarier, *Le travail du consommateur*, cit.

do consumo que "dá trabalho". A lógica que rege tal relação não seria, então, aplicada exclusivamente às revendedoras, e sim mais uma das formas que o consumidor hoje encontra para facilitar/baratear seu acesso ao consumo, mesmo que isso lhe demande desempenhar um trabalho que não necessariamente é reconhecido nem remunerado como tal.

A condição necessária para o trabalho das revendedoras na atualidade é a própria existência da multidão produtiva, ou seja, a generalização da disponibilidade ao *trabalho amador*: na constituição desse contingente de trabalhadoras amadoras, combinam-se ausência de seletividade e oferta de mão de obra disponível. "Disponível", aqui, assume um sentido duplo. Primeiramente, em face das adversidades do mercado de trabalho, trabalhadoras são revendedoras ativas ou em potencial como meio de complementação de renda ou de redução de custos com o consumo. O segundo sentido se relaciona com o primeiro, mas torna a questão mais complexa: a disponibilidade expressaria a crescente ausência de resistências do trabalhador contra a exploração de seu trabalho, ausência que hoje se combina com as adesões às práticas empreendedoras. De forma que tanto as revendas como as tarefas-trabalho do consumidor indicam a adesão a diferentes atividades que são trabalho sem forma-trabalho.

A multidão hoje é extremamente ativa e polivalente. Recuperando a pesquisa empírica anterior a esta que desenvolvi, era central a definição de "viração", termo recorrentemente utilizado por Telles[85] para definir o "fazer de tudo um pouco" que compõe a vida de muitos nas periferias; aqui, essa "flexibilidade" não tem classe social bem definida. O trabalho fora do trabalho hoje tem inúmeras formas e demandas; o importante é reconhecer que os indivíduos estão ativamente disponíveis e adaptáveis a elas.

Por um lado o desemprego e suas ameaças; por outro, algumas perdas de sentido do trabalho. Braverman[86] pensa a degradação do trabalho como algo intrínseco ao modo de produção capitalista, no sentido de que a qualificação do trabalhador é sempre um desenvolvimento de perícias voltado para as demandas da acumulação; há, portanto, um sentido profundo da alienação do trabalho na análise do autor. Pensando, então, por esse ângulo da degradação do trabalho nas suas formas contemporâneas, a esfera do consumo pode, hoje, aparecer como um "livre" espaço de exercício da criatividade (as aspas devem-se tanto às coerções, como vimos nos exemplos de Dujarier, quanto ao fato de que há uma apropriação privada do trabalho do consumidor), propagando pretensas liberdade e autonomia (novamente, poderíamos defini-las como "de mercado"?) as quais possibilitariam uma relação outra com o que é produzido.

Assim sendo, as pressões e ameaças na esfera do trabalho estariam também organizando o mundo do consumo e, mais que isso, de um consumo produtivo. É preciso aprofundar essa possível relação entre ameaça do desemprego e perda de sentidos do trabalho. A ameaça de descartabilidade e a degradação do trabalho (pensada nos termos de Braverman), em consonância, parecem engendrar um novo campo para o exercício

---

[85] Vera da Silva Telles (org.), "Mutações do trabalho e experiência urbana", cit.
[86] Harry Braverman, *Trabalho e capital monopolista*, cit.

de um trabalho que pode ser criativo ou não, e orientado não tanto pela remuneração, mas muito mais pelo reconhecimento, o qual perde o lastro da forma-trabalho.

Tratei até aqui, portanto, de racionalidades que permeiam e organizam o mundo do trabalho. O deslocamento da indústria para o setor de serviços foi pensado em termos do deslocamento da classe operária, bastante reconhecível pela racionalização taylorista que pauta parte significativa do trabalho nesse setor. Tal racionalização, entretanto, se combina com novas formas de envolvimento subjetivo do trabalhador. Combina-se também com contratos de trabalho precarizados, que se desdobram na condição do *temporário permanente*. Na medida em que nos possibilita pensar numa generalização por diversos segmentos do mercado de trabalho, a condição sem lastro bem definido do trabalho – tanto em termos de direitos como da construção de uma identidade profissional – dá parâmetros para tratar da ausência desse lastro no trabalho das revendedoras. Essa falta foi também relacionada à esfera do consumo, nas atividades que hoje se efetivam como transferência de tarefas para o consumidor, ou como um trabalho sem forma-trabalho que aparece como consumo. Desse modo, delimitou-se a figura do *trabalhador amador*, a qual torna mais reconhecível e compreensível o trabalho sem forma-trabalho, que se imbrica no consumo, que envolve tempo e dinheiro, mas que não garante uma identidade profissional das revendedoras. Entretanto, a ausência de identidade profissional já não necessariamente significa ausência de reconhecimento. Tanto nas atividades apresentadas dos usuários de internet como no trabalho das revendedoras parece se constituir uma identidade que não pode ser definida em termos profissionais, mas que está vinculada ao trabalho.

O medo e a banalização da exploração

O caráter flexível

Um dos argumentos que permearam a análise é que o crescimento do número de pessoas que trabalham com o Sistema de Vendas Diretas no mundo está relacionado com as ameaças de desemprego e a precarização do trabalho, que se generalizam pelo mercado. No entanto, se a precarização for pensada não só como intensificação e extensão da exploração, mas como sua banalização, a questão assume outra dimensão.

Em *A corrosão do caráter*, Richard Sennett[87] reflete sobre a flexibilização pela transformação dos significados do trabalho, transformação constituída pela instabilidade e incerteza do emprego, difícil de identificar e de reconhecer. Se antes havia uma linearidade que dava uma direção e um sentido à vida do trabalhador, agora há um "presenteísmo"[88] nas perspectivas que se desfazem pelas instabilidades do presente. A formação da identidade, que, para o autor, será pensada em termos do caráter,

---

[87] Richard Sennett, *A corrosão do caráter: consequências pessoais do trabalho no novo capitalismo* (Rio de Janeiro, Record, 2003).

[88] Idem.

transforma-se quando a trajetória do indivíduo é constituída de forma fragmentada, no estar "à deriva no tempo, de lugar em lugar, de emprego em emprego. [...] Estar continuamente exposto ao risco pode, assim, corroer nosso senso de caráter. Não há narrativa que supere a regressão à média, estamos sempre 'começando de novo'"[89]. Ou, ainda, "no presente flexível e fragmentado, talvez pareça possível criar narrativas apenas sobre o que foi, e não mais narrativas previsivas sobre o que será"[90].

A impossibilidade de planejar o futuro, as necessidades imediatas de se adequar às demandas do mercado, mencionadas por Sennett, referem-se em certa medida à *instalação no provisório*[91] em face das impossibilidades da integração pelo trabalho. São abordagens que nos remetem à condição do *temporário permanente,* dos jovens envolvidos em trabalhos temporários e de baixa ou média remuneração, que já não vislumbram um futuro profissional bem definido. Perspectivas que trazem à tona o medo de estar fora do jogo, quando o desemprego se torna uma variável na vida de qualquer trabalhador.

O caráter corroído de que fala Sennett talvez se traduza na falta de resistência e, mais que isso, na adesão às relações de trabalho que não são mediadas por direitos ou garantias, além de transferirem riscos para o trabalhador. No segundo capítulo parti da discussão sobre a informalidade para considerar como seu oposto, o trabalho formal, perde progressivamente sua força explicativa, o que significa que as regulações que davam alguma medida à exploração do trabalho já não são discerníveis; pensando com Senett, passamos para "novos controles, em vez de simplesmente abolir as regras do passado – mas também esses novos controles são difíceis de entender"[92].

Na indiscernibilidade que constitui muitas das relações de trabalho – já não se sabe bem quem trabalha para quem, qual o tempo de trabalho e de não trabalho e, mais ainda, por quanto tempo a ocupação estará garantida – as vendas diretas, por exemplo, parecem constituir algum tipo de garantia num mar de incertezas. No trabalho amador das consultoras não há demissão em jogo; há apenas um boleto a ser pago caso se faça algum pedido. A garantia de renda é pequena e incerta, mas a garantia de poder estar ativa é praticamente permanente.

Sennett pensa a flexibilidade como o comprometimento da própria identidade e dos laços entre as pessoas. "Como se podem buscar objetivos de longo prazo numa sociedade de curto prazo? Como se podem manter relações sociais duráveis? Como pode um ser humano desenvolver uma narrativa de identidade e história de vida numa sociedade composta de episódios e fragmentos?"[93]. O autor fez essa reflexão em finais dos anos 1990, no auge dos movimentos antiglobalização, e concluiu o livro com a (ainda) aposta:

---

[89] Ibidem, p. 98.
[90] Ibidem, p. 161.
[91] Robert Castel, *As metamorfoses da questão social*, cit., p. 528.
[92] Richard Sennett, *A corrosão do caráter*, cit., p. 10.
[93] Ibidem, p. 27.

[...] Tive uma epifania em Davos, ouvindo os governantes do reino flexível. Também para eles, "nós" é um pronome perigoso. Eles habitam confortavelmente a desordem econômica, mas temem o confronto organizado. [...] Sabem que a grande maioria dos que mourejam no regime flexível é deixada para trás, e claro que lamentam isso. Mas a flexibilidade que festejam não dá, não pode dar, qualquer orientação para a conduta de uma vida comum. [...] Pareceu-me, portanto, quando entrava e saía das salas de conferência, passava pelo emaranhado de limusines e policiais nas ruas da aldeia montanhesa, que esse regime poderia pelo menos perder o atual domínio que exerce sobre as imaginações e sentimentos dos que estão embaixo. Aprendi com o amargo passado radical de minha família; se ocorre mudança, ela se dá no chão, entre pessoas que falam por necessidade interior, mais do que por levantes de massa. Que programas políticos resultam dessas necessidades interiores, eu simplesmente não sei. Mas sei que *um regime que não oferece aos seres humanos motivos para ligarem uns para os outros não pode preservar a legitimidade por muito tempo.*[94]

Se seguirmos os passos de Cristophe Dejours[95], essa aposta se torna bem mais sombria. É justamente na indiferença, originada na máquina de guerra "sem armas" que se tornou o âmbito do trabalho, que se mantém e legitima hoje um regime em que a desigualdade e a injustiça social estão explícitas.

Banalização da injustiça e exploração do trabalho

Escrito no mesmo ano do livro de Sennett[96], *Banalização da injustiça social* traça uma relação fundamental entre o trabalho e a manutenção da exploração e da desigualdade social. A máquina de guerra: essa é a imagem utilizada por Dejours para tratar, numa escala ampla, dos deslocamentos da questão social pós-anos 1970, deslocamentos que também têm consequências no âmbito das relações de trabalho, expressos nas reestruturações dentro das empresas: "Essa guerra travada sem recurso às armas (pelo menos na Europa) implica no entanto sacrifícios individuais consentidos pelas pessoas e sacrifícios coletivos decididos em altas instâncias, em nome da razão econômica"[97]. Pesquisando o cotidiano de trabalhadores em empresas francesas por mais de duas décadas, o autor pôde acompanhar as transformações nas relações de trabalho e suas consequências no envolvimento subjetivo do trabalhador – perspectiva que une as pontas da análise aqui desenvolvida. Políticas neoliberais, pressões da valorização financeira e reorganização do trabalho são agora compreendidas na sua relação com a subjetividade do trabalhador. A participação e o consentimento são pilares da sua abordagem:

> [...] não se trata de procurar compreender a lógica econômica, mas, ao contrário, de pôr de lado essa questão, para concentrar o esforço de análise nas condutas humanas que produzem

---

[94] Ibidem, p. 176. Grifo meu.
[95] Cristophe Dejours, *A banalização da injustiça social*, cit.
[96] Richard Sennett, *A corrosão do caráter*, cit.
[97] Cristophe Dejours, *A banalização da injustiça social*, cit., p. 13-4.

essa máquina de guerra, bem como nas que levam a consentir nela e mesmo submeter-se a ela. A maquinaria da guerra econômica não é, porém, um *deus ex machina*. Funciona porque homens e mulheres consentem em dela participar maciçamente.[98]

As *motivações subjetivas do consentimento*[99] estão em questão. Há, portanto, um deslocamento da discussão. Para os que defendem a perda de centralidade do trabalho, o autor apresenta um argumento sombrio, mas esclarecedor: nas relações de trabalho se estabelecem condições subjetivas do consentimento. A indiferença como estratégia de sobrevivência psíquica está na base da ausência de resistência em face das injustiças sociais explícitas da atualidade. O medo, então constitutivo das relações de trabalho, está na raiz do consentimento em se tornar parte da engrenagem da *máquina de guerra*[100] que se tornou o social. O desemprego e o trabalho flexibilizado teriam, assim, consequências que ultrapassam o próprio mundo do trabalho:

> Nossa hipótese consiste em que, desde 1980, não foi somente a taxa de desemprego que mudou, e sim *toda a sociedade que se transformou qualitativamente,* a ponto de não mais ter as mesmas reações que antes. Para sermos mais precisos, vemos nisso essencialmente uma evolução das reações sociais ao sofrimento, à adversidade e à injustiça.[101]

A discussão do autor se baseia no contexto francês. Cruzam-se, então, as crescentes impossibilidades do Estado de bem-estar – que se desdobram num deslocamento das medidas publicamente constituídas da justiça social – com novas formas de organização do trabalho que demandam novos tipos de envolvimento subjetivo do trabalhador. No próximo capítulo trato mais de perto do toyotismo como expressão dessa reestruturação; mas, de saída, a reestruturação produtiva pôde delegar parte da gestão do trabalho aos próprios trabalhadores, que se dispõem a desempenhar esse papel do melhor modo que puderem, visto que resistência ou incompetência podem significar ser descartados. A tensão entre exploração/resistência se obscurece: todos devem investir no bem da empresa (para seu próprio bem). Metas de produtividade pautadas pelo trabalho em equipes e controles de qualidade que incorporam os conhecimentos dos trabalhadores são alguns exemplos dessas novas formas de organização da produção.

Nesse sentido, a própria fábrica da Natura serve de exemplo. Em sua organização pelo sistema TPM, orientada pela *qualidade total,* os trabalhadores estão divididos em equipes que têm como meta constante o aumento da produtividade. Essa organização não se restringe ao chão de fábrica: envolve os Recursos Humanos, a gestão da marca, passa por todos os setores. Isso significa que existe uma competitividade permanente entre equipes, ao mesmo tempo que está posta a ideia de que o funcionamento e o sucesso da fábrica inteira dependem da ação coletivamente orientada de

---

[98] Ibidem, p. 16-7.
[99] Idem.
[100] Idem.
[101] Ibidem, p. 23. Grifos do autor.

cada trabalhador. Nesse caso, alguns setores são também responsáveis por gerenciar o exército de trabalhadoras informais que estão fora da fábrica.

O sofrimento no trabalho passa para o centro da análise de Dejours. Altas taxas de desemprego do lado de fora; do lado de dentro o medo da demissão que permeia as relações de trabalho na atualidade. A aceitação do sofrimento está relacionada à tolerância da injustiça, que extrapola o âmbito do trabalho. Mais do que tolerância, leva a uma participação ativa do trabalhador nas relações que infligem sofrimento a outrem e a si mesmo.

> Por trás das vitrinas, há o sofrimento dos que temem não satisfazer, não estar à altura das imposições da organização do trabalho; imposições de horário, de ritmo de formação, de informação, de aprendizagem, de nível de instrução e de diploma, de experiência, de rapidez de aquisição de conhecimentos teóricos e práticos (Dessors & Torrente, 1996) e de adaptação à "cultura" ou à ideologia da empresa, às exigências do mercado, às relações com os clientes, os particulares ou o público etc.[102]

A diluição das medidas públicas de igualdade e justiça social, o progressivo desaparecimento dos horizontes de transformação política, bem expressos no TINA de Thatcher, aqui são pensados nos termos da adesão e do consentimento, perspectiva que, ao mesmo tempo que aborda a naturalização da injustiça e a centralidade dos imperativos econômicos, também considera seus desdobramentos no mundo do trabalho e na participação dos trabalhadores:

> As pessoas que dissociam sua percepção do sofrimento alheio do sentimento de indignação causado pelo reconhecimento de uma injustiça adotam frequentemente uma postura de *resignação*. Resignação diante de "um fenômeno": a crise do emprego, considerada uma fatalidade, comparável a uma epidemia, à peste, ao cólera e até à aids. Segundo essa concepção, não haveria injustiça, mas apenas uma fenômeno sistêmico, econômico, sobre o qual não se poderia exercer nenhuma influência. [...] A *adesão à causa economicista*, que separa a adversidade da injustiça, não resultaria, como se costuma crer, da mera resignação ou da constatação de impotência diante de um processo que nos transcende, mas funcionaria também como uma *defesa* contra a consciência dolorosa da própria cumplicidade, da própria colaboração e da própria responsabilidade no agravamento da adversidade social.[103]

Em questão, portanto, a tolerância à injustiça social. Em seu cerne duas desassociações graves: entre sofrimento e injustiça, e entre participação e responsabilidade. A defesa de que fala o autor seriam *estratégias defensivas* que permitam manter a sanidade no competitivo e perverso ambiente de trabalho, que justifiquem as ações individuais como um mal necessário, uma racionalização que torne aceitáveis as injustiças cometidas do âmbito do trabalho à sociedade como um todo. Uma defesa que se realiza numa espécie de "cegueira, surdez e silêncio", como diz o autor: "nossa pesquisa mostra que todos, dos operadores aos gerentes, se defendem da mesma

---

[102] Ibidem, p. 28.
[103] Ibidem, p. 20-1. Grifos do autor.

maneira: *negando o sofrimento alheio e calando o seu*"[104]. O consentimento envolve participação, ou seja, além de negar o sofrimento próprio, é preciso participar da promoção do sofrimento alheio. Dejours define o "trabalho sujo": "a participação *consciente* do sujeito em atos injustos é resultado de uma atitude calculista. Para manter seu lugar, conservar seu cargo, sua posição, seu salário, suas vantagens e não comprometer seu futuro e até sua carreira, ele precisa aceitar 'colaborar'"[105].

A centralidade do sofrimento na análise de Dejours parte das transformações sociopolíticas que ultrapassam o mundo do trabalho nas últimas décadas. Pensando historicamente, podemos nos referir às inflexões que definem o papel do Estado em tempos neoliberais, do Estado Providência para a xenofobia de Estado, da integração pelo trabalho à gestão do desemprego e criminalização da pobreza[106]. No entanto, são referências que fazem sentido para a realidade dos países do Primeiro Mundo. Como tratar a questão do sofrimento no trabalho na sociedade brasileira? Para além da injustiça social e da desigualdade que residem no cerne da história do país, como bem sabemos, variações para cima ou para baixo – metade dos trabalhadores brasileiros está e esteve na informalidade. Coloca-se, então, o desafio de reconhecer os elementos levantados por Dejours com relação ao trabalho informal. O campo de pesquisa do autor se refere a relações bem estruturadas e reconhecíveis nas empresas francesas. Associar sua análise com relações de trabalho que nunca passaram por qualquer tipo de contrato ou regulação, que não têm local ou tempo de trabalho definidos, que aparecem como o "estar por conta própria" traria elementos extremamente interessantes para o debate, possibilitando pensar nos atuais elos entre injustiça social, exploração do trabalho e participação dos trabalhadores no contexto brasileiro. A análise aqui é toda permeada pela hipótese de que tanto nas relações de trabalho formais como informais no Brasil há mudanças em curso que aprofundam a banalização do sofrimento no trabalho e se desdobram em novas estratégias defensivas e no consentimento dos trabalhadores com relação aos aprofundamentos da exploração[107].

Como vimos a respeito do Sistema de Vendas Diretas, há uma atualização da precariedade e de novas formas de exploração do trabalho que estão imbricadas com outras, antigas e fundantes, do mercado de trabalho. A afirmação de que o SVD se atualizou implica em que há um novo tipo de adesão a este trabalho. A noção de

---

[104] Ibidem, p. 51. Grifos do autor.

[105] Ibidem, p. 75. Grifos do autor.

[106] Ideia desenvolvida por Loïc Wacquant em *Os condenados da cidade*, cit., e *As prisões da miséria*, cit.

[107] Em um desses programas televisivos sobre profissionais de sucesso, um gerente brasileiro de uma empresa multinacional da produção de plástico conta como chegou ao cargo que hoje ocupa. Uma das estratégias que utilizou para adquirir desenvoltura e saber lidar com as adversidades do seu ambiente de trabalho era, na saída do trabalho, ir ao cemitério da Consolação para adentrar os velórios e conversar com pessoas desconhecidas. Diz que foi uma técnica bem-sucedida: aprendeu como acercar-se das pessoas em momentos difíceis, a medir quanto podia se aproximar, a lidar com situações constrangedoras. Lidar instrumentalmente com o auge do sofrimento alheio se tornou, para ele, uma estratégia transposta para suas relações de trabalho. Contou isso com naturalidade; a entrevistadora reagiu com naturalidade e elogiou sua criatividade.

injustiça como pensada por Dejours delineia um caminho para problematizarmos a indiferença e a plena adesão às formas contemporâneas de exploração do trabalho: o que o autor trata pela banalização da injustiça social pode também ser compreendido como a própria banalização da exploração do trabalho. Ao considerar as consultoras Natura, essa é a questão central: riscos do trabalho estão explícitos, ainda que a forma-trabalho não necessariamente seja reconhecida; a empresa não tem qualquer tipo de responsabilidade sobre seu exército de distribuidoras; a dimensão extraordinária desse exército de trabalhadoras informais não é associada à imagem da empresa. As condições precárias das consultoras estão explícitas e banalizadas, algo que se expressa tanto na "força da marca" como no fato de que as mesmas consultoras que lidam com calotes e baixa remuneração permanecem não só vendendo como também consumindo os produtos.

Na fala de Lorena, a consultora de sessenta anos, transparece o sofrimento de quem já não tem os atributos nem o capital necessário para se manter na competição. A concorrência entre as revendedoras não tem formas definidas, mas está no cotidiano de todas elas, são dificuldades vivenciadas como inevitáveis. Para a empresa, o incentivo ao aumento do número de vendedores se reverte no discurso do sucesso, ocorre como se ela não tivesse qualquer tipo de responsabilidade com essas trabalhadoras; para as consultoras, fica a individualização da dificuldade: cada uma encontrará estratégias pessoais para se manter, seja nos descontos – abrindo mão de parte de seu ganho pelo trabalho –, seja no investimento em elementos que aumentem as chances de venda. A empresa desenvolve constantemente estratégias para aumentar o número de consultoras e mantê-las ativas (inclusive incentivando-as a recrutarem outras), e transfere adversidades vindas da concorrência para as vendedoras; estas lidam com os riscos a fim de permanecerem na atividade, uma manutenção que possibilita que o processo se retroalimente; ao assumirem e administrarem as consequências da concorrência, propiciam que o número de vendedoras continue a crescer. Mas, no contexto da competitividade que hoje pauta o mundo do trabalho, as consequências da concorrência desenfreada não são questionadas; naturalizam-se, e essa acessibilidade até mesmo assume a aparência do movimento inverso e "democrático": há lugar para todos.

Pensando no estudo de caso aqui realizado, a imagem da empresa está totalmente desatrelada das suas relações de trabalho. Aqui vimos, por um lado, a "força" da marca e, por outro, a transferência de riscos para as consultoras, coisas que não aparecem relacionadas. Enfim, a mesma empresa que realiza toda sua distribuição por meio do trabalho informal de centenas de milhares de pessoas é publicamente reconhecida como um exemplo de empresa socialmente responsável. A exploração do trabalho não está publicamente em questão, mas essa ausência permeia a história brasileira; o que parece novo é a ameaça da escassez do trabalho, que agrava a banalidade da exploração. A empresa em questão hoje é um símbolo da "responsabilidade social" por propiciar uma possibilidade de geração de renda independentemente das adversidades que vêm com ela; em meio às dificuldades do mercado de trabalho, oferta a possibilidade de geração de renda que passa por quase nenhum critério de seleção ou exclusão.

O risco e o consumo

As ameaças da descartabilidade social e seus desdobramentos podem também ser reconhecidos pela esfera do consumo. Em 2009 a revista *The Economist* veiculou a seguinte propaganda: um homem, em trajes de "escritório", andando pelas ruas da China, começa a se equilibrar sobre um fio vermelho a alguns centímetros do chão. O fio vai ficando mais alto, o homem continua se equilibrando, e nos damos conta de que está caminhando por uma trama de fios que se cruzam; pulando de um para outro, ele passa por diversas cidades de diferentes países. A cada cidade os fios ficam mais altos; cabe ao equilibrista pular de um para outro e continuar se equilibrando. Sua fisionomia não expressa medo nem contentamento, apenas a seriedade em manter-se equilibrado. No final, o homem caminha na altura do topo de espigões envidraçados. Aparece, então, a mensagem "*Let your mind wander*" e "*The Economist*".

"Deixar a mente divagar" soa aqui de modo muito mais ameaçador do que sonhador: a altura dos fios e aquele homem sem proteção alguma andando por eles, o fato de não chegar a nenhum lugar definido, o foco em não cair da corda bamba. Num mundo interconectado, fica o risco inevitável e sem horizonte definido? Parece ser essa a mensagem; é melhor então estar bem preparado para a corda bamba (lendo *The Economist*, no caso).

Diversas propagandas atualmente assumem tom ameaçador em mensagens costuradas pelo risco. A própria Natura recentemente mudou o tom em um de seus comerciais. Saiu do registro da "mulher bonita de verdade" para a mensagem de que o "rosto é uma história", ao som dos acordes dissonantes vem o inquisitivo "qual história você quer para você" – o produto era o creme antissinais de uma das linhas mais vendidas da empresa.

Em minha pesquisa anterior, analisei a formação de um *mercado da cidadania*, abordando a gestão do social pela lógica de mercado. Entidades e financiamentos privados se tornam elementos centrais das ações voltadas para a "inclusão social"[108]. A discussão em torno do consumo produtivo aprofunda essa perspectiva. Pensando na marca Natura, referi-me à associação da marca com a mensagem de um consumo "cidadão" (neste caso específico, também com o trabalho "cidadão").

Hoje o consumidor não é só *coprodutor*[109] ao assumir tarefas que lhe são transferidas das relações de trabalho, mas também é chamado a ser um consumidor corresponsável pelo futuro do meio ambiente e, mais que isso, pela sobrevivência do planeta. Quanto às ameaças ambientais, a iminência catastrófica é anunciada cotidianamente nos índices de aquecimento global, e, nas notícias sobre desastres naturais, demanda-se o "consumo verde"[110]. Quanto aos desastres sociais – como se os dois,

---

[108] Ludmila C. Abílio, *Dos traços da desigualdade ao desenho da gestão*, cit.

[109] Cristophe Dejours, *A banalização da injustiça social*, cit.

[110] A pesquisa sobre o consumo "verde" que está sendo realizada por Isleide Fontenelle e a discussão sobre essa pesquisa num dos seminários organizados pelo prof. Paulo Arantes apontaram-me um caminho para a reflexão sobre a associação entre sofrimento no trabalho e insegurança no consumo.

de fato, pudessem ser pensados separadamente[111] –, está configurado o *mercado da cidadania*; o consumidor pode agora participar dos financiamentos voltados para a administração da pobreza, ou *planejamento da exceção*[112]. Os braços da responsabilidade social das empresas se encarregam de organizar o consumo cidadão. A cidadania é flexível, seu público-alvo é variado. A doação de dinheiro que é atrelada à compra de determinados produtos tornou-se lugar comum. A Natura tem sua linha de produtos Crer para Ver: xícaras, cadernos e outros objetos têm a venda revertida para os programas sociais desenvolvidos pela empresa; venda que conta com o trabalho voluntário das consultoras.

O consumidor está cada vez mais engajado no papel de consumidor. Recicla o lixo, usa sacolas de tecido ao invés das descartáveis de plástico, compra o Big Mac para ajudar as crianças com câncer, doa dinheiro para projetos sociais, envia dinheiro e alimentos para os desabrigados por chuvas, auxilia programas sociais, entre outros incontáveis exemplos. Campanhas publicitárias demandam a colaboração do consumidor, e ele se mostra disposto a colaborar.

Nessa constituição de uma cidadania indefinível, localizamos por outro ângulo a perda de medidas e parâmetros publicamente constituídos, que também se efetiva pelo consumo. E assim, limpar a mesa e jogar o lixo no McDonald's pode significar respeito pelo meio ambiente ou responsabilidade social; comprar canecas da Natura também, na medida em que a consumidora se torna uma financiadora de projetos sociais.

Fiz referência à perda de forças do trabalho[113] das últimas décadas, analisando como isso se traduz na despolitização em torno da exploração. Na esfera do consumo, enxergamos a despolitização por outra perspectiva. As catástrofes ambientais ou sociais aparecem como ameaças plenamente difundidas[114], mas os processos que as produzem são vistos como já não alcançáveis ou passíveis de transformação. Relembrando a citação de Dejours com relação ao mundo do trabalho, trata-se de "fenômenos sistêmicos"[115]. O consumo cidadão não deixa de ser também uma forma de banalização da injustiça social: o sofrimento naturaliza-se, resta ao consumidor a "colaboração"[116].

Assim, o medo e a ameaça operam também como elementos centrais da publicidade e do consumo. É claro que não se pode simplificar e planificar os diversos movimentos políticos que hoje se formam em torno do consumo responsável, até porque muitos deles se referem menos ao consumidor e mais às empresas; entretanto, o que parece mobilizar o consumidor cidadão hoje é a insegurança diante de um mundo que se apresenta na iminência da desordem[117].

---

[111] Naomi Klein, *A doutrina do choque*, cit.

[112] Francisco de Oliveira, "O Estado e a exceção: ou o Estado de exceção?", cit.

[113] Beverly Silver, *Forças do trabalho*, cit.

[114] Naomi Klein, *A doutrina do choque*, cit.

[115] Cristophe Dejours, *A banalização da injustiça social*, cit., p. 20.

[116] Idem.

[117] Essa perspectiva é desenvolvida por George Ritzer em *The McDonaldization of Society*, cit., e por Isleide Fontenelle em *O nome da marca*, cit., ao tratarem da experiência do consumidor do *fast food*.

O medo da descartabilidade na esfera do trabalho se alia à insegurança que alavanca o mundo do consumo; em certa medida, trata-se da mesma coisa. É possível compreender a negação do sofrimento e, então, a banalização da injustiça como partes de estratégias de sobrevivência e permanência no mundo do trabalho; assim, parece-me que a mesma racionalidade permeia a esfera do consumo.

O sofrimento e a insegurança no trabalho operados no consumo também casam com a perda de formas e sentidos do trabalho. Na *crowd* produtiva, e mais especificamente na *crowd* dos cosméticos, vemos uma multidão plenamente mobilizada; o que importa é estar ativo[118].

O trabalho sem formas que tem lugar na esfera do consumo é, então, compreendido como um passaporte para entrada e permanência nessa rede de fronteiras tênues e em constante deslocamento (lembrando os fios vermelhos da propaganda) do mundo do trabalho e, consequentemente, da própria constituição do social. Cabe agora pensar nas indistinções entre consumo e trabalho em sua dimensão produtiva.

---

[118] Em minha pesquisa anterior fiz a análise do "léxico da cidadania", que exprime a lógica de mercado em torno do discurso da inclusão social. Aqui, cidadania e trabalho se encontram, a "proatividade" e o "empoderamento" que envolvem a cidadania de mercado são também termos dos Recursos Humanos das grandes empresas. Pressupõem a plena atividade sem horizontes muito bem definidos que hoje se direciona tanto à esfera do trabalho como à da gestão da pobreza. Paulo Arantes, em "Entrevista com Paulo Arantes", cit., analisa o léxico das ONGs, afirmando que "*management* e direitos de última geração correm um para os braços do outro [...] nem sempre é fácil perceber onde termina a utopia republicana e principia um empreendimento tocado à imagem e semelhança do mundo dos negócios".

5

SUBSUNÇÃO CONTEMPORÂNEA DO TRABALHO E ACUMULAÇÃO

> *Uma cadeira de quatro pernas, forrada de veludo, representa, em certas circunstâncias, um trono, mas nem por isso, essa cadeira – objeto que serve para sentar – é um trono por natureza de seu valor de uso.*[1]

Neste capítulo, parto do consumo produtivo e dos novos graus de envolvimento subjetivo do trabalhador, relacionando-os com as novas formas de subsunção do trabalho e tratando também das indistinções contemporâneas entre tempo de trabalho e de não trabalho. A centralidade do trabalho é, então, mais longamente discutida por uma perspectiva marxista. Atenho-me a um debate com as definições do *imaterial* (especialmente Gorz[2]), aprofundando-me na teoria do valor. Ficam, assim, percorridos os caminhos analíticos que finalmente possibilitam tratar especificamente da relação entre o trabalho das revendedoras e a acumulação e o trabalho informal, numa perspectiva mais ampla.

A centralidade do trabalho

Todo tempo é potencial tempo de trabalho

A hipótese de que esteja em ato um trabalho sem forma-trabalho, que se constitui pela imbricação do trabalho no consumo e se soma à plena atividade demandada no mundo do trabalho, possibilita uma mudança de ângulo teórico. Descartabili-

---

[1] Karl Marx, "Capítulo sexto inédito de *O capital*", cit., p. 28.
[2] André Gorz, *O imaterial*, cit.

dade social, trabalho imaterial e redução do trabalho vivo na produção são, então, considerados de forma invertida: pela perspectiva da constituição da multidão de trabalhadores produtivos que, entretanto, não aparecem como tais.

Teorias, ainda que com horizontes e caminhos diversos, desdobram-se numa problemática em comum. A subsunção espiritual[3], o biocapitalismo[4], o toyotismo, no contexto das análises de Paulani[5] e Bernardo[6], a *renda do conhecimento*[7] captam a transformação em curso e, ainda que em sentidos diversos, propiciam caminhos fundamentais para a reflexão sobre a subsunção contemporânea do trabalho. Há algo novo na exploração: o envolvimento do trabalhador com o trabalho parece ter cada vez menos limites. Esse envolvimento está no cerne da análise deste capítulo, sendo relacionado com a produtividade do trabalho na sua constituição contemporânea.

No final do capítulo anterior relacionei a descartabilidade social com a banalização da exploração do trabalho na atualidade; fiz um segundo movimento, de pensá-la também em relação ao consumo. Mais do que buscar pelos aspectos subjetivos envolvidos nestas relações, o interesse foi levantar caminhos para pensar na descartabilidade por seu avesso: como elemento importante da constituição de uma produtividade sem formas bem definidas e em expansão. Assim, essa inversão teórica é tratada por duas vias. A primeira é a do trabalho que, apesar da ausência de forma-trabalho, se realiza como via consumo. A segunda aborda a relativização do desemprego e a perda de regulações públicas do trabalho: estar desempregado pode estar longe de significar não estar trabalhando, o que se soma à disponibilidade ao trabalho para além do trabalho para os que têm ocupação definida. Trata-se, portanto, de evidenciar uma *plena atividade* que contraria a perda de centralidade do trabalho: o que está em jogo são constituições contemporâneas da exploração do trabalho que a mantém no âmago da valorização real e que estão conectadas às demandas da valorização fictícia. O trabalho das revendedoras forneceu um percurso empírico para reconhecer esta plena atividade por meio de um trabalho que se combina com o desemprego, com o trabalho formal e informal, com o trabalho doméstico, além de imbricar-se no consumo.

Marazzi, em *The Violence of Financial Capital*[8], dá como certa a geração de mais-valor que se realiza pelo trabalho no consumo e pela precarização. A multidão produtiva seria então parte da constituição de *"novos processos de valorização"*. Analisando as relações de trabalho pela perspectiva da financeirização da acumulação, o autor

---

[3] Termos utilizados por Rodnei A. Nascimento em *Formas de subsunção do trabalho no capital*, cit.

[4] Expressão abordada por Christian Marazzi em *The Violence of Financial Capital*, cit.

[5] Leda Paulani, "O papel da força viva de trabalho no processo capitalista de produção: uma análise dos dilemas contemporâneos", *Estudos Econômicos*, v. 4, n. 31, 2001, p. 695-721.

[6] João Bernardo, *Democracia totalitária*, cit.

[7] Definição elaborada por Rodrigo Teixeira em *Dependência, desenvolvimento e dominância financeira*, cit.

[8] Christian Marazzi, *The Violence of Financial Capital*, cit.

problematiza as violências e formas da exploração muito reais que estão imbricadas na dominância da valorização fictícia:

> A primeira consequência importante dos novos processos de valorização do capital é a seguinte: a quantidade de mais-valor criada pelos novos aparatos de extração é *enorme*. Baseia-se na compressão do salário direto e indireto (aposentadoria, coesões da seguridade social, ganhos de poupanças individuais e coletivas), na redução do trabalho socialmente necessário com os sistemas em redes flexíveis das companhias (precarização, trabalho temporário) e com a criação de uma oferta mais vasta de trabalho gratuito (o "trabalho livre/gratuito" na esfera do consumo, da circulação, e da reprodução, com um trabalho cognitivo mais intensivo).[9]

O aumento da produtividade do trabalho e o desenvolvimento tecnológico estruturam argumentos da perda da centralidade do trabalho. "Fábricas sem trabalhadores ou mesmo empresas sem fábricas"[10] embasam o xeque-mate à lei do valor orientado pela relação, essencial à teoria marxiana, entre desenvolvimento tecnológico, aumento do capital constante e a tendencial redução do trabalho vivo na produção. Pela perspectiva de *O imaterial*[11], aos argumentos da perda de centralidade do trabalho soma-se o da perda de medidas do trabalho: emoções, criatividade, entre outros atributos imensuráveis do trabalhador, estariam no âmago da constituição atual do trabalho; o trabalho abstrato já não mais seria a substância da valorização, visto que tais atributos são irredutíveis à medida comum do trabalho, ou seja, ao dispêndio de energia no tempo[12].

A abordagem de Marazzi possibilita delinear mais claramente a inversão que me orienta: é possível afirmar o contrário das teses que apontam para uma acumulação que já não se realiza sobre tempo de trabalho não pago, e das que pensam na redução do trabalho vivo em relação ao desenvolvimento das forças produtivas: a exploração do trabalho está bem viva e central para a acumulação.

O tempo de trabalho passa para o centro da análise. Precarização do trabalho nas suas formas contemporâneas e consumo produtivo têm um elo em comum: a indiscernibilidade ou mesmo indistinção entre tempo de trabalho e tempo de não trabalho – indistinção que pode significar que *todo tempo se torna potencial tempo de trabalho*.

A progressiva eliminação das mediações públicas e materialmente definidas do mundo do trabalho é elemento central dessa indistinção. Essa eliminação foi aqui relacionada ao trabalho em domicílio; aos trabalhadores *just in time,* como definido por Oliveira, e também aos *temporários permanentes*; e ao exército informal de revendedoras. Ela também envolve trabalhadores de alta qualificação, como nos contratos atípicos de trabalho que tornam o trabalhador qualificado uma pessoa jurídica. Trata-se, portanto, da ausência ou perda de garantias de uma jornada definida e de

---

[9] Ibidem, p. 51. Grifos meus. Aqui em tradução livre.
[10] Paulo Arantes, "Entrevista com Paulo Arantes", cit., p. 9.
[11] André Gorz, *O imaterial*, cit.
[12] Idem; Rodnei A. Nascimento, *Formas de subsunção do trabalho no capital*, cit.

direitos do trabalho, além da transferência de custos para o trabalhador. Esses exemplos indicam que as fronteiras entre o que é e o que não é tempo de trabalho já não estão bem definidas, o que se traduz na extensão do tempo de trabalho.

Pela perspectiva do consumo produtivo, é possível aventar que o tempo do consumo esteja se realizando como tempo de trabalho. Se as tarefas transferidas para o consumidor se tornam parte da própria cadeia produtiva, se tarefas que aparecem como consumo constituem mais uma etapa da produção ou da circulação, o que está em ato é a captura de tempo de trabalho, que, no entanto, se constitui como tempo de trabalho não pago e não reconhecível.

Oliveira, em *O ornitorrinco*[13], define a *plenitude do trabalho abstrato*: a fusão entre a revolução molecular-digital e a permanência do trabalho informal e das formas sem medidas publicamente estabelecidas das relações de trabalho possibilita que todo tempo seja tempo de trabalho; como diz o autor, "desaparecem os tempos de não trabalho"[14]. É preciso convir que ele não desenvolve tal definição suficientemente para o leitor em busca de referenciais que deem conta do que está em jogo; mas a formulação é precisa e fundamental para seguirmos na ideia de um consumo produtivo e da centralidade do tempo de trabalho não pago para a acumulação. Alta produtividade do trabalho e perda de medidas regulatórias publicamente estabelecidas estariam na base da definição. "Avassalada pela Terceira Revolução Industrial, ou molecular-digital, em combinação com o movimento da mundialização do capital, a produtividade do trabalho dá um salto mortal em direção à plenitude do trabalho abstrato." A racionalização do trabalho mediada pelas tecnologias da informação possibilita a crescente equivalência entre tempo de trabalho total e tempo de trabalho produtivo, algo bem exemplificado no fluxo altamente controlado do trabalho do operador de telemarketing.

> Em sua dupla constituição, as formas concretas e a "essência" abstrata, o consumo das forças de trabalho vivas encontrava obstáculos, a porosidade entre o tempo de trabalho total e o tempo de trabalho da produção. Todo o crescimento da produtividade do trabalho é a luta do capital para encurtar a distância entre essas duas grandezas.

A plenitude do trabalho abstrato se constitui também na extensão e intensificação do trabalho, que se efetiva como trabalho não pago: "Teoricamente, trata-se de transformar todo o tempo de trabalho em trabalho não pago; parece coisa de feitiçaria, e é o fetiche em sua máxima expressão. Aqui se fundem mais-valia absoluta e relativa"[15].

Oliveira chega também ao "trabalho abstrato virtual": as "formas exóticas desse trabalho abstrato virtual estão ali onde o trabalho aparece como diversão, entretenimento, comunidade entre trabalhadores e consumidores: nos shopping centers"[16]. Parece-me que se trata de trabalho abstrato, que, porém, não tem a relativa forma social do trabalho, não aparece como trabalho concreto. "Sua forma, uma fantasma-

---

[13] Francisco de Oliveira, *Crítica à razão dualista/O ornitorrinco*, cit.

[14] Idem.

[15] Ibidem, p. 135.

[16] Ibidem, p. 137.

goria, um não lugar, um não tempo, que é igual a tempo total. Pense-se em alguém em sua casa, acessando sua conta bancária pelo seu computador, fazendo o trabalho que antes cabia a um bancário: de que trabalho se trata?"[17] Em *Passagem na neblina*[18], o autor esmiúça as condições materiais – e como aparecem – das transformações do trabalho, e seus desafios para a classe trabalhadora. Trata dos movimentos de *ampliação e privatização* do tempo de trabalho, começando pelos trabalhadores do "setor de serviços, que têm sua jornada de trabalho ampliada (movimento de ampliação da mais-valia absoluta)"[19]; vê também a ampliação da mais-valia relativa nas novas organizações do trabalho, mais especificamente no toyotismo (poderíamos igualmente considerar essa ampliação na taylorização dos serviços). A ampliação e privatização do tempo de trabalho também ficam expressas na definição do autor já citada anteriormente, dos "trabalhadores *just in time* ou *online*"[20] e, por fim, no trabalho que aparece como consumo. Este último nos remete à definição do consumo produtivo traçada no capítulo anterior:

> A mais radical ampliação do trabalho e de sua privatização, mas não do assalariamento, expressa-se na extensão do trabalho ao interior das residências, onde ele se apresenta como um consumo: estou me referindo à utilização dos *softs* com os quais, a partir do nosso computador pessoal, ou nas empresas, acessamos seja dados de pesquisa e intercâmbio de conhecimentos – a internet –, seja nossas contas bancárias, e operamos nossa conta corrente, nossas dívidas e nossas – de quem, cara pálida? – aplicações; fazemos compras nos supermercados, solicitamos ingressos para espetáculos, pedimos reserva de voos, com o *email* substituímos os serviços do correio – e a lista alonga-se diariamente. *Trata-se, a rigor, de uma substituição do trabalhador do banco e de outros serviços pelos clientes, aos quais nada é pago: ao contrário, pagamos por tais serviços. Isto não aparece, absolutamente, seja como trabalho, seja como emprego, seja como ocupação.*[21]

A *plenitude do trabalho abstrato* nomeia, portanto, um trabalho que perde formas concretas, mas que pode ser reduzido a trabalho abstrato e pensado em termos de tempo de trabalho não pago. De minha perspectiva, na esfera do trabalho essa plenitude se efetiva pela privatização do tempo de não trabalho – que se torna potencial tempo de trabalho –, bem como pela intensificação e pelo aumento da produtividade do trabalho (que serão esmiuçados na análise do envolvimento do trabalhador). Pela esfera do consumo, constitui-se como trabalho abstrato sem formas concretas, realiza-se como trabalho não pago e tem as formas do *trabalho amador* e da transferência de tarefas dos serviços para o consumidor.

Com relação ao consumo, há, portanto, um duplo movimento: constituir-se e aparecer como consumo; realizar-se também como trabalho não pago. Deve-se res-

---

[17] Ibidem, p. 138.
[18] Francisco de Oliveira, "Passagem na neblina", cit.
[19] Ibidem, p. 15.
[20] Ibidem, p. 16.
[21] Ibidem, p. 16-7. Grifos meus.

saltar que as indistinções entre *tempo de trabalho* e *de não trabalho*, e entre *tempo de trabalho* e *de consumo* tratam e não tratam da mesma coisa. A primeira ainda possibilita um reconhecimento da forma-trabalho, ao passo que a segunda não; entretanto, também é difícil pensá-las separadamente, visto que o tempo de não trabalho é também o tempo de consumo. Em relação ao trabalhador *online*[22] – aquele disponível ao trabalho *full-time* e plenamente acessível por meio das novas tecnologias da comunicação –, a forma-trabalho mantém-se muito mais reconhecível do que em relação ao que executa o *trabalho amador* e sem formas, que se dá pelas tarefas ou pelas atividades criativas que aparecem como consumo. O elo que une ambas as indistinções é que todo tempo se torna potencialmente tempo de trabalho, podendo ser ainda tempo de trabalho não pago.

A indistinção do tempo de trabalho na esfera do consumo

Retomando a imagem da *organização na dispersão* a fim de refletir sobre a relação entre uma empresa e seu milhão de revendedoras: a indistinção entre tempo de trabalho e de não trabalho é fundamental, assim como a indistinção entre tempo de trabalho e tempo de consumo. É na realização aleatória e sem medidas do trabalho que a *crowd* cosmética se constitui como *crowd* produtiva; a alta permeabilidade das vendas com outras atividades e seu entrelaçamento com o consumo são estruturantes desse trabalho enquanto tal. Nesse caso, portanto, as indistinções entre tempo de trabalho e de não trabalho são bastante reconhecíveis: todo tempo se torna potencial tempo de trabalho.

No segundo capítulo relacionei a flexibilização do trabalho com características historicamente associadas ao trabalho feminino. Recuperando aquela reflexão para os termos presentes, a indistinção entre tempo de trabalho e de não trabalho há muito está posta no trabalho domiciliar. A permeabilidade entre tempo de trabalho e de não trabalho é historicamente constitutiva de ocupações tipicamente femininas, assim como a indefinição entre o que é trabalho e o que não é. Entretanto, estaria em curso uma atualização que potencialmente estende essa condição para outras relações de trabalho e para as do consumo produtivo.

O consumo produtivo dá uma das dimensões da exploração na sua forma contemporânea. Efetiva-se como trabalho não pago do consumidor. Como esse trabalho é mensurado é outra questão, haja vista sua forma concreta não manifesta. Mas o tempo hoje gasto pelo consumidor, seja nas demandas em torno dos serviços seja nas tarefas criativas do mundo virtual, evidencia o trabalho em ato, sem sua forma definida.

Seria não só extremamente complexo, mas inviável, quantificar o tempo de trabalho, visto que a atividade não tem a forma-trabalho e está fortemente ligada ao entretenimento ou às tarefas transferidas ao consumidor. O mesmo acontece com a atividade das consultoras: há um tempo de trabalho que pode ser precisado – o dos deslocamentos para entrega dos produtos, dos cálculos e da realização dos pedidos,

---

[22] Idem.

da organização dos produtos, da ida às reuniões; mas, para além destes, o tempo da venda é o mesmo de outras atividades[23].

Assim como a transferência da exploração do trabalho que hoje se realiza por meio das terceirizações, a transferência de trabalho para o consumidor torna ainda mais difícil reconhecer a cadeia produtiva das empresas: mapear as relações de trabalho com esse *plus* (também *surplus?*) do consumidor trabalhador torna-se tarefa praticamente impossível. No capítulo 3, ao pensar nas terceirizações, problematizei a dificuldade em contabilizar o que é, de fato, o patrimônio físico de uma empresa que terceiriza sua produção e mantém rígido controle sobre ela; aqui a questão fica ainda mais complexa. Hoje as tecnologias da informação possibilitam, por exemplo, que o computador no domicílio do cliente seja o meio para a realização de tarefas que antes necessitavam de uma agência bancária e de seus trabalhadores contratados. Como contabilizar? Trata-se de trabalho produtivo que não tem a contrapartida dos investimentos em capital constante (nem variável)?

A definição de trabalho produtivo será abordada adiante. Por ora, utilizo o termo imprecisamente, visando sinalizar que se trata de trabalho, e de trabalho que está conectado à valorização real. Tanto com relação ao trabalho das revendedoras como aos desempenhados pelo consumidor *online*, o que coloco é que suas atividades são parte de cadeias de produção e distribuição, e têm de ser contabilizadas como atividades lucrativas. Podem, portanto, ser pensadas em termos de trabalho não pago, que se efetiva ou em redução de custos para a empresa ou diretamente em geração de mais-valor.

Em minha opinião, dentre os exemplos apresentados, aquele que torna mais imediato o reconhecimento da atividade do consumidor como realização de trabalho produtivo é o dos *clickworkers* da Nasa, pois também explicita a eficiência dessa atividade em tratar a multidão como multidão produtiva. Deixa clara a conexão entre empresas da mais alta tecnologia e o trabalho amador sem formas nem controle definidos. Enquanto para a Natura o que importa, afinal, são o valor e o pagamento dos boletos, para a Nasa o foco está no resultado do mapeamento das fotos; em ambos os casos, como em inúmeros outros, os meios em que as atividades se realizam não são controlados pela empresa, e nem precisam ser. É nesse descontrole, que tem como única medida o resultado final, que a terceirização para o trabalhador amador se realiza, e de forma eficiente.

---

[23] Apesar dessa impossibilidade, é preciso escapar da reverberação de um "eco aritmético" – conforme definição de Henrique Amorim, em *A valorização do capital e o desenvolvimento das forças produtivas: uma discussão crítica sobre o trabalho imaterial* (tese de doutorado, Campinas, IFCH/Unicamp, 2006), em torno da definição do tempo de trabalho não pago. Esse eco ocupa o centro das teorias do *imaterial*, ao tratarem da impossibilidade contemporânea da redução do trabalho a trabalho abstrato. A questão é que a redução do trabalho concreto a trabalho abstrato, e a subsequente proporção entre tempo de trabalho não pago e tempo de trabalho pago que determina a taxa de mais-valor não podem realmente ser calculadas na ponta do lápis; o ponto de partida dessa impossibilidade é que a contabilização dos tempos de trabalho pago e não pago se dá a partir do tempo de trabalho *socialmente* necessário, o que envolve elementos que não podem ser pensados em termos do capitalista ou do trabalhador individualmente.

Quanto à consideração de todo o tempo como potencial tempo de trabalho na esfera das relações de trabalho, há complicações que se somam às dificuldades em reconhecer o tempo de trabalho não pago. Essas complicações remetem ao envolvimento subjetivo do trabalhador, aspecto fulcral para tratar da plena atividade que hoje possibilita pensar na *multidão produtiva*. Para esta discussão é preciso retomar o deslocamento da classe trabalhadora da fábrica para os "escritórios" e tratar da organização do trabalho na forma toyotista.

Autores que se atêm ao *imaterial*[24] enfatizam a centralidade do envolvimento subjetivo do trabalhador nas relações contemporâneas. A organização toyotista da produção imprime uma nova forma de gerenciamento do trabalhador: seu envolvimento subjetivo e seu saber se tornam meios para um vigoroso aumento da produtividade. Entretanto, tal envolvimento ultrapassa o toyotismo *stricto sensu*. Exemplos são inúmeros, para além da esteira de fábrica: nos escritórios da Califórnia, pequenos grupos de trabalhadores altamente qualificados são agentes centrais na criação de *softwares* que poderão capturar milhões de dólares no mercado (financeiro e consumidor). Operadores de telemarketing repetem seus *scripts* no tempo controlado por aquele gerente em cima do banquinho com nariz de palhaço, ao mesmo tempo que desenvolvem suas técnicas pessoais e subjetivas para obter um desempenho que os deixe mais perto das metas exigidas (técnicas que também podem propiciar modos de boicotar o rígido controle a que estão submetidos[25]). Consultoras empreendedoras da Natura não só criam suas próprias estratégias bem-sucedidas de venda como se dispõem a ser (gratuitamente) fontes importantes para a avaliação dos produtos, marketing e relações de vendas da empresa. Enquanto isso, coordenadoras pedagógicas são contratadas para projetos educativos que visam a uma melhor didática para o aprendizado – e maior produtividade – das consultoras[26]. O que estaria em questão? Uma nova forma de envolvimento do trabalhador que ultrapassa o chão de fábrica? Novas formas de exploração?

Toyotismo e subsunção total

Ao tratar de uma lógica que se estende para além do chão de fábrica, a abordagem de Bernardo parece-me das mais relevantes e pertinentes para a análise, na medida em que se baseia na fragmentação dos trabalhadores pelas terceirizações e na incorporação de seu conhecimento à produção[27].

A organização toyotista realizou o aumento de produtividade essencialmente por modificações no gerenciamento do trabalho. O uso do conhecimento do

---

[24] Especialmente André Gorz, *O imaterial*, cit., e sua interpretação feita por Rodnei A. Nascimento, *Formas de subsunção do trabalho no capital*, cit.

[25] Ideia desenvolvida por Ricardo Antunes e Ruy Braga em *Infoproletários*, cit.

[26] Segundo relatos de ex-funcionários, em certa época o material produzido para a capacitação informal das consultoras envolveu a criação de jogos lúdicos elaborados por pedagogas que combinavam discurso da marca com teorias de Paulo Freire.

[27] João Bernardo, *Democracia totalitária*, cit.

trabalhador para o aumento da produtividade demarca uma transformação da lógica taylorista que era pautada justamente pela separação do trabalhador do conhecimento sobre aquilo que produz. Daí a ideia recorrente de que o taylorismo restringe a tarefa do trabalhador à mera repetição de movimentos, algo também a ser problematizado. Como afirma Braverman, a gerência nos moldes tayloristas controla o trabalho controlando "*as decisões* que são tomadas no curso do trabalho", sendo que "todo possível trabalho cerebral deve ser banido da oficina e centrado no departamento de planejamento ou projeto"[28]. Já o toyotismo, seguindo a trilha de Bernardo, dá um passo além, na medida em que nele "as administrações de empresa pretendem assimilar a totalidade dos conhecimentos técnicos adquiridos pelos trabalhadores e incorporá-los no processo de produção, de modo a aumentar-lhe a eficiência"[29].

Tal incorporação do saber do trabalhador se dá por meio de sua participação ativa em benefício do aumento da produtividade. Organização em equipes, trabalho pautado por metas de produção, conhecimento do trabalhador sobre diferentes máquinas e etapas da produção são elementos que indicam outra forma de organização do trabalho[30]. A produção é orientada por um rígido controle de qualidade (que também conta com a participação dos operários), ao mesmo tempo que é pautada pela demanda; o fluxo da produção acompanha o fluxo do consumo, pela produção *just in time*. Essa lógica organizacional pode ultrapassar a esteira de fábrica e ter formas mistas. Mais do que tratar de uma passagem do taylorismo para o toyotismo, interessa pensar como o toyotismo trouxe novos elementos para a organização do trabalho ao incorporar o envolvimento subjetivo do trabalhador no aumento da produtividade e na intensificação do trabalho. O toyotismo é compreendido em um sentido amplo na análise de Bernardo, expressando também a reorganização de todo o processo produtivo, algo já detalhado nos capítulos anteriores. Ao tratar da *organização na dispersão*, abordei a *flexibilização* pela perspectiva das "novas geometrias das cadeias produtivas"[31], na produção que é difusamente terceirizada ao mesmo tempo que se mantém um rígido controle sobre ela. A flexibilidade pode ser pensada também pela incorporação do conhecimento dos trabalhadores, que se traduz em informação e se efetiva em novas formas de controle sobre a produção. Uma flexibilidade que, então, se realiza na adaptabilidade que a informação hoje propicia, que torna possível constantes rearranjos da produção visando a maior produtividade. Nos dois casos, a flexibilidade expressa um mesmo sentido: o alto controle sobre o trabalho.

---

[28] Harry Braverman, *Trabalho e capital monopolista*, cit., p. 98 e 103. Grifos meus.

[29] João Bernardo, *Democracia totalitária*, cit., p. 84.

[30] Cf. Ricardo Antunes, "A era da informatização e a época da informalização: riqueza e miséria do trabalho no Brasil", em idem (org.), *Riqueza e miséria do trabalho no Brasil* (São Paulo, Boitempo, 2006).

[31] Definição elaborada por Mark Boden e Ian Miles em *Services and the Knowledge-Based Economy* (Nova York, Continuum, 2000).

O controle, portanto, tem de ser reconhecido para dentro e para fora da fábrica. As tecnologias da informação associadas à precarização do trabalho possibilitam a flexibilidade da produção ao mesmo tempo que garantem o controle sobre ela. Como afirma Bernardo:

> A fragmentação dos trabalhadores requerida pelo toyotismo encontra na microeletrônica o instrumento adequado e orienta-lhe o desenvolvimento. A integração dos novos proletários dos escritórios e do comércio com os velhos proletários das fábricas numa classe trabalhadora única realiza-se, no plano tecnológico, através da conjugação de computadores com as máquinas eletrônicas. É graças a esta conjugação que se torna possível interromper o processo de concentração da força de trabalho e dispersar os assalariados, situando os meios de produção nas mais diversas partes do mundo, e apesar disto procede à centralização administrativa necessária para obter economias de escala crescentes [...]. [A] microeletrônica permite disseminar as instalações, os meios de produção e os próprios trabalhadores na precisa medida em que permite, ao mesmo tempo, manter hierarquizada centralmente a recolha das informações e a emissão de ordens.[32]

Sob essa ótica, o toyotismo põe em destaque a permanência de um rígido controle sobre a produção e, evidentemente, sobre o trabalhador. Entretanto, hoje tal controle se concretiza, de fato, não ao se apartar o trabalhador do conhecimento sobre o que produz, mas ao se apropriar de seu saber para a produção. Pensando novamente em termos da "colaboração"[33], empresas hoje recorrentemente se referem aos trabalhadores como seus "colaboradores". Evidentemente, o termo obscurece as tensões entre dominação/exploração e resistência que permeiam essas relações de trabalho. No entanto, há, realmente, uma colaboração do trabalhador em torno da produtividade – tal afirmação tem de ser feita com cuidado, deixando explícita sua contradição. Trata-se de uma colaboração subordinada, no sentido de que a participação ativa do trabalhador no desempenho da própria produção em nada significa maior autonomia ou menor desigualdade. É preciso não esquecer que a participação do trabalhador pode ser um meio de garantir maior controle sobre ele, isto é, não se pode perder de vista que são formas de subordinação[34]. Portanto, a referência a uma passagem, em termos explicativos, do taylorismo para

---

[32] João Bernardo, *Democracia totalitária*, cit., p. 110-1.

[33] Cristophe Dejours, *A banalização da injustiça social*, cit.

[34] Há uma atualização da abordagem de Harry Braverman (*Trabalho e capital monopolista*, cit., p. 79): "O modo capitalista de produção destrói sistematicamente todas as perícias à sua volta, e dá nascimento a qualificações e ocupações que correspondem às suas necessidades. As capacidades técnicas são, daí por diante, distribuídas com base estritamente na 'qualificação'". Seguindo essa perspectiva, a maior qualificação do trabalho relacionada ao toyotismo não quer, portanto, necessariamente dizer menor degradação ou alienação do trabalho. Mais que isso, nos termos que aqui nos são centrais, não se traduz em menor controle sobre o trabalho. Bernardo (*Democracia totalitária*, cit.) também traz outro aspecto importante quanto à degradação do trabalho: se, em algumas empresas, a organização toyotista pôde se desdobrar em trabalho mais qualificado e de maior remuneração, é porque também se desdobrou na dispersão controlada do trabalho, ou seja, a empresa principal garante melhores salários e empregos qualificados em suas "sedes" na medida em que transfere a exploração para a mão de obra rebaixada.

o toyotismo requer que se deixe explícito que está em ato outra forma de controle dos processos de produção, que mantém a separação entre gerência e trabalho, mesmo que menos visivelmente.

A incorporação do saber do trabalhador, em termos teóricos, dá muito pano para manga. Na perspectiva de André Gorz[35], haveria uma mudança substancial na própria constituição da força de trabalho, mudança que alteraria todos os termos da discussão. O autor faz uma distinção importante entre conhecimento e saber que aponta dois vieses que hoje pautam o xeque à teoria do valor. Por um lado, há a primazia da ciência em detrimento do trabalho vivo; por outro, a centralidade da subjetividade do trabalhador, que parece também ter se tornado produtiva. Tais temas se apoiam na definição marxiana de *general intellect*, apresentada nos *Grundrisse*[36]. Não me aprofundei nesse extenso debate, que tangencia a reflexão aqui desenvolvida; parece-me que no Brasil o tema se estrutura principalmente em torno das análises de Ruy Fausto e Eleutério Fernando da Silva Prado, tendo o primeiro cunhado as definições de *subsunção espiritual* e de *pós-grande indústria*, as quais demarcariam uma mudança na substância do valor[37]. Baseio-me nas análises de Gorz[38], Nascimento[39], Teixeira[40] e Paulani[41] e d'*O capital* de Marx[42]. A crítica à abordagem de Gorz, entretanto, permite levantar alguns dos aspectos centrais da discussão e, o que mais interessa aqui, construir a crítica pela afirmação da permanência e expansão do trabalho vivo, tal como o definiu a teoria marxiana, no cerne da acumulação. Minha reflexão se distancia ainda mais das consultoras para se aproximar da teoria do valor e, mais especificamente, da centralidade do trabalho.

Primeiramente, vejamos a distinção feita por Gorz entre conhecimento e saber:

> Os conhecimentos, com efeito, são fundamentalmente diferentes dos saberes e da inteligência [...]. Eles se referem aos conteúdos formalizados, objetivados, que, por definição, não podem pertencer às pessoas. [...] O saber é feito de experiências e de práticas tornadas evidências intuitivas, hábitos; e a inteligência cobre todo o leque das capacidades que vão do julgamento e do discernimento à abertura de espírito, à aptidão de assimilar novos conhecimentos e de combiná-los com os saberes.[43]

---

[35] André Gorz, *O imaterial*, cit.

[36] Karl Marx, *Grundrisse – Manuscritos econômicos de 1857-1858: esboços da crítica da economia política* (trad. Mario Duayer et al., São Paulo, Boitempo, 2011).

[37] Ruy Fausto, citado por Rodrigo Teixeira, *Dependência, desenvolvimento e dominância financeira*, cit.

[38] André Gorz, *O imaterial*, cit.

[39] Rodnei A. Nascimento, *Formas de subsunção do trabalho no capital*, cit.

[40] Rodrigo Teixeira, *Dependência, desenvolvimento e dominância financeira*, cit.

[41] Leda Paulani, "Quando o medo vence a esperança: um balanço da política econômica do governo Lula", cit.; idem, *Brasil delivery*, cit.; idem, "Autonomização das formas sociais e crise", cit.; idem, "A crise do regime de acumulação com dominância da valorização financeira e a situação do Brasil", cit.

[42] Karl Marx, *O capital*, Livro I, cit.; Livro II, cit.; Livro III, tomo I, cit.

[43] André Gorz, *O imaterial*, cit., p. 16-7.

Assim, o conhecimento, por ser coletivamente produzido e transmitido, não pertence a ninguém, enquanto o saber, vindo da experiência vivida, não pode ser apartado de quem o adquire. Pensando no toyotismo como uma racionalização que se assenta na contribuição do trabalhador baseada em seu saber sobre sua própria experiência de trabalho, o saber torna-se, portanto, central. Essa centralidade estaria também no âmago da perspectiva de Gorz:

> Os saberes comuns ativados pelo trabalho imaterial não existem senão em sua prática viva, e por ela. Eles não foram adquiridos ou produzidos em vista de trabalho que podem realizar ou do valor que podem assumir. Eles não podem ser destacados dos indivíduos sociais que os praticam, nem avaliados em equivalente monetário, nem comprados ou vendidos. *Os saberes resultam da experiência comum da vida em sociedade e não podem ser legitimamente assimilados ao capital fixo.*[44]

Como afirma Nascimento:

> Do ponto de vista da subsunção do trabalho, a implicação importante a ressaltar dessa distinção é que o conhecimento científico, como conhecimento que se reproduz independentemente dos seus criadores, não pode propriamente pertencer a ninguém, ao passo que o saber prático, como saber ancorado no mundo vivido de cada indivíduo, não pode nunca ser separado dos seus portadores.[45]

O saber como algo que pertence à experiência do indivíduo, e que, portanto, não pode ser absorvido como trabalho morto, também não pode ser mensurado, não pode encontrar equivalência monetária. Conhecimento e saber, hoje, seriam a substância do que Gorz[46] denomina *capital imaterial*. Dois elementos costuram sua análise. O pri-

---

[44] Ibidem, p. 33. Grifos meus.

[45] Rodnei A. Nascimento, *Formas de subsunção do trabalho no capital*, cit., p. 174. É interessante notar que essa distinção se assemelha à feita no Livro III de *O capital*, mas não é problematizada no mesmo sentido: ao referir-se às formas de *economia em capital constante*, como meio para a manutenção ou aumento da taxa de lucro, no item "Economia mediante invenções", Marx afirma que "essas economias no emprego do capital fixo são, como dissemos, o resultado do fato de que as condições de trabalho são empregadas em larga escala, em suma, de que elas servem como condições do trabalho imediatamente social, socializado, ou da cooperação direta no interior do processo de produção. [...] Por outro lado, é somente com a produção em larga escala que se tornam possíveis as economias decorrentes do consumo produtivo coletivo. Finalmente, porém, *apenas a experiência do trabalhador combinado descobre e mostra onde e como se deve economizar, como as descobertas já realizadas podem ser aplicadas do modo mais simples, quais as dificuldades práticas na aplicação da teoria – seu emprego no processo de produção – que precisam ser superadas etc.* [...]. Ademais, é preciso diferenciar entre trabalho geral e trabalho social. Ambos desempenham seu papel no processo de produção, ambos se mesclam um com o outro, mas ambos também se distinguem entre si. *Trabalho geral é todo trabalho científico, toda descoberta, toda invenção. Ele é condicionado, em parte, pela cooperação com o trabalho vivo, em parte, pela utilização dos trabalhos anteriores. O trabalho social pressupõe a cooperação direta dos indivíduos*", Karl Marx, *O capital*, Livro III, tomo I, cit., p. 78.; grifos meus. Essa passagem será recuperada adiante; de saída, nos coloca a dúvida sobre o que o envolvimento subjetivo do trabalhador traz de inédito para a análise em termos de um deslocamento da relação entre capital e trabalho.

[46] André Gorz, *O imaterial*, cit.

meiro trata dessa mudança *qualitativa* na força de trabalho, a qual se desdobra na sua própria imensurabilidade. O segundo é o desenvolvimento do conhecimento, que pode tornar o trabalho vivo desnecessário na produção. A análise de Gorz tem um horizonte fortemente político, problematizando os limites da acumulação capitalista, que hoje, então, estaria mantida pelo fio tênue, mas eficaz, da privatização do acesso – os cercamentos – aos bens imateriais. Em sua abordagem da relação entre conhecimento e trabalho, o desenvolvimento de um é a anulação do outro: "se o conhecimento é, por certo, fonte de valor, *ele destrói muito mais 'valor' do que serve para criar*. Dito de outro modo, ele economiza quantidades imensas de trabalho social remunerado, e consequentemente diminui, ou mesmo anula, o valor de troca monetária de um número crescente de produtos e serviços"[47]. Nessa perspectiva, estaria posta a contradição fundante do próprio modo de produção capitalista, ou seja, o desenvolvimento das forças produtivas pode ocasionar a diminuição do trabalho vivo no processo produtivo, o que se traduz em limites progressivos à própria valorização do capital (esse ponto será aprofundado adiante). Para Gorz, o desenvolvimento da ciência e sua incorporação no processo produtivo, juntamente com o saber também incorporado à produção, trariam, então, a *mudança qualitativa* da determinação do valor. Sendo o trabalho imaterial "o centro da criação de valor"[48], este se torna imensurável, pois "o conhecimento, diferentemente do trabalho social geral, é impossível de traduzir e de mensurar em unidades abstratas simples"[49]. Essa impossibilidade se dá porque o conhecimento "recobre e designa uma grande diversidade de capacidades *heterogêneas*, ou seja, *sem medida comum*"[50]. O essencial para Gorz é que essa mudança qualitativa da valorização do capital, que, então, se realiza pelo conhecimento e não mais pelo trabalho abstrato, é problemática para o capital, porque a subsunção dessa força produtiva não é plenamente realizável ou controlável:

> O conhecimento faz parte, do mesmo modo que outras capacidades humanas, do mesmo modo que a saúde, a vida, a natureza – que também é mais do que apenas uma força produtiva –, dessas riquezas "externas" ou dessas "externalidades" que são indispensáveis ao sistema de produção de mercadorias; mas este é incapaz de produzi-lo segundo sua lógica e seus métodos próprios.[51]

Assim, o *capital imaterial* funcionaria de forma fictícia, atado muito mais à privatização de bens comuns do que uma valorização proveniente do trabalho: a valorização desse "capital grandemente fictício é assegurada pela edificação de posições de monopólio"[52]. A "privatização das vias de acesso" possibilitará a realização da ficção; o que aparece como valorização é, na realidade, rendimento; assim, essa privatização "permite transformar as riquezas naturais e os bens comuns em quase mercadorias

---

[47] Ibidem, p. 37. Grifos do autor.
[48] Ibidem, p. 19.
[49] Ibidem, p. 29.
[50] Idem. Grifos do autor.
[51] Ibidem, p. 56.
[52] Ibidem, p. 38.

que proporcionarão uma renda aos vendedores de direitos de acesso"[53]. A valorização é fictícia, visto que se assenta no que não tem medidas, que não pode ser quantificado – os "intangíveis não têm valor avaliável"[54]; a acumulação estaria, então, essencialmente atada ao conhecimento trancado em patentes, marcas e outras expressões das cercas que possibilitariam os ganhos de monopólio sobre bens comuns.

Nascimento relaciona essa mudança qualitativa na formação do valor com a forma contemporânea de subsunção do trabalho:

> A grande novidade que aparece nessa etapa [da predominância da subsunção espiritual sobre as outras formas de subsunção] diz respeito *à perda de importância do tempo de trabalho para o processo de valorização do capital, que cede lugar a um novo tipo de força de trabalho*: o "intelecto geral", um conjunto de capacidades cognitivas e intelectuais disponíveis socialmente que o trabalhador põe em prática durante o tempo de trabalho. *Não se trata de um desenvolvimento quantitativo da força produtiva, mas de uma transformação na própria natureza da força de trabalho.*[55]

Esbocei muito brevemente os argumentos da análise do imaterial, mas dois aspectos são fundamentais para a crítica e para a reflexão presente. A incorporação da ciência no processo produtivo e a mudança qualitativa da força de trabalho estariam no centro da perda de "base objetiva", nos termos de Nascimento, da realização do valor. "Para o capital trata-se de um desajuste incontornável, por meio do qual segue se reproduzindo de maneira cada vez mais irracional e antissocial."[56]

Relembrando a perspectiva aqui assumida que costura toda a análise, a dominância financeira da valorização[57] imporia um ritmo à valorização real que, entretanto, por mais "*downsings* e *outsourcing*" que se ponha em prática, não acompanha a valorização fictícia do capital portador de juros. No entanto, continua sendo pautada por ela. Tal ficção explicaria a falta de medidas na determinação do valor dos "bens intangíveis"[58]. Vimos a marca como um desses bens, a qual dá formas fetichizadas à valorização fictícia e à sua vinculação à valorização real. Os argumentos de Gorz caminham em outro sentido:

> Segundo um estudo sueco citado por Rifkin, o capital imaterial, ou "capital inteligência", da maior parte das empresas, atingia no mesmo ano uma capitalização na Bolsa de cinco a dezesseis vezes mais elevada do que a atingida por seu capital material e financeiro. De modo geral, as firmas tendem a dissociar o capital imaterial das formas tradicionais de capital.[59]

---

[53] Ibidem, p. 31.

[54] Ibidem, p. 45.

[55] Rodnei A. Nascimento, *Formas de subsunção do trabalho no capital*, cit., p. 188. Grifos meus.

[56] Ibidem, p. 191.

[57] Leda Paulani, "Quando o medo vence a esperança", cit.

[58] André Gorz, *O imaterial*, cit.

[59] Ibidem, p. 39.

Separados, então, o intangível do tangível, faz-se necessário cotá-los separadamente na Bolsa. A alta do valor dos intangíveis poderá continuar a se acelerar. *Essa cotação não poderá nunca parecer supervaliada, já que os intangíveis não têm valor avaliável* [...]. *O que conta, em suma é*, principalmente, *transformar a invenção em mercadoria, e pô-la no mercado como um produto de marca patenteada.*[60]

Trata-se de uma espécie de círculo da crítica. Eleutério Fernando da Silva Prado[61] faz a crítica a Chesnais, tratando da sua abordagem da autonomização financeira em termos de fetichismo: o que estaria em jogo seria uma mudança qualitativa no modo de produção – argumento que coincide com a análise de Gorz seguida por Nascimento. Teixeira, por sua vez, faz a crítica a Prado, invertendo o argumento, tratando de um *fetichismo do conhecimento*, que, consequentemente, tem de ser entendido pelo ângulo da dominância da valorização financeira[62]. De perspectivas muito diversas, para não dizer opostas, tais análises se unem pela questão em comum: compreender uma valorização que parece desprendida de bases materiais. No entanto, e aí se delineia minha crítica aos autores que se centram exageradamente no desenvolvimento das forças produtivas: nas análises de Gorz e Nascimento, as bases materiais de fato desaparecem.

Primeiramente, em Gorz as categorias marxianas adquirem certa flexibilidade que complica a própria argumentação. Ao mesmo tempo que nega a formação do valor, apoia-se na definição de renda. Isso é problemático e não suficientemente desenvolvido; afinal, na definição marxiana, os ganhos de monopólio e da renda da terra estão ligados à produção de mais-valor, realizando-se como captura do valor produzido no processo produtivo[63]. Portanto, referir-se à renda negando o valor demanda outra definição de renda; mas esta é uma questão que não cabe aqui. Em segundo lugar, ainda que não deixem de se referir ao trabalho precário, em certo ponto de suas análises ecoa a pergunta: e a China? E toda a mão de obra rebaixada dos países do Terceiro Mundo?[64] Onde está a problematização sobre a produção material? Parece que a pergunta feita por Gorz sintetiza o ponto da discordância: "Como a sociedade da mercadoria pode perdurar, se a produção de mercadorias utiliza cada vez menos trabalho e põe em circulação cada vez menos moedas?"[65].

---

[60] Ibidem, p. 42. Grifos meus.

[61] Eleutério Fernando da Silva Prado, citado por Rodrigo Teixeira, "A produção capitalista do conhecimento e o papel do conhecimento na produção capitalista", cit.

[62] Rodrigo Teixeira, *Dependência, desenvolvimento e dominância financeira*, cit.; idem, "A produção capitalista do conhecimento e o papel do conhecimento na produção capitalista", cit.

[63] Karl Marx, *O capital*, Livro III, tomo I, cit.

[64] Parece haver uma visão autorreferenciada: as fábricas saem do Primeiro Mundo e isso se traduz em desaparecimento do trabalho. O limite às teorias do imaterial é o próprio (sub)desenvolvimento.

[65] André Gorz, *O imaterial*, cit., p. 43. Eis mais um dos casos que chamam o imaterial de volta ao chão da exploração: uma notícia se refere à ação do Ministério Público com relação às condições de trabalho dos operários da Sadia – corporação líder do mercado frigorífico brasileiro e segunda colocada no mercado de soja – após morte de um funcionário dentro da fábrica: "Para desossar a coxa e a

Toda a análise aqui se estrutura no sentido inverso: a "sociedade da mercadoria" se vale cada vez mais de mais trabalho, seja pela extensão das jornadas, seja pelo aumento da intensidade do trabalho, seja pela perda de formas, que aqui são pensadas pela *plenitude do trabalho abstrato*[66]. Nesse sentido, sigo com a perspectiva e definição de Teixeira; a perspectiva de Gorz está relacionada ao *fetichismo do conhecimento*: "assim como Marx combateu, no século XIX, o fetiche de que o capital (a maquinaria) é fonte de valor, a força desse fetichismo se tornou ainda maior quando a produção do conhecimento adquiriu a forma capitalista"[67]. É inegável o desenvolvimento das forças produtivas, mas é possível pensá-lo para além da perspectiva imediata da redução do trabalho vivo. A noção de um *fetichismo do conhecimento* pode ser ainda ampliada e considerada no sentido do fetichismo teórico: a exploração do trabalho desaparece também da teoria. Voltando à imagem do tufão, a exploração gritante do trabalho parece se tornar desimportante em termos teóricos; a força centrípeta da aparente perda de medidas do trabalho tem, então, consequências sérias sobre referenciais políticos da teoria que vão para os ares.

Nesse fetichismo teórico, parece-me haver também certo espanto autorreferente, no momento em que os profissionais da ciência se veem inegavelmente subsumidos à produção capitalista. A *classe inovadora*, como definiu Haddad[68] – seja ela considerada assalariada ou rentista –, vê-se subordinada não só às lógicas da produtividade (que, no caso da universidade, então, se traduz na relação tempo-remuneração/financiamento-publicações), como também às ameaças de descartabilidade que se colocam na atualidade. O "espiritual" também está sujeito às precariedades do trabalho nas suas formas contemporâneas[69]. O interessante – e grave –

---

sobrecoxa de uma ave, o trabalhador faz oitenta movimentos manuais por minuto. São 4.800 movimentos por hora, somando 42.240 movimentos se a jornada de trabalho for de 8 horas e 48 minutos. Em depoimento na ACP, uma mulher conta que tinha de cortar cerca de vinte quilos de frango a cada cinco minutos. O procurador Sandro Sardá diz que, segundo pesquisas, para evitar problemas nos tendões é preciso não ultrapassar 33 movimentos por minuto", Míriam Santini de Abreu, "Sadia: 'vida mais gostosa' para quem?", *Pobres & Nojentas*, 11 jan. 2011. Disponível em: <http://pobresenojentas.blogspot.com/2011/01/sadia-vida-mais-gostosa-para-quem.html>. Acesso em 12 maio 2014.

[66] Francisco de Oliveira. *Crítica à razão dualista/O ornitorrinco*, cit.

[67] Rodrigo Teixeira, *Dependência, desenvolvimento e dominância financeira*, cit., p. 40.

[68] Fernando Haddad, "Trabalho e classes sociais", *Tempo social*, n. 9, v. 2, 1997.

[69] "O acadêmico descartável/disponível: porque fazer um doutorado pode ser uma perda de tempo: uma coisa que muitos doutorandos têm em comum é a insatisfação. Alguns descrevem seu trabalho como 'trabalho escravo'. Semanas de sete dias, dias de dez horas, baixos rendimentos e perspectivas incertas são generalizados. Você sabe que você é um estudante de pós-graduação, diz a piada, quando o seu escritório é mais bem decorado do que sua casa e você tem um sabor preferido de macarrão instantâneo. 'Não é a pós-graduação em si que é desanimadora', diz um estudante, que confessa preferir a caça pela pizza de graça. 'O que desanima é perceber que o fim já não está ao seu alcance'. [...] Mas as universidades descobriram que doutorandos são uma força de trabalho barata, altamente motivada e disponível. Com mais doutorandos, eles podem ter mais pesquisas, e em alguns países mais ensino, com menos dinheiro. Um assistente pós-graduado em Yale provavelmente ganha em torno de $20 mil por ano, dando nove meses de aulas. O pagamento médio de professores contratados na América era de $109 mil em 2009 – salário médio superior ao dos magistrados. De

é como essa racionalização do trabalho que é inteiramente pautada pelo tempo e pelos resultados concretos e mensuráveis em termos de produtividade desaparece das análises, dando lugar à centralidade do *imaterial*. No que tange à Academia, uma consequência política dessa fetichização é que as demandas da produtividade já não parecem ser questionadas.

No livro *Mais trabalho!*, Sadi Dal Rosso trata do envolvimento emocional do trabalhador pela perspectiva da *intensificação* do trabalho. Na definição de *plenitude do trabalho abstrato*, Oliveira[70] se refere aos ganhos da constante "luta do capital para reduzir a porosidade do trabalho"[71]. Para Dal Rosso, no mesmo sentido, "Intensificar é exigir mais trabalhos e resultados superiores no mesmo espaço de tempo"[72]. Na perspectiva do autor, o mundo do trabalho passa por uma intensificação generalizada, que, no Brasil, carece de medidas e reconhecimento. Problematizá-la traz a exploração de volta ao debate:

> [...] está em curso em nossa sociedade um processo de intensificação em todos os espaços de trabalho, tanto nas atividades tipicamente materiais quanto naqueles ramos de trabalho imaterial. O reconhecimento desse processo constitui um avanço importantíssimo que contém um significado crítico social inestimável, ainda que os estudos não consigam traçar as características, as diferenças, os limites e os movimentos dessa ação como processo e suas implicações práticas e teóricas.[73]

A perspectiva da intensificação esclarece em muito a aparente perda de medidas do trabalho, ao mesmo tempo que evidencia a apropriação do tempo de trabalho que está em curso dentro das próprias relações já estabelecidas. Isso significa que o trabalhador trabalha cada vez mais na sua jornada. O toyotismo pode ser compreendido com a racionalização dessa intensificação, assim como a taylorização dos serviços: métodos que impõem ao trabalhador o *mais trabalho*[74], dentro do próprio trabalho. O argumento do autor de que essa intensificação se generaliza por diversos setores do mercado de trabalho casa com o eixo da análise aqui desenvolvida.

Sob essa ótica, é possível tratar de um novo estágio da subsunção do trabalho. A definição de *subsunção espiritual* nos termos de Nascimento nomeia um novo tipo de

---

fato, a produção de PhDs já ultrapassou de longe a demanda por professores universitários", *The Economist*, "The Disposable Academic: Why Doing a PhD is Often a Waste of Time", dez. 2010. Aqui em tradução livre.

[70] Francisco de Oliveira, *Crítica à razão dualista/O ornitorrinco*, cit.

[71] Ibidem, p. 135.

[72] Sadi Dal Rosso, *Mais trabalho! A intensificação do labor na sociedade contemporânea*, cit., p. 45. Com relação à porosidade, Dal Rosso define que "a jornada compreende em seu interior duas realidades: momento de trabalho e de não trabalho. Dentro da jornada, estes últimos formam aquilo que Marx chama de 'porosidade' do trabalho. Durante os tempos mortos, os 'porosos', o trabalhador não trabalha e não produz valor. Como o trabalho assalariado é heterônomo, o empregado procura aumentar os tempos de não trabalho e, assim, diminuir seu próprio desgaste", ibidem, p. 47.

[73] Ibidem, p. 80.

[74] Idem.

envolvimento e controle do trabalhador. O autor recupera a definição de Ruy Fausto de *subsunção espiritual*, dando-lhe uma dimensão ampliada, que se encontra com a análise de Gorz[75]: não só o conhecimento, mas também o saber estariam na essência dessa subsunção.

Ao pensar em termos de uma nova subsunção, que, como destaca o autor, tem primazia sobre as outras que podem ainda permanecer, Nascimento dá uma dimensão importante para a análise. Consumo produtivo e subsunção da classe trabalhadora podem ser pensados sob esse enfoque de uma forma de subordinação do trabalho que põe a subjetividade do trabalhador como força produtiva:

> Penso que a subsunção espiritual nos mostrou algo como uma dominação sobre a vida. O advento do intelecto geral como pilar da produção realiza, pela primeira vez, o sentido pleno do conceito de força de trabalho como conjunto das faculdades não apenas física, mas também espirituais do homem. A partir de então, a subsunção do trabalho deve atingir não apenas as energias físicas dos indivíduos, mas deve se estender a todas as suas capacidades vitais. O controle sobre o corpo e a personalidade viva como meios de criação de valor torna-se imprescindível para o capitalista.[76]

Entretanto, divergindo do autor, a *subsunção espiritual* pode ser considerada na sua íntima conexão com antigas formas de exploração e com a racionalização do trabalho e a valorização que se mantêm vinculadas ao tempo de trabalho. A intensificação do trabalho materializa essa subsunção. Para tanto, é preciso, então, enfocar a produção do que Gorz chama de *intangível*, e pensar no trabalho envolvido nessa produção como trabalho produtivo.

O trabalho produtivo e a subsunção do trabalho

Para além de todas as complicações que percorrem o argumento aqui desenvolvido, o que torna ainda mais complexo o reconhecimento da produtividade do trabalho e de sua exploração é o crescimento do setor de serviços; os bens intangíveis hoje contribuem para a indiscernibilidade das cadeias produtivas e do próprio reconhecimento do trabalho produtivo. A produção nos serviços traz uma imaterialidade que dificulta reconhecer o que é produzido, como e a que custo/lucro.

Ao pensarmos no setor de telemarketing e nos trabalhadores temporários das redes *fast food* dos diversos setores, temos de fazer muito esforço para não refletir em termos de classe trabalhadora. Tal deslocamento para o setor de serviços era apontado por Braverman nos anos 1970 e problematizado como sua nova constituição. Para esse autor, tratava-se também de um deslocamento do trabalho produtivo. Bernardo, em passagem já citada, discute esses deslocamentos na atualidade:

---

[75] André Gorz, *O imaterial*, cit.
[76] Rodnei A. Nascimento, *Formas de subsunção do trabalho no capital*, cit., p. 198.

A "desindustiralização", sobre a qual tanto se fala e se escreve hoje ainda, é na verdade uma reindustrialização. E o "desaparecimento da classe operaria" corresponde a uma expansão sem precedentes da classe trabalhadora, que, entretanto, se reestruturou internamente.[77]

O trabalho no setor de serviços atualmente põe em xeque até mesmo a distinção entre setores secundário e terciário: a produção de bens que, entretanto, são intangíveis, a centralidade da informação para a produção, bem como a organização taylorista nos serviços, são elementos que delineiam a complicação que envolve tal separação. A distinção dos setores já não dá conta de abarcar as conexões entre indústria e serviços e a dimensão produtiva deste setor. O debate em torno do trabalho produtivo no setor de serviços é amplo; aqui, limita-se ao deslocamento da classe trabalhadora, e interessa à análise na medida em que: explicita a relação intrínseca no modo de produção capitalista entre desenvolvimento tecnológico e precariedade do trabalho; desmistifica a "prosperidade do trabalho imaterial idealizado", nos termos de Braga[78]; e dá o caminho das pedras para a reflexão acerca da subsunção do trabalho nas suas formas contemporâneas.

Para os que abordam os serviços pela perspectiva marxista, há a complicação de que a análise marxiana das relações de produção está quase inteiramente voltada para a indústria, o que dificulta o resgate de referências teóricas sobre o trabalho produtivo nesse setor terciário. Entretanto, no capítulo VI posteriormente publicado do livro I de *O capital*, Marx analisa sua própria definição de trabalho produtivo, explicitando que o que o define não é o que é produzido, mas "seu caráter de elemento criador de valor de troca (mais-valor)"[79]. Como salienta Bernardo, algo está bem claro na definição marxiana de trabalho produtivo: o que o determina como tal é a forma como está subsumido ao capital. Braverman retoma a definição marxiana para afirmar que "o que importa não é determinada forma de trabalho, mas sua forma social, sua capacidade de produzir, como trabalho assalariado, um lucro para o capitalista"[80]. Em certa medida, isso resolve parte da crise em torno da imaterialidade, ao considerarmos que a produção de bens intangíveis também está assentada na separação entre concepção e execução, entre propriedade dos meios de produção e venda da força de trabalho, ou seja, entre capitalista e trabalhador:

> Desse ponto de vista, a distinção entre mercadorias sob a forma de bens e mercadorias sob a forma de serviços só é importante para o economista ou estatístico, não para o capitalista. O que vale para ele não é determinada forma de trabalho, mas se foi obtido na rede de relações sociais capitalistas, se o trabalhador que o executa foi transformado em homem pago e se o trabalho assim feito foi transformado em trabalho produtivo – isto é, trabalho que produz lucro para o capital.[81]

---

[77] João Bernardo, *Democracia totalitária*, cit., p. 105.
[78] Ricardo Antunes e Ruy Braga, *Infoproletários*, cit., p. 65.
[79] Karl Marx, "Capítulo sexto inédito de *O capital*", cit., p. 75.
[80] Harry Braverman, *Trabalho e capital monopolista*, cit., p. 305.
[81] Idem.

Embora não trate diretamente de um setor de serviços, a análise marxiana já problematizava os bens imateriais. Ao se referir ao transporte como trabalho produtivo, Marx se reporta não só ao transporte de pessoas e mercadorias, mas também ao transporte da informação, tratando do resultado do processo de produção que não aparece na "forma de coisa":

> Na fórmula geral, o produto de P é considerado como uma coisa material diferente do capital produtivo, como um objeto que possui uma existencia separada do processo de produção, uma forma útil diferente da dos elementos de produção. E assim ocorre sempre que o resultado do processo de produção aparece como coisa, mesmo quando uma parte do produto volta a entrar como elemento na nova produção. Então, o cereal serve de semente para sua própria produção; mas o produto é exclusivamente o cereal, e tem, portanto, uma forma diferente da dos outros elementos empregados: a força de trabalho, os instrumentos, o adubo. Há, no entanto, ramos autônomos da indústria em que o produto do processo de produção não é um objeto novo, uma mercadoria. Dentre esses ramos, o único economicamente importante é a indústria das comunicações, seja ela a indústria do transporte de mercadorias e pessoas, seja a da mera transferência de informações, cartas, telegramas etc.[82]

Nessa forma, o produto é consumido no mesmo tempo da produção, não sendo possível uma separação temporal entre esfera da produção e da circulação, o que não invalida que tais produtos sejam pensados como mercadorias:

> O efeito útil só pode ser consumido durante o processo de produção; ele não existe como uma coisa útil diferente desse processo, como algo que só funciona como artigo comercial, só circula como mercadoria depois de ter sido produzido. Mas o valor de troca desse efeito útil é determinado, como o de toda e qualquer mercadoria, pelo valor dos elementos de produção nele consumidos (força de trabalho e meios de produção) acrescido do mais-valor criado pelo mais-trabalho dos trabalhadores ocupados na indústria dos transportes.[83]

Esboça-se assim a intangibilidade, hoje tão fundamental para a teoria, de uma mercadoria que não tem a forma-mercadoria nem é consumida no tempo como mercadoria; o tempo de sua produção é também o tempo de seu consumo. O trabalho na produção de bens intangíveis pode ser pensado em termos de trabalho produtivo pela relação de subordinação entre quem vende a força de trabalho e quem detém os meios de produção. No capítulo VI (publicado posteriormente) do livro I de *O capital*, fica evidente que o que está em questão na definição do trabalho produtivo é a sua subsunção ao capital:

> Uma cantora que entoa como um pássaro é um trabalhador improdutivo. Na medida em que vende seu canto, é assalariada ou comerciante. Mas a mesma cantora, contratada por

---

[82] Karl Marx, *O capital*, Livro II, cit., p. 123.
[83] Ibidem, p. 124.

um empresário, que a faz cantar para ganhar dinheiro, é um trabalhador produtivo, já que produz diretamente capital.[84]

O mesmo pode ser pensado para os trabalhos que hoje constituem a mcdonaldização de uma ampla gama de serviços pessoais e antes domésticos, que então são subsumidos em uma relação produtiva:

> O mesmo trabalho, por exemplo, jardinagem, alfaiataria etc., pode ser realizado pelo mesmo trabalhador a serviço de um capitalista industrial ou de um consumidor direto. *Em ambos os casos, estamos ante um assalariado ou diarista, mas num caso trata-se de trabalhador produtivo, e noutro, de improdutivo,* porque no primeiro caso esse trabalhador produz capital e no outro não; porque num caso seu trabalho constitui um momento do processo de autovalorização do capital e no outro não.[85]

Nas passagens é possível deduzir um aspecto importante da análise marxiana: ser assalariado no modo de produção capitalista não necessariamente significa ser trabalhador produtivo. Há também a diferenciação entre a atividade se dar como serviço pessoal ou produtivamente, de acordo com o modo como está subsumida. Na atualidade, há uma combinação em curso entre a ampliação do trabalho em domicílio, precário e de baixa remuneração, e a mercantilização em ampla escala que se dá por meio de uma organização e racionalização que possibilita reconhecer o trabalho produtivo dos mesmos serviços. Pochmann atenta para o crescimento dos "serviçais". Apresentando os péssimos índices sociais das décadas neoliberais do século XX no Brasil, o autor relaciona a financeirização com a exploração do trabalho nas suas antigas formas precárias e sem mediações públicas:

> Como síntese, pode-se perceber que as opções tomadas pelo Brasil durante as duas últimas décadas do século XX terminaram por reduzir a capacidade de inclusão social. O congelamento da estrutura social indicou o quanto as famílias privilegiadas pelo ciclo de financeirização da riqueza foram beneficiadas pelo rentismo no topo da pirâmide social, a tal ponto de restabelecer o avanço de imensa horda de serviçais.[86]

Entretanto, aventando atualizações da reflexão marxiana, os mesmos serviços pessoais constituem, hoje, parte importante da ampliação do setor de serviços e se efetivam de forma produtiva. O enfoque de Braverman é fundamental para a discussão contemporânea sobre a produtividade dos serviços, além de, evidentemente, pôr em xeque a própria definição de "pós-industrial" e todas as fetichizações que vêm com ela:

> As camareiras são classificadas nos serviços, mas seus trabalhos não são sempre diferentes, em princípio, dos de muitos trabalhadores fabris no sentido de que adquiram um resultado tangível. Quando as camareiras em hotéis ou motéis, ou as arrumadeiras em hospitais e

---

[84] Karl Marx, "Capítulo sexto inédito de *O capital*", cit., p. 76.
[85] Idem, grifos meus.
[86] Marcio Pochmann, *Desenvolvimento e perspectivas novas para o Brasil*, cit., p. 115.

outras instituições, arrumam camas, realizam uma operação de montagem que não difere muito das ocupações de montagem nas oficinas – fato reconhecido pela gerência quando empreende estudos do movimento e do tempo de ambos nos mesmos princípios – e o resultado é uma mercadoria tangível e vendável. Acaso o fato de que porteiros, empregadas por hora, zeladores ou lavadores de pratos executam suas operações de limpeza não em novas mercadorias aprontadas em fábricas ou locais de construção para seu primeiro uso, mas em edifícios e utensílios constantemente reutilizados torna seu trabalho diferente em princípio, e de algum modo menos tangível que o dos trabalhadores fabris que fazem a limpeza final, polimento, embalagem etc., nas fábricas?[87]

Nessa discussão se evidenciam as constituições da classe trabalhadora no contemporâneo. No Brasil, como vimos na abordagem de Pochmann, valorização financeira, concentração de renda, emprego doméstico e trabalho em domicílio se combinam perfeitamente, o que nos remete ao que a combinação entre dominância da valorização financeira, políticas neoliberais e exploração do trabalho mantém e produz no mundo do trabalho; no Brasil podemos reconhecer a "horda de serviçais"[88], os "proletarizados dos serviços pessoais"[89], "os trabalhadores *just in time*"[90] também das redes *fast food*[91], os "infoproletários"[92], as "consultoras Natura" (que podem ou não já estar arroladas em todas estas categorias).

Na sequência da passagem supracitada, Marx se refere à ausência de maior problematização dos serviços. Afirma que produtos do trabalho que se realizam como serviços são produzidos em relações de trabalho "em transição", que "mal se subsumem formalmente ao capital", sendo que constituem "magnitudes insignificantes se comparados com o volume da produção capitalista". Assim, "por isso se deve fazer caso omisso desses trabalhos"[93].

A discussão sobre os serviços obviamente se estende para muito além do que estou tratando; interessa, aqui, pensar no deslocamento da classe trabalhadora e da produção nos serviços, em termos de capital produtivo. Já não é possível pensar que nesse setor as relações de trabalho "mal se subsumem formalmente ao capital" – basta lembrar-se dos operadores de telemarketing ou dos operários *fast food*. O conceito de *subsunção*, mais ainda, de *subsunção real*, na teoria marxiana sintetiza a separação entre meios de produção e força de trabalho (o que significa pensar em termos da própria constituição da força de trabalho como tal), que é também um desapossamento do conhecimento, das decisões e do controle do trabalhador sobre a produção.

---

[87] Harry Braverman, *Trabalho e capital monopolista*, cit., p. 305.
[88] Marcio Pochmann, *Desenvolvimento e perspectivas novas para o Brasil*, cit.
[89] Fernando Haddad, "Trabalho e classes sociais", cit.
[90] Francisco de Oliveira, "Passagem na neblina", cit.
[91] George Ritzer, *The McDonaldization of Society*, cit.
[92] Ricardo Antunes e Ruy Braga, *Infoproletários*, cit.
[93] Karl Marx, "Capítulo sexto inédito de *O capital*", cit., p. 76.

A definição de trabalho produtivo está, portanto, firmemente ligada à da subsunção. Neste momento, é essencial compreender a definição de trabalho produtivo, na medida em que ela embasa a crítica ao fetichismo teórico do imaterial, possibilitando tratar mais profundamente do envolvimento subjetivo hoje posto nas novas organizações do trabalho; contrapondo-me à perspectiva de uma mudança qualitativa na força de trabalho. A definição marxiana da subsunção do trabalho me permite também sair de uma falsa dicotomia entre trabalho produtivo e improdutivo, para, então, pensar que estes se complementam em diferentes estágios da produção e realização do valor, algo que é central e se fará mais claro na análise do trabalho das consultoras.

A passagem do que Marx denomina *subsunção formal* para a *real* delinearia assim, historicamente, os processos de separação e espoliação do trabalhador dos meios de produção – e apropriação do conhecimento e controle sobre ela – para a sua subordinação à forma capitalista. A definição de *formal* demarca o estágio em que há venda e compra da força de trabalho, mas a figura do capitalista e a do trabalhador ainda não estão plenamente definidas como tais; a produção ainda não está organizada plenamente sobre essa separação da força de trabalho e dos meios de produção, e o uso da força de trabalho ainda não está plenamente assentado na cooperação, ou, mais propriamente, na constituição do *trabalhador coletivo*[94] como tal. A plena separação se realiza como *subsunção real*, estando posta a *força produtiva social do trabalho*[95]. Este é um aspecto fundamental para refletirmos sobre a subsunção hoje e tratarmos da *subsunção espiritual* como a define Nascimento[96], sem, entretanto, perder de vista suas bases materiais.

A força de trabalho como força produtiva social

A *força produtiva social do trabalho* se refere a algo fundamental na organização e exploração do trabalho no modo de produção capitalista, algo que não tem medida e é obtido gratuitamente: a cooperação subordinada. Como diz Marx, "o capitalista paga o valor das cem forças de trabalho independentes, mas não paga a força de trabalho combinada dessa centena"[97]. A subordinação do trabalho ao capital só faz sentido se considerada na sua dimensão coletiva, na soma das forças de trabalho, que é muito mais do que uma soma; é uma força de trabalho potencializada. "Aqui não se trata somente do aumento da força produtiva individual por meio da cooperação, mas da criação de uma força produtiva que tem de ser, por si mesma, uma força de massas"[98]. Com relação ao *imaterial*, deve-se destacar, portanto, que a cooperação subordinada é historicamente constitutiva do modo de produção capitalista, assim como sua dimensão imensurável –

---

[94] Karl Marx, *O capital*, Livro I, cit.
[95] Idem, "Capítulo sexto inédito de *O capital*", cit., p. 66.
[96] Rodnei A. Nascimento, *Formas de subsunção do trabalho no capital*, cit.
[97] Karl Marx, *O capital*, Livro I, cit., p. 408.
[98] Ibidem, p. 401.

e não paga. A *subsunção real* não só expropria o trabalhador dos meios de produção como também torna o conhecimento e o controle sobre o processo de produção forças alheias ao trabalho, as quais atuam como a própria subsunção em ato[99].

> As potências intelectuais da produção, ampliando sua escala por um lado, desaparecem por muitos outros lados. O que os trabalhadores parciais perdem concentra-se defronte a eles no capital. É um produto da divisão manufatureira do trabalho opor-lhes as potências intelectuais do processo material de produção como propriedade alheia e como poder que os domina. Esse processo de cisão começa na cooperação simples, em que o capitalista representa diante dos trabalhadores individuais a unidade e a vontade do corpo social de trabalho. Ele se desenvolve na manufatura, que mutila o trabalhador, fazendo dele um trabalhador parcial, e se consuma na grande indústria, que separa do trabalho a ciência como potência autônoma de produção e a obriga a servir ao capital.[100]

A ciência centra-se na maquinaria como força produtiva alheia ao trabalhador. O que mobiliza a força produtiva, ou ainda, nos termos marxianos, a consome produtivamente é a força de trabalho. O trabalho tem um papel catalisador sobre a imensa força do conhecimento transformado em trabalho morto – e capital fixo – na forma das máquinas, "na forma de uma atividade produtiva orientada a um determinado fim, como a fiação, a tecelagem ou a forjadura, que o trabalho, por seu simples contato com os meios de produção, desperta-os do mundo dos mortos, anima-os em fatores do processo de trabalho e se combina com eles para formar novos produtos"[101]. Mas tal papel do trabalho só se constitui se a força de trabalho se realizar como força social. A propriedade e a exploração dessa força estão na própria substância do valor. Assim, "A força produtiva que o trabalhador desenvolve como trabalhador social é, assim, força produtiva do capital"[102].

É importante, então, ressaltar a ausência de medidas já colocada na teoria marxiana: a subsunção real do trabalho ao capital é também a constituição da força do trabalho como força social, uma potencialização coletiva das forças individuais inteiramente não paga ou contabilizada.

> A força produtiva social do trabalho se desenvolve gratuitamente sempre que os trabalhadores se encontrem sob determinadas condições, e é o capital que os coloca sob essas condições. Pelo fato de a força produtiva social do trabalho não custar nada ao capital e, por outro lado, não ser desenvolvida pelo trabalhador antes que seu próprio trabalho pertença ao capital, ela aparece como força produtiva que o capital possui por natureza, como sua força produtiva imanente.[103]

---

[99] "O termo 'classe trabalhadora', adequadamente compreendido, jamais delineou rigorosamente um determinado conjunto de pessoas, mas foi, antes, uma expressão para um processo social em curso", Harry Braverman, *Trabalho e capital monopolista*, cit., p. 31.

[100] Karl Marx, *O capital*, Livro I, cit., p. 435.

[101] Ibidem, p. 278.

[102] Ibidem, p. 408.

[103] Idem.

Se, portanto, o modo de produção capitalista se apresenta, por um lado, como uma necessidade histórica para a transformação do processo de trabalho num processo social, essa forma social do processo de trabalho se apresenta, por outro lado, como um método empregado pelo capital para explorá-lo de maneira mais lucrativa, por meio do aumento de sua força produtiva.[104]

A constituição dessa força social enquanto tal por um lado aponta para a ausência de medida possível e, por outro, para uma ampliação em nossa perspectiva sobre a própria constituição da força de trabalho. A crítica, aqui, vale explicitar, refere-se ao suposto ineditismo da incorporação da subjetividade do trabalho nas relações de produção. Como vimos, a subsunção real, nos termos marxianos, ocorre na constituição da *força social do trabalho* então subordinada ao capital. Tal definição é carregada de uma complexidade que não pode passar despercebida, complexidade também presente em noções fundamentais como a de *trabalhador coletivo*. A dimensão social da dominação/exploração não é redutível à soma de dimensões individualizadas nem à contabilização sobre dispêndio de energia física; daí sua força e violência. O social enquanto social está subsumido à acumulação.

Como explicita Marx,

> uma crescente capacidade de trabalho socialmente combinada que se converte no agente real do processo de trabalho total, e como as diversas capacidades de trabalho que cooperam e formam a máquina produtiva total participam de maneira muito diferente no processo imediato da formação de mercadorias, ou melhor, de produtos.[105]

Essa participação das capacidades do trabalho se dá em diferentes dimensões e formas: "esse trabalho mais com as mãos, aquele trabalho mais com a cabeça, um como diretor, engenheiro, técnico etc., outro como capataz, outro como operário manual direto". A cooperação subordinada constitui e amplia as forças da *força social do trabalho*, algo que está no cerne do próprio desenvolvimento capitalista: "temos que mais e mais *funções da capacidade de trabalho* se incluem no conceito imediato de *trabalho produtivo*, e seus agentes no conceito de *trabalhadores produtivos*, diretamente explorados pelo capital e subordinados, em geral, a seu processo de valorização e de produção"[106]. Ao se problematizar a subsunção do trabalho hoje, é preciso refletir pela dimensão do trabalhador coletivo. Aqui se delineia mais claramente a crítica ao *imaterial*: a subsunção espiritual do trabalhador é pressuposto da subsunção enquanto tal – a questão é a forma e intensidade em que essa subordinação aparece e se realiza[107].

---

[104] Ibidem, p. 410.

[105] Karl Marx, "Capítulo sexto inédito de *O capital*", cit., p. 71.

[106] Idem, grifos do autor.

[107] Leda Paulani faz uma argumentação fundamental ao problematizar o "papel da força viva de trabalho no processo capitalista de produção". Resumidamente, retomando seu argumento, a autora trata dos diferentes estágios da subsunção da força viva, da passagem da grande indústria para o taylorismo/fordismo e então para o toyotismo. O que costura a análise é a relação entre o desenvolvimento da maquinaria e a negação da força viva como sujeito na produção. Na grande indústria, as condições históricas de subordinação do trabalho e objetivação do conhecimento ainda não estão plenamente

Neste ponto, chego à crítica que me parece ser a mais relevante com relação aos teóricos do imaterial. A ideia do envolvimento subjetivo do trabalhador como o que demarca uma nova forma de subordinação do trabalho, e invalida a própria definição de trabalho abstrato, de certa forma pressupõe que a subsunção do trabalho outrora fosse, na falta de termos melhores, apenas de corpo, e não de corpo e alma. A subsunção espiritual acaba por reduzir a definição de força de trabalho – pensada na relação com o trabalho abstrato – à atividade mecânica e manual do trabalho. Como afirma Nascimento:

> Penso que a subsunção espiritual nos mostrou algo como uma dominação sobre a vida. O advento do intelecto geral como pilar da produção realiza, pela primeira vez, o sentido pleno do conceito de força de trabalho como conjunto das faculdades não apenas físicas, mas também espirituais do homem. *A partir de então, a subsunção do trabalho deve atingir não apenas as energias físicas dos indivíduos, mas deve se estender a todas as suas capacidades vitais*. O controle sobre o corpo e a personalidade viva como meios de criação de valor torna-se imprescindível para o capitalista.[108]

Como se o apertador de parafusos tivesse seu corpo dominado enquanto seu cérebro vagueia livre. Antes o fosse, talvez já não estivéssemos discutindo a subsunção. A redução do trabalho a trabalho abstrato, definido pelo cálculo do dispêndio de energia num determinado tempo, desdobra-se, então, numa interpretação errônea, como se a subjetividade do trabalhador pudesse não fazer parte do que define a força de trabalho como tal. Pensar que o taylorismo eliminou a dimensão espiritual da subsunção do trabalho é reduzir o próprio trabalhador à condição de máquina, o que esvazia de sentido a grandiosidade da violência do encontro entre trabalho vivo e trabalho morto no modo de produção capitalista. A subsunção do trabalho ao capital é a subordinação do que há de humano à acumulação:

> Enquanto o trabalho em máquinas agride ao extremo o sistema nervoso, ele reprime o jogo multilateral dos músculos e consome todas as suas energias físicas e espirituais. Mesmo a facilitação do trabalho se torna um meio de tortura, pois a máquina não livra o trabalhador do trabalho, mas seu trabalho de conteúdo.[109]

Reduzir o trabalho abstrato de quantificação do *dispêndio de energia* a dispêndio de energia em termos físicos tem uma dupla (in)consequência que deve ser aborda-

---

desenvolvidas, a negação do trabalho como sujeito está *pressuposta*, mas não ainda posta, de tal forma que o trabalho ainda se coloca como sujeito, na condição de *sujeito a ser negado*. A racionalidade taylorista como gerência científica objetiva a negação do trabalho como sujeito. A *negação* do trabalho como *sujeito* está, portanto, *posta*. O toyotismo dá o passo além, reconhece o trabalho como sujeito, mas na condição de sujeito negado, então *sujeito negado posto*. Perspectiva fundamental, que nomeia a própria contradição em ser sujeito, mas sujeito negado, "pois que se, agora, o trabalho vivo volta a ser 'sujeito' do processo, ele o é por determinação do capital, não por descuido do capital (como na fase pré-taylorismo/fordismo), e isto o nega como sujeito (positivo, posto, verdadeiro), mas não nega sua existência como sujeito", "O papel da força viva de trabalho no processo capitalista de produção: uma análise dos dilemas contemporâneos", cit., p. 708.

[108] Rodnei A. Nascimento, *Formas de subsunção do trabalho no capital*, cit., p. 197. Grifos meus.

[109] Karl Marx, *O capital*, Livro I, cit., p. 495.

da em termos políticos. Por um lado, dá-se força demais às forças produtivas e de menos ao trabalho, e então o trabalhador, de fato, aparece anulado de sua própria subjetividade, reduzido a um motor vivo de repetição de movimentos; o que anula a luta histórica, em permanente disputa e nunca plenamente resolvida, do controle sobre o trabalhador (como salienta Braverman, não à toa o capital variável é variável). Por outro lado, contraditoriamente, a mesma perspectiva acaba por anular a profundidade da questão: a subsunção, desde sempre (sempre, entenda-se, no modo de produção capitalista já consolidado), se realiza no movimento de buscar e quase alcançar a captura e subordinação do trabalhador por inteiro (o que está em disputa permanente: com qual intensidade e por quanto tempo).

O debate em torno da subsunção do trabalho propiciou a crítica às teorias que tratam de uma mudança qualitativa da força de trabalho. Isso nos possibilitou pensar na exploração sem perder o lastro das referências marxianas: a violência e a desigualdade em sua dimensão social postas na separação entre venda da força de trabalho e propriedade dos meios de produção voltam para o centro da análise. Ao tratar do trabalho produtivo em sua relação com os bens intangíveis, busquei problematizar a subsunção real que também se efetiva nos serviços, assim como desfetichizar o *imaterial* sob essa perspectiva. São elementos para refletirmos sobre o envolvimento do trabalhador com seu trabalho hoje e como esse envolvimento é apropriado de forma produtiva. A aparente perda de medidas da acumulação e da exploração do trabalho foi, então, remetida à perspectiva da dominância financeira da valorização. Insistindo nessa perspectiva, a perda de medidas expressa o descompasso entre valorização fictícia e valorização real, o que não significa que a exploração do trabalho perca suas medidas ou deixe de ser a substância da valorização.

Entretanto, a centralidade do trabalho tem de ser esmiuçada mais profundamente com relação à afirmação de que todo tempo se torna potencial tempo de trabalho, agora mais bem embasada pela problemática do envolvimento subjetivo do trabalhador e da intensificação do trabalho, que demandam um aprofundamento em seu sentido político, na medida em que materializam a perda das resistências coletivas à exploração do trabalho.

Medo, zelo e subsunção do trabalho

Para rebater definitivamente o argumento da mudança qualitativa do trabalho – e do valor –, é preciso considerar que a descrição teórica do taylorismo pode conter certa idealização dessa plenitude da gerência científica. O trabalhador há muito participa e garante o processo de produção (assim como também o boicota). Retomando uma citação já feita, Bernardo levanta essa questão ao alegar que, no toyotismo, "as administrações de empresa pretendem assimilar a totalidade dos conhecimentos técnicos adquiridos pelos trabalhadores e incorporá-los no processo de produção"[110]. O toyotismo formaliza

---

[110] João Bernardo, *Democracia totalitária*, cit., p. 84.

e racionaliza a incorporação que, antes, se dava em bases informais. Retomando Ricardo Antunes, Bernardo aponta:

> [O] taylorismo/fordismo realizava uma expropriação intensificada do operário-massa, destituindo-o de qualquer participação na organização do processo de trabalho, que se resumia a uma atividade repetitiva e desprovida de sentido. Ao mesmo tempo, *o operário-massa era frequentemente chamado a corrigir as deformações e enganos cometidos pela "gerência científica" e pelos quadros administrativos*.[111]

Citando estudo de 1976 de Pierre Dubois, Bernardo deixa explícito o envolvimento do trabalhador:

> Médicos de empresa e especialistas de ergonomia têm verificado sistematicamente que entre *50% e 80% do comportamento do trabalhador difere das normas estabelecidas oficialmente pelos departamentos de organização do trabalho* [...] para alcançar o nível de produção desejado, eles [os trabalhadores] têm de dar provas de uma iniciativa permanente em benefício da empresa.[112]

Para Dejours, a grande mudança tão propalada é, na realidade, expressão da *ausência de estudos sobre a subjetividade do trabalhador* na organização taylorista. Examinando o descompasso entre *descrição subjetiva* e *descrição gerencial*, o autor coloca o envolvimento subjetivo no centro da análise. A descrição subjetiva se baseia no relato dos próprios trabalhadores e chefes sobre "dificuldades com que uns e outros se defrontam no exercício de sua atividade; relato, também, das maneiras de se 'arranjar' com essas dificuldades, de superá-las ou contorná-las, inclusive de empurrá-las para os outros"[113]. Tais relatos relativizam o ineditismo da subsunção espiritual, que passa a ser compreendida como a efetivação de tendências pressupostas na organização taylorista. Não só os trabalhadores têm o conhecimento para boicotar a produção como também são seu conhecimento e sua participação ativa que garantem que ela se realize como o esperado. A "defasagem irredutível entre a organização prescrita do trabalho e a organização real do trabalho"[114] mostra que o envolvimento cognitivo do trabalhador e os arranjos não oficialmente pautados pelo gerenciamento são o que assegura o fluxo e a qualidade da produção:

> Uma fábrica, uma usina ou um serviço só funcionam quando os trabalhadores, por conta própria, usam de artimanhas, macetes, quebra-galhos, truques [...] enfim, se ajudam mutuamente, segundo os princípios de cooperação que eles inventam e que não lhes foram indicados de antemão.[115]

Sua definição de *zelo* como "tudo aquilo que os operadores acrescentam à organização prescrita para torná-la eficaz; tudo aquilo que empregam individual e cole-

---

[111] Ricardo Antunes, citado por ibidem, p. 84. Grifos meus.

[112] Pierre Dubois, citado por idem. Grifos meus.

[113] Cristophe Dejours, *A banalização da injustiça social*, cit., p. 49.

[114] Ibidem, p. 30.

[115] Ibidem, p. 56.

tivamente que não depende da 'execução'"[116] expressa que não é novidade o envolvimento subjetivo e cognitivo do trabalhador como fator de produção, que garante e aperfeiçoa a produtividade na linha de produção. Na verdade, tal defasagem entre *organização prescrita* e *organização real* do trabalho é bem conhecida. Como lembra Dejours, as "operações tartaruga", método antigo e usado nas lutas das mais diversas categorias de trabalhadores, mostram que o dia a dia da produção não segue exclusivamente a organização prescrita, mas que tal organização conta – informalmente – com a colaboração e arranjos coletivos do trabalhador.

Retomando a discussão já elaborada no capítulo anterior, na perspectiva de Dejours o que mudou de fato é o medo da descartabilidade que permeia e passa a reger as relações de trabalho. Assim, o que estaria em foco é muito mais um aumento do sofrimento subjetivo no trabalho – que, para Dejours[117], é um dos elementos definidores da própria precarização. O zelo pelo trabalho – que revela a importância do envolvimento subjetivo e cognitivo do trabalhador para a produção – se combina a uma fórmula contemporânea com o medo, o que possibilita problematizar a produtividade do trabalho sob uma perspectiva que ultrapasse, desvende e relativize a "descrição gerencial", trazendo, assim, a descartabilidade social de volta ao centro da análise.

A combinação entre medo e *zelo* no trabalho possibilita pensar mais claramente na perda de limites do envolvimento do trabalhador. A definição de Dejours sobre o zelo põe à mostra as motivações subjetivas que podem se traduzir em "querer fazer o trabalho bem-feito". Em termos da subsunção, o *zelo* desvela o envolvimento subjetivo que é constitutivo da relação do trabalhador com seu trabalho. Entretanto, torna-se formalmente um fator de produção, incorporado aos métodos de gerenciamento sobre o próprio trabalhador. Quando as motivações são regidas pelo "fazer bem-feito ou estar fora do jogo", parece haver um agravamento desse envolvimento, que pode, ainda, ser pautado pelo sentidos subjetivos do trabalho, mas é amarrado pelo sentido maior do medo da demissão; o que, na teoria de Dejours, pode ser compreendido pela exacerbação do sofrimento, visto que o trabalho bem-feito pode exigir do trabalhador mais do que lhe seria moralmente aceitável. Em outras palavras, *demanda-se mais do trabalhador, e este corresponde*. Retomando a relação entre dominância financeira da valorização[118] e precarização do trabalho, a *organização prescrita* e a *organização real* do trabalho já não estão bem definidas. A constante demanda por maior produtividade se traduz na adesão insegura, mas plena, a relações de trabalho que perdem garantias e limites e estão em recorrente rearranjo. Por essa ótica é possível, então, compreender objetivamente o envolvimento sem limites do trabalhador e o sofrimento que vem com ele.

A pergunta levantada no capítulo anterior surge novamente: como fazer essa problematização com relação ao trabalho informal? É possível reconhecer um agravamento tanto do sofrimento como do envolvimento do trabalhador? Por outra perspectiva, é

---

[116] Ibidem, p. 30.

[117] Idem.

[118] Leda Paulani, "Quando o medo vence a esperança", cit.

possível pensar nos termos de uma *intensificação* do trabalho? Questões importantes, na medida em que trazem o medo da descartabilidade, o zelo no trabalho e o *mais trabalho*[119] para o mundo da informalidade, ou seja, para o cotidiano de aproximadamente 50% da população economicamente ativa do Brasil. Voltando às consultoras, o argumento se mantém: a permeabilidade desse trabalho com outras ocupações, seu imbricamento no consumo, os riscos visíveis da atividade, o contingente de trabalhadoras em ritmo acelerado de crescimento indicam o envolvimento com um trabalho que oferece poucas garantias, baixa remuneração, que para a maioria das revendedoras demanda o trabalho para além do trabalho. As revendas dão pistas da intensificação do trabalho que se realiza na permeabilidade de uma ocupação informal com outras ocupações. A notável adesão de mulheres em diferentes situações ocupacionais às revendas aponta para a hipótese de que o envolvimento subjetivo e a própria intensificação do trabalho, antes delimitados pelo tempo de trabalho publicamente estabelecido, podem tê-lo ultrapassado: recoloca-se, então, a afirmação de que todo tempo é potencial tempo de trabalho.

O envolvimento com o trabalho para além do trabalho evidencia a privatização do tempo de não trabalho. Esse envolvimento agora pode ser entendido pelos elos entre *zelo* e medo: trata-se da plena atividade que dá sentidos subjetivos ao trabalho ao mesmo tempo que se torna condição necessária para permanecer no jogo. A *plena atividade* está, portanto, inteiramente imbricada na perda de fronteiras entre o que é tempo de trabalho e o que não é. Esta perda ainda tem de ser aprofundada quanto à sua materialização.

As "metas" e a remuneração por peça

A teoria do *imaterial*[120] também se apoia no que para ela seria mais uma manifestação da perda de medidas da valorização: as *metas de produção* envolvem o cotidiano e a remuneração em diversas ocupações; apontariam, então, para uma abolição não formalmente instituída da relação de aparente equivalência do salário.

Em minha perspectiva, as metas também têm de ser compreendidas na sua relação com a intensificação do trabalho e a privatização do tempo de não trabalho para além da jornada de trabalho. Em seu bojo está a terceirização de parte do gerenciamento do trabalho para o próprio trabalhador (que, assim como todas as terceirizações aqui problematizadas, não significa uma perda de controle sobre esse controle).

O taylorismo nos serviços torna visível uma combinação central para a subsunção nas suas formas contemporâneas. Ao mesmo tempo que há um vigoroso controle sobre o tempo de trabalho do operador de telemarketing, por exemplo, o controle também se realiza por meio das metas, dos resultados atingidos. A jornada definida pode se manter em termos legais, mas isso não necessariamente significa que o tempo de trabalho diário do trabalhador tenha limites realmente definidos. Em artigo publicado recentemente, Pochmann apresenta dados alarmantes: o tempo de descanso semanal

---

[119] Sadi Dal Rosso, *Mais trabalho!*, cit.

[120] André Gorz, *O imaterial*, cit.; Rodnei A. Nascimento, *Formas de subsunção do trabalho no capital*, cit.

do trabalhador do setor de serviços inglês caiu de 48 para 27 horas[121]. Para além da jornada definida, o "levar trabalho para casa" no fim de semana é parte do cotidiano desses trabalhadores[122] (e ainda, provavelmente a extensão do trabalho para além da jornada definida soma-se a essa redução do tempo de não trabalho).

Tendencialmente, trabalhadores se tornam administradores de seu próprio tempo, o que se realiza de maneiras antigas e também atualizadas: no envolvimento subjetivo do trabalhador voltado para garantir eficiência e maior produtividade durante o tempo de trabalho; na ocupação do trabalhador que se torna autônomo, ainda que esteja subordinado às demandas da(s) empresa(s), símbolo do "trabalhador flexível", que não tem jornada nem local de trabalho definidos; na indistinção entre ser empreendedor/trabalhador informal e gerenciar o próprio trabalho. Trata-se, portanto, de uma espécie de internalização/eliminação da definição da jornada de trabalho, que se efetiva nessa indistinção entre tempo de trabalho e de não trabalho, ou, ainda mais fortemente, na transformação de todo tempo em potencial tempo de trabalho. Ainda que extremamente contemporânea, tal terceirização da administração do tempo de trabalho já era problematizada na obra marxiana pela definição do *salário por peça*[123]. Esta, de imediato, pode ser claramente relacionada aos *sweatshops*, entre outras terceirizações que se efetivam pelo trabalho em domicílio e por relações extremamente precárias de trabalho. Historicizando a discussão, Marx refere-se ao *sweating system* – sistema que remete ao *sweatshop* contemporâneo – que se dava na Inglaterra pelas relações de trabalho intermediadas pela subcontratação, ou, nos termos do autor, pelo "subarrendamento do trabalho"[124], desembocando na "exploração do trabalhador pelo trabalhador"[125]. O subarrendamento do trabalho ocorria pela remuneração por peça:

> o salário por peça permite ao capitalista firmar com o trabalhador principal – na manufatura, com o chefe de um grupo; nas minas, com o picador de carvão etc.; na fábrica, com

---

[121] Marcio Pochmann, "27 horas", *Folha de S.Paulo*, 23 jan. 2011.

[122] Diz parte do artigo: "A conhecida semana inglesa de trabalho parece se transformar rapidamente em miragem para parcela crescente dos ocupados. Pesquisa realizada sobre condições de vida e trabalho no Reino Unido revela que, nas atividades de serviços, o antigo descanso semanal de 48 horas foi reduzido na prática para somente 27 horas. Há fortes indícios de que a jornada de trabalho deixa de começar na manhã de segunda-feira e se encerrar na tarde de sexta para, cada vez mais, se iniciar no meio da tarde de domingo e prolongar-se até o início da tarde do sábado. Assim, o tempo do descanso semanal é diminuído em 21 horas (43,7%), conforme estudos sobre hábitos do trabalho de 4 mil empregados de 16 a 60 anos de idade no setor de serviços britânico. A cada dez ocupados, seis efetuam tarefas relacionadas ao trabalho heterônomo (pela sobrevivência) no final de semana. Entre as principais atividades laborais fora do local de trabalho estão as ligadas ao uso contínuo do computador pessoal, especialmente em tarefas de correio eletrônico, internet e no desenvolvimento de relatórios e planejamento. A maior parte dos ocupados que trabalham no final de semana informa exercê-lo por pressão da empresa, embora haja aqueles que são estimulados a fazê-lo pela concorrência entre os colegas", idem.

[123] Karl Marx, *O capital*, Livro I, cit.

[124] Ibidem, p. 624.

[125] Idem.

o trabalhador mecânico propriamente dito – um contrato de tanto por peça, a um preço pelo qual o próprio trabalhador principal se encarrega de contratar e pagar seus auxiliares.[126]

O *salário por tempo* é essencial na teoria marxiana, na medida em que dá formas a uma relação de equivalência que tem obscurecidas a *desigualdade* – entre os que detêm os meios de produção e os que vendem a força de trabalho – e a *expropriação* – o tempo de trabalho não pago desaparece numa relação que aparece como remuneração pelo total de horas trabalhadas. "Na superfície da sociedade burguesa, o salário do trabalhador aparece como preço do trabalho, como determinada quantidade de dinheiro paga por determinada quantidade de trabalho."[127] No movimento real, o salário é determinado pelo valor da força de trabalho, o qual é determinado pelos custos de sua reprodução. Ao aparecer como uma expressão do "valor do trabalho" e não do "valor da força de trabalho", o salário formaliza a falsa equivalência que está no âmago da própria acumulação: "A forma-salário extingue, portanto, todo vestígio da divisão da jornada de trabalho em trabalho necessário e mais-trabalho, em trabalho pago e trabalho não pago"[128].

O salário por peça representa o deslocamento da falsa equivalência entre valor do trabalho = horas trabalhadas para a outra falsa equivalência de um valor que aparece definido pela quantidade de produto produzido. Afirma Marx que "O salário por peça não é senão uma forma modificada do salário por tempo, assim como o salário por tempo, a forma modificada do valor ou preço da força de trabalho"[129]. O aparente valor do trabalho é, portanto, também pautado pelo tempo de trabalho, visto que se mantêm a quantificação do tempo de trabalho socialmente necessário e o mais-trabalho. Assim, o salário por peça estabelece a falsa equivalência em uma forma outra do salário. Objetivados nas peças, estarão o tempo de trabalho pago e não pago da mesma maneira, de modo que o salário por peça não é "senão uma forma modificada do salário por tempo"[130]. Como explica o autor:

> Assim como no caso do salário por tempo, é indiferente supor que o trabalhador trabalhe 6 horas para si mesmo e 6 para o capitalista, ou que, de cada hora, ele trabalhe metade para si mesmo e metade para o capitalista, aqui também é indiferente dizer que, de cada peça singular, metade está paga e metade não paga, ou que o preço de 12 peças repõe apenas o valor da força de trabalho, enquanto nas outras 12 peças se incorpora o mais-valor.[131]

No entanto, a remuneração por peça constitui uma *transferência do controle sobre o tempo – e sobre a produtividade – para o trabalhador*. Aponta, portanto, para algo extremamente contemporâneo: a passagem do salário por tempo para o salário por peça

---

[126] Idem.

[127] Ibidem, p. 605.

[128] Ibidem, p. 610.

[129] Ibidem, p. 621.

[130] Idem.

[131] Ibidem, p. 622-3.

materializa uma transferência do controle sobre o trabalho da gerência para o próprio trabalhador. Além disso, ao remunerar não pelo tempo, mas pela quantidade produzida, *favorece-se um aumento tanto da extensão do tempo de trabalho como de sua intensidade*:

> Como a qualidade e a intensidade do trabalho são, aqui, controladas pela própria forma-salário, *esta torna supérflua grande parte da supervisão do trabalho*. [...] Dado o salário por peça, é natural que o interesse pessoal do trabalhador seja o de empregar sua força de trabalho o mais intensamente possível, o que facilita ao capitalista a elevação do grau normal de intensidade. É igualmente do interesse pessoal do trabalhador prolongar a jornada de trabalho, pois assim aumenta seu salário diário ou semanal.[132]

A transposição dessa definição para os dias de hoje faz bastante sentido. E pode ser analisada tanto com relação aos novos modelos de organização do trabalho como à indistinção entre tempo de trabalho e de não trabalho. Metas e bônus hoje se combinam com o salário fixo por tempo de trabalho, estabelecendo novas referências à remuneração; pode-se manter ou não a jornada de trabalho, ao mesmo tempo que o trabalhador se pauta por resultados atingidos. A permanência da jornada varia de acordo com o estatuto do trabalhador. O trabalhador que hoje se tornou juridicamente um empresário de si, o "prestador de serviços", tem a referência legal da jornada de trabalho eliminada, pautando sua produtividade pelos resultados atingidos. Mas hoje também se constituem as formas mistas. Como aponta Braga[133], o setor de telemarketing consegue combinar uma lógica claramente taylorista com metas e outras formas de estímulo e regulação da produtividade. As promotoras da Natura, por exemplo, têm seu trabalho orientado por metas. Recebem mensalmente um salário fixo, mas são as metas – diretamente ligadas à produtividade das consultoras – que definem a remuneração adicional mensalmente. A remuneração por peça pauta sua produtividade e, indiretamente, a das revendedoras.

A racionalização toyotista se baseia na reorganização do trabalho voltada para os resultados atingidos; trabalhadores organizados em equipes se pautam pelas metas a ser alcançadas. Gorz apresenta o relato do diretor de recursos humanos da DaimlerChrysler:

> Os colaboradores da empresa fazem parte do seu capital [...]. Sua motivação, sua competência, sua capacidade de inovação e sua preocupação com os desejos da clientela constituem a matéria primeira dos serviços inovadores [...]. Seu comportamento, sua aptidão social e emocional têm um peso crescente na avaliação de seu trabalho [...]. *Este não mais será calculado pelo número de horas de presença, mas sobre a base dos objetivos atingidos e da qualidade dos resultados. Eles são empreendedores.*[134]

Para o autor, comprova-se a centralidade do que se tornou imensurável: "Todas essas qualidades e essas faculdades são habitualmente próprias dos prestadores de

---

[132] Ibidem, p. 624-5. Grifos meus.

[133] Ricardo Antunes e Ruy Braga, *Infoproletários*, cit.

[134] Norbert Bensel, citado por André Gorz, *O imaterial*, cit., p. 17. Grifos meus.

serviços pessoais, dos fornecedores de um trabalho imaterial impossível de quantificar, estocar, homologar, formalizar e até mesmo de objetivar"[135]. Entretanto, o deslocamento da remuneração por tempo para a remuneração por peça está evidente na própria fala do diretor. O que dá a medida do trabalho dos colaboradores-empreendedores está dito: o cálculo sobre seu trabalho será feito a partir dos "objetivos atingidos e qualidade dos resultados". O que provavelmente quer dizer: a definição da remuneração está menos na jornada definida e mais no número de automóveis corretamente produzidos em determinado tempo. O operário que agora é "um empreendedor" exemplifica que, mesmo dentro da fábrica, limites historicamente estabelecidos da exploração vão sendo abolidos.

As terceirizações hoje atualizam o *sweating system*: nos *sweatshops* contemporâneos da China, na cooperativa de calçados de Quixeramobim, o *salário por peça* pode ser facilmente reconhecível; entretanto, sua atualização se dá também no deslocamento da condição de trabalhador assalariado para trabalhador remunerado por peça; a definição de *salário por peça* torna mais compreensível a exploração contemporânea que demanda o envolvimento sem limites definidos, assim como a privatização do tempo de não trabalho. Voltando à perspectiva do *imaterial*, Nascimento analisa:

> Visto que o tempo de trabalho se tornou um momento secundário na autovalorização do capital e que o capitalista não pode exercer seu comando sobre as disposições internas dos indivíduos, ele estabelece metas de produção a serem alcançadas, independentemente da jornada de trabalho, como se o trabalhador fosse um prestador de serviços que devesse entregar um produto ao seu cliente.[136]

Evidentemente, há para mim uma discordância fundamental com esta análise: as "metas de produção" não se devem à imensurabilidade do trabalho e à impossibilidade de comando sobre as "disposições internas" dos trabalhadores. Podem ser compreendidas como uma variação da forma-salário, na qual o tempo permanece como medida do trabalho socialmente necessário e do trabalho não pago, ainda que agora mensurado pelo que é produzido. O que parece estar em curso é uma *generalização da forma de assalariamento que Marx já apontava como a "mais adequada ao modo de produção capitalista*"[137]. Nos termos contemporâneos, as metas também são definidas pelo tempo de trabalho e de não trabalho (que agora também pode ser produtivo), delegam a supervisão do trabalho para o próprio trabalhador, ao mesmo tempo que garantem maior produtividade do trabalho.

Nascimento problematiza a "autoexploração forçada" que, para ele, se realiza com a eliminação da aparente relação de equivalência dada pela relação salarial:

---

[135] André Gorz, *O imaterial*, cit.

[136] Rodnei A. Nascimento, *Formas de subsunção do trabalho no capital*, cit.

[137] Karl Marx, *O capital*, Livro I, cit., p. 627.

No lugar da ideologia da troca de equivalentes entra o discurso do trabalhador como capital humano, como colaborador, da liberação diante da relação salarial. O trabalhador, que é obrigado a arcar com a manutenção e o aperfeiçoamento da sua força de trabalho para além de qualquer jornada de trabalho determinada, aparece como portador do seu próprio capital, de um capital humano, que ele pode gerenciar de maneira independente, livre da relação salarial que o prendia a este ou àquele capitalista. A autoexploração forçada será apresentada como liberação do trabalhador.[138]

Interessa refletir sobre essa desobrigação do capital e terceirização da exploração para o próprio trabalhador, a qual aparece na forma de "liberação do trabalhador" na esteira da remuneração por peça. Mantém-se o salário médio e, ainda que o "preço do tempo de trabalho é medido por determinada quantidade de produtos"[139], o desempenho individual de cada trabalhador permite que este seja remunerado acima ou abaixo do preço médio do trabalho; seu trabalho se torna orientado pelos resultados, o que também se traduz na sua intensificação[140]. Tal variação é, então, de inteira responsabilidade do trabalhador, quanto melhor seu desempenho e quanto mais trabalhar, maior é a remuneração[141], assim como isto é o que afasta a possibilidade da demissão. Tal desempenho envolve suas capacidades e a transferência do controle sobre a produção, ou seja, a colaboração do trabalhador com o aumento da produtividade. No entanto, a aparência invertida do controle sobre o trabalho, como indica Nascimento, é vista como maior liberdade para o trabalhador, o que também é analisado na teoria marxiana:

> No salário por tempo prevalece, com poucas exceções, o salário igual para funções iguais, ao passo que no salário por peça o preço do tempo de trabalho é medido por determinada quantidade de produtos; mas o salário diário ou semanal, ao contrário, varia de acordo com a diversidade individual dos trabalhadores, um dos quais fornece apenas o mínimo de produto num dado tempo, o outro, a média e o terceiro, mais do que a média. *No que diz respeito à receita real surgem, aqui, grandes diferenças, conforme os distintos níveis de destreza, força, energia, resistência etc. dos trabalhadores individuais.* […] *Mas o maior espaço de ação que o salário por peça proporciona à individualidade tende a desenvolver, por um lado, tal individualidade e, com ela, o sentimento de liberdade, a independência e o autocontrole dos trabalhadores; por outro lado, sua concorrência uns contra os outros.*[142]

Por essa perspectiva, para além de ser um meio para as terceirizações, transferências e aprofundamentos da exploração, o salário por peça pode ser problematizado como algo que se generaliza nas relações de trabalho hoje e que é designado na definição fetichizada da *flexibilização*. Metas e bônus são parte importante da

---

[138] Rodnei A. Nascimento, *Formas de subsunção do trabalho no capital*, cit., p. 178.

[139] Karl Marx, *O capital*, Livro I, cit., p. 625.

[140] Sadi Dal Rosso, *Mais trabalho!*, cit.

[141] Outro aspecto importante nessa forma de remuneração é que a concorrência entre os trabalhadores e o consequente aumento de sua produtividade podem resultar no rebaixamento do salário médio.

[142] Karl Marx, *O capital*, Livro I, cit., p. 625-6. Grifos meus.

remuneração de trabalhadores assalariados, e podem assumir formas diversas. Já a referência da jornada de trabalho definida parece fazer cada vez menos sentido. Não parto de dados de pesquisa, mas me parece que não é preciso ir a campo para notar que as pessoas trabalham cada vez mais, e mais intensamente. Dal Rosso[143] partiu para o campo empírico com essa questão e constatou que, de acordo com sua publicação de 2008, entre 825 trabalhadores de diversos setores, 43,2% confirmavam a percepção de que o trabalho se intensificou. Entre os do setor bancário e de telefonia, a porcentagem ultrapassava 67%. Quanto à extensão da jornada de trabalho, 32,6% dos entrevistados afirmavam trabalhar mais horas do que nos dois anos anteriores.

Trata-se de compreender essa forma de remuneração não como uma manifestação das eliminações da aparente relação de equivalência e do tempo de trabalho como a medida da exploração; está em curso a progressiva eliminação de limites historicamente estabelecidos da exploração do trabalho, a qual se encontra com as possibilidades de novas organizações do trabalho dadas pelas tecnologias da informação. As ameaças de descartabilidade casam perfeitamente com essa forma de remuneração que, no discurso corporativo, aparece ao trabalhador como flexibilidade, ao mesmo tempo que demanda dele a maior produtividade para se manter no jogo.

Reforçam-se, portanto, os argumentos de uma plena atividade no mundo do trabalho. Uma plena atividade mediada pela perda de regulações historicamente constituídas e de sentidos do trabalho, assim como pelas ameaças do desemprego. Os argumentos também se fortalecem no sentido de que essas mediações podem, então, ser produtivas. O mundo do trabalho é, hoje, pautado pelo envolvimento do trabalhador, pelo medo do desemprego e também pela progressiva perda de formas socialmente estabelecidas que davam limites à exploração. O salário por peça que atualmente permeia diferentes relações de trabalho, de diferentes qualificações e faixas salariais, evidencia a gradativa perda dos freios historicamente estabelecidos da exploração.

No caso das revendas, ao se imbricarem em outras ocupações, são fatores da intensificação do trabalho e da extensão do tempo de trabalho; efetivam-se, portanto, como trabalho para além do trabalho. Com relação à remuneração por peça, sobre a própria revendedora poderíamos, num primeiro momento, dizer que sua remuneração tem essa forma clássica, ainda que entrem os complicadores do consumo e dos investimentos que ela faz nos produtos. Entretanto, seu pagamento não é feito pela Natura, e sim pelos clientes. Na prática, quem define o valor do produto e a comissão é a empresa; para efetuar a encomenda dos produtos, a revendedora tem de alcançar pontuação exigida pela empresa; mas é a vendedora quem paga a empresa pelas peças recebidas. De forma que a vendedora aparece como uma comerciante, mas se pode aventar que sua remuneração seja "por peça *sui generis*", pois a empresa "contratante" define, em princípio, a remuneração por peça vendida – ou seja, a comissão da vendedora –, mas não é ela a responsável pelo pagamento. (Poderíamos formular que a terceirização do pagamento não significa perda das benesses que a remuneração por peça propicia para a acumulação.)

---

[143] Sadi Dal Rosso, *Mais trabalho!*, cit.

O capital foge do trabalho?

Recupero brevemente os eixos que guiaram a análise, para então esmiuçar a relação entre o trabalho das revendedoras e acumulação da empresa. O tempo de trabalho estruturou a análise deste capítulo. Pela perspectiva do consumo, considerei como o tempo de não trabalho se torna tempo de trabalho, um trabalho sem formas, mas que hoje se efetiva como transferência de tarefas – muitas delas podendo ser consideradas produtivas – para o consumidor. A noção de *trabalho amador* dá formas ao entrelaçamento entre trabalho e consumo, possibilitando reconhecer a multidão de consumidores produtivos. A potencialidade política e criativa do ciberespaço tem seu revés nas possibilidades de execução de trabalho inteiramente não pago e de dimensões extraordinárias. São coisas que têm de ser pensadas juntas, e que nos remetem às abordagens da relação entre captura e resistência das lutas e disputas políticas no modo de produção capitalista (que poderiam nos levar de Lefebvre[144] e Heller[145] a Boltanski e Chiapello[146]). Talvez o ciberespaço, hoje, constitua um campo ainda não reconhecido dos limites e das potencialidades de uma exploração que se atualiza como consumo, e de um consumo que se torna espaço político.

A delegação coercitiva de tarefas no consumo combinada com as atividades-trabalho dos amadores hoje requerem que o tempo de não trabalho seja analisado por seu oposto: todo tempo como tempo de trabalho. Todavia é preciso ir além, e problematizar essa indistinção pela ótica do próprio mundo do trabalho. Basta lembrar os ingleses citados por Pochmann[147], que já abriram mão de mais de 40% do tempo historicamente garantido para seu descanso. Como diz o autor, atualmente a jornada de trabalho parece se tornar uma "miragem". Ainda que permaneça como referência, uma combinação entre jornada de trabalho e metas de produção hoje está igualando o tempo de trabalho ao do contexto das lutas históricas da classe trabalhadora do século XIX citadas em *O capital*. Embora pareça inédita, tal combinação se adéqua inegavelmente à definição de *remuneração por peça* já apontada como uma tendência do capitalismo na teoria marxiana.

A incorporação do conhecimento do trabalhador aos meios de produção traz uma complexidade à reflexão. A importante colocação de Gorz[148] a respeito do saber e sua diferenciação com o conhecimento evidencia a centralidade não só da ciência no desenvolvimento das forças produtivas, mas da experiência vivida do próprio trabalhador. A análise sobre as definições marxianas da força do trabalho como *força social* e da dimensão imensurável e gratuita da cooperação subordinada constituiu um dos eixos da minha discordância aos argumentos da mudança qualitativa do

---

[144] Henri Lefebvre, *Metafilosofia* (São Paulo, Civilização brasileira, 1967).

[145] Agnes Heller, *O cotidiano e a história* (Rio de Janeiro, Paz e Terra, 1985).

[146] Luc Boltanski e Ève Chiapello, *O novo espírito do capitalismo* (São Paulo, WMF Martins Fontes, 2009).

[147] Marcio Pochmann, "27 horas", cit.

[148] André Gorz, *O imaterial*, cit.

valor. Busquei também argumentar que o ineditismo reside mais no fato de hoje tal conhecimento estar formalmente incorporado à racionalização da organização do trabalho, visto que a "real do trabalho", nos termos de Dejours[149], nos mostra que o envolvimento subjetivo e cognitivo do trabalhador já era central na organização taylorista, embora não aparecesse como tal.

O crescimento das ocupações no setor de serviços, e a organização deste calcada no que Antunes e Braga[150] bem definiram como infotaylorismo, foram centrais na reflexão sobre a exploração no contemporâneo. Para essa discussão, a argumentação enfrentou brevemente as teorias do *imaterial*, visando relativizar o ineditismo que, na realidade, obscurece a continuidade e o aprofundamento de antigas formas da exploração.

Para esse enfrentamento, o tempo de trabalho e o roubo do tempo de trabalho foram considerados do ponto de vista de sua permanência; ou seja, buscou-se uma argumentação livre de uma fetichização do conhecimento (seguindo a trilha de Teixeira[151]) que acaba por obscurecer a realidade dos processos de produção material e imaterial, levando-a a desaparecer ou a ser tratada como desimportante.

O caminho aqui percorrido leva então ao argumento de que o trabalho vivo não está diminuindo; ao contrário, trabalha-se mais, mais intensamente, em meio a formas antigas e a inéditas ausências de forma. Se de fato assumirmos atividades do consumo como trabalho produtivo, e tomarmos a indistinção entre tempo de trabalho e de não trabalho como plenitude do tempo de trabalho, chegamos a uma inversão teórica: descartabilidade social e desemprego se tornam forças produtivas – forçando a definição – no sentido de que são elementos centrais para a maior produtividade do trabalho. Extensões do tempo de trabalho, envolvimento sem limites publicamente determinados do trabalhador com o trabalho remetem aos termos clássicos do aumento da extração de mais-valor absoluto e relativo.

Voltando à perspectiva da *dominância da valorização financeira*[152], embora essa valorização se dê num ritmo outro, acelerado em relação ao ciclo do capital produtivo, e embora tal movimento busque bases objetivas que não o acompanham, é preciso ressaltar que o descompasso entre valorizações fictícia e real não necessariamente significa que a última esteja diminuindo.

Ao tratar do que denominou a *lei da queda tendencial da taxa de lucro*, Marx elucidou o tendencial movimento de autoextinção do capital, que se dá pelo desenvolvimento das forças produtivas e relativa redução da exploração do trabalho vivo[153]. A *taxa de mais-valor* expressa a proporção entre trabalho não pago e trabalho pago; a constante luta do capital é para aumentar essa proporção. O desenvolvimento das forças produtivas possibilita, então, a maior produtividade do trabalho e, portanto, maior extração de mais-valor. Porém, em termos da taxa de lucro, essa busca ten-

---

[149] Cristophe Dejours, *A banalização da injustiça social*, cit.

[150] Ricardo Antunes e Ruy Braga, *Infoproletários*, cit.

[151] Rodrigo Teixeira, *Dependência, desenvolvimento e dominância financeira*, cit.

[152] François Chesnais, "O capital portador de juros", cit.

[153] Karl Marx, *O capital*, Livro III, tomo I, cit.

dencialmente resulta no sentido inverso. A taxa de lucro expressa a proporção entre a massa de mais-valor e capital total adiantado, ou seja, a relação entre trabalho não pago e o total que é investido na produção; apresenta, então, a tendência a declinar devido ao aumento do investimento em capital constante e relativa diminuição do trabalho vivo. Assim, ainda que a taxa de mais-valor possa aumentar com o desenvolvimento das forças produtivas, o movimento fulcral do modo de produção capitalista é também tendencialmente o caminho de sua dissolução, na medida em que o trabalho vivo tende a se tornar parte diminuta da composição do capital:

> Como a massa do trabalho vivo empregado sempre decresce em relação à massa do trabalho objetivado que o trabalho vivo põe em movimento, isto é, em relação aos meios de produção produtivamente consumidos, então a parte desse trabalho vivo que não é paga e que se objetiva em mais-valor tem também de encontrar-se numa proporção sempre decrescente com relação ao volume de valor do capital total empregado. Essa proporção entre a massa de mais-valor e o valor do capital total empregado constitui, porém, a taxa de lucro, que, por conseguinte, tem de decrescer constantemente.[154]

As teorias do *imaterial* se apoiam na lei da queda tendencial da taxa de lucro: consideram a crescente disparidade entre o investimento nas forças produtivas e o mais-valor proveniente da exploração da cada vez mais desnecessária força de trabalho. Entretanto, Marx apontou também as *contratendências* a essa lei[155], que giram em torno do aumento da produtividade do trabalho/extensão do tempo de trabalho não pago sem o relativo aumento do investimento em capital constante. Ainda que o crescente desenvolvimento da força produtiva do trabalho seja inegável, é preciso, então, atentar para as contratendências em ato, e reconhecer seu alto poder de contenção. Algumas delas foram abordadas aqui. A *flexibilização do trabalho* evidencia o movimento real dessas contratendências. As novas formas de organização do trabalho, assim como as terceirizações – pensando-as desde o nível da transferência da produção para outras empresas, passando para a transferência para o próprio trabalhador que se torna "por conta própria", chegando às tarefas transferidas para o consumidor –, hoje materializam a transferência e a redução de capital constante e o aumento da intensidade/extensão do tempo de trabalho. O que aparece como flexibilização do trabalho no movimento real são processos de transferência e redução do investimento em capital constante sem a contrapartida da redução da produtividade do trabalho. É possível, hoje, terceirizar os custos da produção mantendo-se a apropriação dos lucros, algo que aqui se configurou pela *organização na dispersão*.

Realiza-se como contratendência a extensão do tempo de trabalho não pago nas relações de trabalho: trabalhadores de alta e baixa qualificação/remuneração incorporam às suas experiências cotidianas – e em seu envolvimento com o trabalho – não ter jornada definida ou trabalhar para além dela.

---

[154] Ibidem, p. 155.
[155] Idem.

Combinados, o envolvimento subjetivo, os novos métodos de produção e as inovações tecnológicas se desdobram num aumento da intensidade do trabalho. A remuneração pautada por metas/peça, aliada às novas formas de organização do trabalho, propicia o aumento da produtividade do trabalhador, sem necessariamente significar nem aumento de salários nem maiores investimentos nos meios de produção.

Nos casos analisados do *crowdsourcing,* os investimentos em capital constante estão diluídos na transferência para o consumo da multidão produtiva, a qual fornece um trabalho inteiramente não pago em dimensões extraordinárias e pouco reconhecíveis.

As contratendências evidenciam as direções opostas à "força centrípeta" do capital[156]. Assim, a constante fuga do capital em relação ao trabalho vivo tem de ser problematizada em sua relação com a expansão daquele para novas formas de exploração, a qual se traduz em atualizações de antigas relações de trabalho – atualizações que podem se constituir em formas de expropriação e violência mais explícitas – e novas formas de incorporação da força de trabalho. É recorrente nos estudos marxistas a referência a certo espanto diante do crescimento de relações de trabalho precário que supostamente tenderiam a desaparecer, tais como o trabalho em domicílio[157]. Todavia, já no século XIX, Marx desvendava a intrínseca relação entre desenvolvimento e precariedade, uma relação fulcral, em sua análise. O crescimento do trabalho feminino e infantil bem como o crescimento da produção em domicílio eram pensados na sua relação direta com o desenvolvimento da maquinaria. O desenvolvimento da grande indústria se desdobrava não só na extensão do tempo de trabalho em sua intensificação para dentro da fábrica; estendia-se às formas mais degradantes de exploração para fora dela[158]. Sob essa perspectiva, a fuga do capital

---

[156] Ibidem, p. 177.

[157] David Harvey, *A condição pós-moderna,* cit.

[158] "Na Inglaterra, ocasionalmente ainda se utilizam, em vez de cavalos, mulheres para puxar etc. os barcos nos canais, porque o trabalho exigido para a produção de cavalos e máquinas é uma quantidade matematicamente dada, ao passo que o exigido para a manutenção das mulheres da população excedente está abaixo de qualquer cálculo. Por essa razão, em nenhum lugar se encontra um desperdício mais desavergonhado de força humana para ocupações miseráveis do que justamente na Inglaterra, o país das máquinas", Karl Marx, *O capital,* Livro I, cit., p. 467. O desenvolvimento da maquinaria "torna a força muscular dispensável" – "Por isso, o trabalho feminino e infantil foi a primeira palavra de ordem da aplicação capitalista da maquinaria! [...] Desse modo, *a maquinaria desde o início amplia, juntamente com o material humano de exploração, ou seja, com o campo de exploração propriamente dito do capital, também o grau de exploração",* ibidem, p. 469. *"Se, portanto, o emprego capitalista da maquinaria cria, por um lado, novos e poderosos motivos para o prolongamento desmedido da jornada de trabalho, revolucionando tanto o modo de trabalho como o caráter do corpo social de trabalho e, assim, quebrando a resistência a essa tendência, ela produz, por outro lado, em parte mediante o recrutamento para o capital de camadas da classe trabalhadora que antes lhe eram inacessíveis, em parte liberando os trabalhadores substituídos pela máquina, uma população operária redundante, obrigada a aceitar a lei ditada pelo capital.* Daí este notável fenômeno na história da indústria moderna, a saber, de que a máquina joga por terra todas as barreiras morais e naturais da jornada de trabalho. Daí o paradoxo econômico de que o meio mais poderoso para encurtar a jornada de trabalho se converte no meio infalível de transformar todo o tempo de vida do trabalhador e de sua família em tempo de trabalho disponível para a valorização do capital", ibidem, p. 480; grifos meus. Referindo-se ao *sweating*

em relação ao trabalho é também sua expansão para novas formas de exploração. A precarização do trabalho é tão imanente ao capital quanto o desenvolvimento das forças produtivas. Trata-se, portanto, da permanente disputa entre capital e trabalho sobre os limites da exploração. Fica como questão o reconhecimento das resistências quando, ao que parece, a balança pende quase nada para o lado do trabalho.

O trabalho das revendedoras e a acumulação da empresa

É pela perspectiva da redução de capital constante e variável como contratendência à queda da taxa de lucro que finalmente chego à acumulação da empresa em foco. Como disse anteriormente, a princípio a definição do consumo produtivo poderia indicar um caminho para a consideração do trabalho daquelas mulheres como trabalho produtivo. Porém não me parece ser esse o caso; fica difícil constatar a constituição de um novo valor de uso em sua atividade. Diria que este trabalho se realiza inteiramente na esfera da circulação. Entretanto, está fundamentalmente conectado à produção. Assim, a análise enfoca como, com a exploração deste trabalho, a empresa economiza significativamente em custos da circulação, garante a realização do valor e obtém sobrelucros no seu setor. Esse caso se torna, então, exemplar de como a combinação dos elementos que estão no cerne da exploração do trabalho se materializa em aumento dos lucros para o capitalista, e em valorização real do capital.

Para tanto, é preciso recuperar a análise marxiana sobre o papel da circulação na realização do valor. Em *O capital*, há o empenho em desvendar o fato de que o valor não se origina na esfera da circulação: "É verdade que as mercadorias podem ser vendidas por preços que não correspondem a seus valores, mas esse desvio tem de ser considerado como uma infração da lei da troca de mercadorias. Em sua forma pura, ela é uma troca de equivalentes, não um meio para o aumento do valor"[159]. Daí, evidentemente, o desvendamento das relações de produção.

Retomando discussão feita anteriormente, as metamorfoses da mercadoria são fundamentais para a compreensão da perspectiva marxiana: os estágios da produção e realização do valor se expressam nas diferentes formas e funções que o capital assume, as quais permitem, então, desvelar o processo de produção do valor e desmitificar a suposição de que a acumulação se origina nos ganhos sobre as dife-

---

system: "Essa assim chamada indústria domiciliar moderna nada tem a ver, exceto pelo nome, com a indústria domiciliar antiga, que pressupunha um artesanato urbano e uma economia camponesa independentes, além de, sobretudo, um lar da família trabalhadora. Atualmente, essa indústria se converteu no departamento externo da fábrica, da manufatura ou da grande loja", ibidem, p. 533. O que nos leva a uma organização através da dispersão em formas antigas: "Além dos trabalhadores fabris, dos trabalhadores manufatureiros e dos artesãos, que ele concentra espacialmente em grandes massas e comanda diretamente, o capital movimenta, por fios invisíveis, um outro exército: o dos trabalhadores domiciliares, espalhados pelas grandes cidades e pelo campo. Exemplo: a fábrica de camisas do sr. Tillie, em Londonderry, Irlanda, que emprega mil trabalhadores na fábrica e 9 mil trabalhadores domiciliares dispersos pelo campo", idem.

[159] Karl Marx, *O capital*, Livro I, cit., p. 233-4.

renças de preço no mercado. Assim, a circulação é compreendida como um estágio do ciclo do capital global, momento em que capital comercial e capital industrial estão, então, separados (separação também central para compreendermos a forma e a função do capital portador de juros, como analisado no capítulo 3). "O capital comercial é apenas capital funcionando dentro da esfera da circulação. O processo de circulação é uma fase do processo global de reprodução. Mas, no processo de circulação, não é produzido valor, portanto tampouco mais-valor."[160] A circulação é, portanto, o estágio não da produção, mas da realização do valor. O autor define a passagem da esfera da produção para a da circulação como "o salto mortal da mercadoria", o momento do salto "do corpo da mercadoria para o corpo do ouro"[161]. Como diz Marx com suas metáforas metamórficas, na passagem da esfera da produção para a circulação, a mercadoria está "prenhe de mais-valor"[162], donde, "quando reveste a forma da mercadoria, o capital tem de exercer uma função de mercadoria. Os artigos que o formam, inerentemente produzidos para o mercado, têm de ser vendidos, convertidos em dinheiro; têm, portanto, de passar pelo processo M-D"[163]. Tal "salto" é "mortal" porque, caso essa transmutação do capital não ocorra, o valor, ainda que produzido, não se realiza. "Enquanto o capital já valorizado conserva-se em sua forma do capital-mercadoria, enquanto permanece imóvel no mercado, o processo de produção fica paralisado. O capital não atua nem como criador de produtos, nem como criador de valor."[164]

A separação entre capitais industrial e comercial é parte da própria dinâmica e desenvolvimento do capitalismo: "O modo de produção capitalista pressupõe a venda em grande escala; portanto, a venda ao comerciante, não aos consumidores individuais"[165]. Mais do que a questão da escala da produção e da comercialização, no cerne de tal separação reside a questão da aceleração do *tempo de giro do capital*; e aí chegamos a um dos pontos essenciais da análise. O tempo de circulação é determinante para o tempo de rotação do capital e, portanto, para a *massa de mais-valor* produzida. A massa de mais-valor define a *geração do mais-valor no tempo* – trata-se, portanto, de quanto e em quanto tempo se realiza o ciclo D-M...P...M´-D´: o tempo de rotação do capital expressa, assim, a realização da valorização/exploração da força de trabalho no tempo[166]:

---

[160] Karl Marx, *O capital*, Livro III, tomo I, cit., p. 200.

[161] Idem, *O capital*, Livro I, cit., p. 180.

[162] Idem, *O capital*, Livro II, cit., p. 100.

[163] Ibidem, p. 110.

[164] Ibidem, p. 112.

[165] Ibidem, p. 180.

[166] Outra passagem esclarecedora: "No caso do capital industrial, a rotação expressa, por um lado, a periodicidade da reprodução e, por isso, depende dela a massa das mercadorias que, em determinado período, são lançadas no mercado. *Por outro lado, o tempo de circulação constitui um limite, na verdade um limite elástico, que atua de modo mais ou menos restritivo sobre a formação de valor e de mais-valor, porque afeta o volume do processo de produção.* Por isso, a rotação intervém determinando, não como

O capital comercial não cria, portanto, nem valor nem mais-valor, isto é, *não diretamente*. À medida que contribui para encurtar o tempo de circulação, *pode ajudar a aumentar indiretamente o mais-valor produzido pelo capitalista industrial*. À medida que ajuda a ampliar o mercado e medeia a divisão do trabalho entre os capitais, portanto *capacita o capital a trabalhar em escala mais ampla, sua função promove a produtividade do capital industrial e sua acumulação. À medida que encurta o tempo de circulação, eleva a proporção de mais-valor para o capital adiantado, portanto a taxa de lucro*. À medida que reduz a parte do capital confinada na esfera da circulação, *faz aumentar a parte do capital diretamente empregada na produção*.[167]

Em outras palavras, o tempo que o batom leva para se transformar em dinheiro – que terá uma parte reinvestida na produção – é determinante para a valorização real da empresa e para o desenvolvimento e a manutenção de sua produção. Voltemos então à cena das 40 mil caixas despachadas por dia na fábrica e que são a "metamorfose" do trabalho de vendas desempenhado pela multidão de consultoras do lado de fora. O tempo de rotação é reduzido quase a zero; na verdade a produção *just in time* que se realiza no ritmo das vendas nos permite pensar na Natura como uma fábrica que trabalha sob encomenda[168], a qual terá dimensões extraordinárias. Seja a caixa despachada para a vendedora que mora numa palafita no norte do Brasil, seja as caixas da "consultora empreendedora" da Zona Sul de São Paulo, o fato é que a produção está pautada pela atividade dispersa e "onipresente" de vendas.

Essa aceleração praticamente cria condições ideais de produção, fator essencial para a própria empresa e um diferencial vantajoso na concorrência com similares que realizem sua distribuição por franquias ou no varejo. Considerando-se que a empresa tem capital aberto, sua posição no mercado financeiro também está diretamente relacionada com o desempenho e garantias da sua produção e distribuição. A aceleração do tempo de giro – entre outros fatores a serem analisados – é elemento central na definição da eficiência presente e futura da empresa em conter o *gap* entre valorização real e fictícia.

Deve-se atentar que, a partir da emissão do boleto, o pagamento pode ser feito em até 21 dias, enquanto os produtos são entregues em poucos dias, dependendo da distância com relação à fábrica em Cajamar. Assim, é preciso cautela quanto à afir-

---

elemento positivo, mas restritivo, a massa de mais-valor anualmente produzida e, portanto, a formação da taxa geral de lucro", Karl Marx, *O capital*, Livro III, tomo I, cit., p. 220-1. Grifos meus.

[167] Ibidem, p. 201. Grifos meus.

[168] Diz Marx sobre a produção sob encomenda: "Assim, a expansão e contração do tempo de curso age como limite negativo à contração e expansão do tempo de produção, ou da extensão na qual um capital de dada grandeza pode funcionar como capital produtivo. Quanto mais as metamorfoses da circulação do capital são apenas ideais, isto é, quanto mais o tempo de curso = 0 ou se aproxima de zero, tanto mais atua o capital, tanto maior se torna sua produtividade e autovalorização. Se, por exemplo, um capitalista trabalha por encomenda, recebendo o pagamento na entrega do produto, e o pagamento se efetua com seus próprios meios de produção, então seu tempo de circulação se aproxima de zero", *O capital*, Livro II, cit., p. 194-5.

mação de que o tempo de giro tende a zero[169], pois, embora produza praticamente sob encomenda, o pagamento não é feito imediatamente no ato da entrega. Entretanto, como esmiuçarei a seguir, o pagamento está quase inteiramente assegurado.

A realização do valor se dá dentro da própria fábrica[170], a produção é não só pautada, mas também garantida, pelo trabalho das mulheres. Podemos dizer que o salto mortal da mercadoria Natura é um "salto com rede". O tombo pode ficar por conta das consultoras. Os riscos são transferidos para seu trabalho. Para dentro da fábrica, a "rede" se materializa nos boletos e nas suas taxas de juros. Estende-se para fora da fábrica na forma mais flexível das promoções que incentivam as compras antecipadas, na formação de estoques em face da concorrência acirrada e da necessidade de alcançar a pontuação mínima. Para a empresa, a baixa inadimplência está assegurada: pelo boleto de pagamento que implica em juros altos pelo atraso; pelo valor-limite que a consultora pode faturar, de forma que, para fazer um novo pedido, tem de ter quitado a fatura anterior; pela invalidação de seu CPF na Serasa em caso de inadimplência. O que "tece a rede" é essencialmente a transferência do próprio risco. Para as vendedoras, a informalidade da relação de vendas se estende aos calotes eventuais; resta-lhes arcar com o prejuízo e recorrer a métodos informais de garantia do pagamento e a estratégias "seguras" de venda.

As terceirizações foram abordadas pela transferência da exploração e dos riscos. No caso das consultoras, é possível reconhecê-la em ato. Riscos são transferidos da empresa para a experiência cotidiana das vendedoras; há ainda uma terceirização da gestão do trabalho, pois as consultoras administram seu próprio trabalho e indiretamente o das revendedoras da revendedora.

Em parceria com uma das maiores empresas responsáveis por vendas pela internet no Brasil – o site Submarino – é possível realizar a compra sem a mediação da consultora. Voltando ao *consumo produtivo,* tal meio de vendas se tornou comum, transferindo tarefas para o consumidor, eliminando vários custos da comercialização. As vendas *online* constituem mais uma volta no parafuso da redução do tempo de giro ou, ainda, do "salto com rede" da realização do valor para diversas empresas. No que tange às vendedoras, trata-se de um aprofundamento na concorrência: não bastassem as consultoras, agora há o próprio consumidor.

Mas, para além da fundamental transferência dos riscos na forma em que acontece nessa relação de trabalho, é possível refletir em termos de redução de capital constante e variável a partir dos seguintes apontamentos:

- Eliminação de custos com edificações e sua manutenção para a comercialização, sempre lembrando que não há lojas no país. Na perda de forma-trabalho está des-

---

[169] Tal tendência se realiza de forma diluída e imprecisa: no universo das entrevistadas, a maioria delas afirma que, quando possível, efetuam o pagamento o mais próximo à data do recebimento dos produtos, como modo de organizar sua própria contabilidade e não ficarem sujeitas aos juros. Assim sendo, as consultoras garantem o tempo de giro que tende a zero, ao mesmo tempo que elas próprias adiantam capital, correndo o risco de nem sempre serem pagas de volta.

[170] Agradeço ao prof. dr. Jesus Ranieri, que me deu pistas para a formulação dessa hipótese.

feito também o espaço formal da comercialização; trata-se de um patrimônio físico inteiramente terceirizado e não contabilizável, que, portanto, não entra na conta da própria empresa. Lojas improvisadas, a sala de casa e o ambiente de trabalho se tornam lojas instantâneas e difusas da empresa. Os custos ficam diluídos na própria vivência das consultoras. Para elas, o investimento em infraestrutura para as vendas pode ser não calculável, na medida em que se imbrica nos custos de outras atividades que podem nem mesmo ser trabalho. Contabilizável ou não para a vendedora, para a empresa trata-se de custo próximo de zero.

- Os custos com estocagem também são reduzidos. Na análise marxiana, o estoque constitui o momento da "imobilização do capital-mercadoria"; digamos, seguindo a expressiva metáfora de Marx, que é a sala de parto da mercadoria prenhe de mais-valor (tratando-se, evidentemente, do estoque da mercadoria, há também o aspecto dos estoques de matéria-prima, que aqui não será abordado). Estoques reduzidos podem então significar que o tempo de rotação é diminuto. A estocagem tem custos que entram na conta do capital fixo, como edificações e a mão de obra para sua manutenção. No caso da Natura, o estoque de mercadorias não está na fábrica, mas nas gavetas das consultoras. Assim, há eliminação de custos com armazenamento, além de transferência de seus riscos. As vendedoras têm de "se virar" quando os produtos saem de linha, mas permanecem em seu estoque; para a empresa, o ônus do escoamento dos produtos antigos – e, portanto, parte dos riscos e custos da inovação – é transferido para as consultoras; afinal, os "antigos" produtos estocados já foram pagos. Ficam para as revendedoras os riscos de um capital adiantado que não necessariamente voltará para elas.

- O trabalho de promoção da marca não pago pela empresa. A venda se dá numa capilaridade que possibilita a entrada da marca nos mais diversos espaços sociais – o que também não é contabilizado como custos para a empresa. Fica claro um dos aspectos do trabalho das vendedoras: a promoção da marca que realizam é um poderoso instrumento de *branding*, e esse trabalho é inteiramente não pago. As mulheres são, portanto, agentes não remuneradas de promoção da marca.

É claro que a empresa tem custos para administrar essa multidão de revendedoras. Trata-se dos custos com a organização dispersa. Apresento aqueles que consegui mapear. Como relata uma ex-trabalhadora do setor de marketing, há um investimento em torno do material de divulgação do produto – os catálogos, principalmente. Também há investimento em estratégias que possibilitem estabelecer certa unidade do discurso da marca entre as consultoras, ainda que este seja altamente adaptável ao trabalho de cada uma. Há o custo com as promotoras contratadas pela empresa para gerenciarem o trabalho das revendedoras; ela tem de financiar também os meios para esse gerenciamento. Como já mencionei, as promotoras trabalham com metas e verbas: metas de produtividade sobre o trabalho das consultoras, e verbas – que administram como julgarem melhor (ou seja, da forma mais produtiva) – para a constituição da estrutura que faça a ponte entre as consultoras e a empresa; locação de salas, alimentação e decoração são custos das reuniões que organizam no início de cada ciclo de 21 dias. O investimento pesado em publicidade também pode ser contabilizado (ainda que de forma indefinida) como parte dos custos que a empresa tem com as revendedoras, visto que o trabalho delas está fortemente entrelaçado com o consumo próprio.

Para além da transferência dos riscos e da aceleração do tempo de giro do capital empregado, essa redução de custos nos permite pensar em termos de sobrelucro, considerando-se a acumulação da empresa em relação com seu setor. As transferências de custos para "a sociedade", nos termos marxianos, "podem constituir uma fonte de enriquecimento para o capitalista individual"[171]. No caso da Natura, o preço de custo de suas mercadorias pode, então, estar abaixo do preço médio de seu setor, o que possibilita que a empresa tenha um lucro extra, "pois no preço de mercado está compreendido o fato de que se paga o mesmo preço por mercadorias do mesmo tipo ainda que estas tenham sido produzidas sob condições individuais muito diversas e, por conseguinte, possam ter preços de custo muito diferentes"[172]. Ao optar pelo Sistema de Vendas Diretas e conseguir atingir a dimensão que atingiu, ela pode se encontrar em condições vantajosas com relação a outras companhias de seu setor[173].

É possível destrinchar ainda mais a relação de trabalho das consultoras. Marx faz uma analogia elucidativa ao comparar a função do comerciante com "uma máquina", na medida em que "ajuda a reduzir o dispêndio inútil de força ou a liberar tempo para a produção, visto que '*Um* comerciante (aqui considerado simples agente da transmutação de forma das mercadorias, como simples comprador e vendedor) pode, mediante suas operações, abreviar o tempo de compra e de venda de *muitos* produtores'"[174]. Pensando na função do comerciante, ainda não em termos da constituição de um capitalista do comércio, mas estritamente na relação de seu trabalho com o ciclo global do capital, sua remuneração pode ter a forma-salário sem ser trabalho produtivo. Nesse sentido, entra na contabilização dos custos, como parte do capital total empregado. Sendo o trabalhador do comércio um trabalhador, e não um capitalista, como pensar em termos de exploração? Assim como o trabalhador produtivo, o assalariamento do trabalhador do comércio se constitui no tempo de trabalho pago e o tempo não pago; entretanto, esse tempo não pago se traduz na redução dos custos de circulação. Como explica Marx:

> Suponhamos [...] que esse agente de compra e venda seja um homem que vende seu trabalho. [...] Suponhamos que esse agente seja um trabalhador assalariado, mais bem pago [do que o assalariado da produção] [...]. Qualquer que seja seu pagamento, como trabalhador assalariado ele trabalha gratuitamente uma parte de seu tempo. Digamos que ele recebe diariamente o produto-valor de oito horas de trabalho e atua durante dez horas.

---

[171] Idem, *O capital*, Livro II, cit., p. 207.

[172] Idem, *O capital*, Livro III, tomo I, cit., p. 145.

[173] É sempre válido lembrar que a Natura, hoje, é líder de seu setor no mercado nacional, e a Avon – empresa que realiza sua distribuição nos mesmos moldes – está entre as quatro mundiais.

[174] Idem, *O capital*, Livro II, cit., p. 201. Grifos do autor.

As duas horas de mais-trabalho que ele realiza não produzem valor algum, e tampouco o produzem suas oito horas de trabalho necessário, [...] a sociedade não paga essas duas horas de mais-trabalho, embora elas sejam gastas pelo indivíduo que o executa. A sociedade não se apropria, por meio desse trabalho, de nenhum produto ou valor adicional. Mas os custos de circulação que tal indivíduo representa reduzem-se em 1/5, de dez horas para oito. A sociedade não paga qualquer equivalente pelo 1/5 desse tempo ativo de circulação, do qual ele é o agente. Mas se é o capitalista que emprega esse agente, o não pagamento dessas duas horas diminuirá os gastos de circulação de *seu* capital, que constituem um desconto de seus ganhos.[175]

Deve-se, assim, examinar a remuneração dessas mulheres. Descrevendo novamente: a consultora recebe uma comissão de 30% sobre os produtos vendidos. O preço final que chega ao consumidor inclui, então, o valor que a consultora repassa para a empresa mais os 30% de sua comissão. Desse modo, quem remunera a consultora é o cliente, e não a empresa – a consultora, na realidade, paga à Natura. Poderíamos pensar, como dito, numa remuneração por peça *sui generis*, pois, ao mesmo tempo que recebem a comissão sobre cada produto vendido, não são pagas pela empresa.

Nesta relação opera uma forma do que já defini como *descontrole controlado*, porque à empresa interessa o valor que a vendedora lhe paga; o pagamento da comissão e a administração da mesma não são de sua alçada. Como vimos, repassar parte da comissão como forma de desconto para o cliente é uma estratégia comum para enfrentar a concorrência. Novamente, em termos de superlucro e transferência de riscos/ônus da circulação, a empresa tem o preço médio dos produtos garantido, e cabem à consultora as estratégias de venda que incluem baixar os preços e, consequentemente, ter lucros reduzidos.

Considerando-se a falta de formas e a alta permeabilidade social desse trabalho, é difícil problematizar em termos do que definiria a relação salário/valor da força de trabalho. Mais do que isso, tal força de trabalho tem de ser tratada no âmbito da constituição de um "trabalhador coletivo da distribuição", que se configura não pela falta de medidas, mas por medidas praticamente não precisáveis. Trata-se, portanto, da impossibilidade de definir o que é tempo de trabalho socialmente necessário e o que é tempo de trabalho não pago. Essa conta, como já discutido com relação ao "eco aritmético"[176], na prática não é realizável em um caso isolado; mas, nas revendas, tal impossibilidade se materializa na permeabilidade da ocupação, sendo elemento visível e central na sua constituição. Como já abordado, mesmo consultoras que fizeram da venda sua profissão não conseguem precisar quanto investem, quanto recebem e quanto tempo dedicam às vendas. Para as que se tornam consultoras pelo cálculo do custo-benefício, o que lhes interessa inicialmente é adquirir os produtos a preços reduzidos; mas, como vimos, ser esse tipo de consumidora "dá trabalho".

---

[175] Ibidem, p. 202. Grifo do autor.
[176] Henrique Amorim, *A valorização do capital e o desenvolvimento das forças produtivas*, cit.

Não posso, então, prospectar sobre as dimensões desse trabalho não pago. Entretanto, há uma hipótese que apontaria para uma quase plenitude do trabalho não pago das revendedoras. *Se considerarmos que os custos de circulação que a empresa tem já estejam embutidos no preço repassado às consultoras, as próprias vendedoras pagariam à empresa os custos de seu trabalho, quando compram os produtos seja para consumo próprio, seja para a venda.*

Há um caminho que possibilitaria verificar essa hipótese. Retomando a explicação feita no segundo capítulo, o SVD é legalizado e contribui com um imposto diferenciado sobre os produtos vendidos, denominado *imposto por substituição*. Tal imposto é calculado sobre a *margem do valor agregado*, que "vem a ser um percentual usado na fórmula de cálculo do ICMS que deveria ser recolhido pelos revendedores dos produtos, mas que, por acordo entre os estados, é pago pelos fabricantes em nome dos revendedores"[177]. O cálculo é feito da seguinte maneira: "Para calcular o ICMS a ser recolhido em nome dos revendedores, a indústria aplica sobre o valor do custo do produto o percentual da MVA, e sobre esse resultado calcula a alíquota do ICMS". Esse percentual designado MVA "é um percentual presumido do ganho médio obtido pelo revendedor com a venda" – no caso da Natura, em princípio os 30% de comissão sobre o valor de catálogo. Por exemplo, se o *valor de custo do produto* for R$ 100 e a empresa definir que 30% deste valor correspondem ao MVA, ou seja, à parte que é destinada para a revendedora, o MVA será de R$ 30. Sobre esses R$ 30, calcula-se a porcentagem destinada ao ICMS que não é recolhido pela revendedora, a qual é determinada pelos estados. Supondo que o ICMS seja de 18%, será, então, de 18% sobre R$ 30, o que resulta em R$ 5,4. Ou seja, do *valor de custo R$ 100 do produto, 5,4% são recolhidos pela empresa em substituição ao recolhimento do vendedor.*

Reenfatizando, o MVA é presumido sobre o valor de custo do produto; entretanto, *não necessariamente o preço de catálogo corresponde ao valor de custo*. Portanto, o valor de catálogo não necessariamente é a soma do valor de custo mais o MVA; não há regulação fiscal sobre o preço de catálogo, mas sobre o preço de custo faturado pela empresa. No caso acima, o valor de custo de um determinado produto pode ser R$ 100, mas não necessariamente será vendido no catálogo por este valor. Tal desvinculação também está amparada em bases legais, sendo um dos requisitos que possibilitam a negação de vínculos empregatícios do SVD: em princípio, a revendedora pode vender os produtos pelo preço que quiser; a empresa não pode formalmente determinar o preço de revenda, apenas o preço da venda, e estimar os 30% de comissão, que é o que define o MVA e o valor do ICMS no pagamento do imposto por substituição; o que significa que o preço de catálogo legalmente é uma "estimativa" do valor a ser vendido, mas, como não há vínculos empregatícios, a empresa não pode determinar o valor da revenda; cabe à consultora a determinação do preço da revenda. (Evidentemente, essa liberdade não se realiza na prática; como vimos, as consultoras chegam a abrir mão de parte da comissão para garantir as vendas; a concorrência lhes impossibilita vender acima do valor de catálogo.) Supondo

---

[177] *Valor Setorial*, n. 40, 2007, p. 68.

que a consultora venda pelo preço de catálogo, 30% são seus, 70% são pagos para a empresa. A princípio não há como saber se nesses 70% já não estão incluídos os custos da empresa com o trabalho das próprias revendedoras ou sobrelucros; então, o trabalho da revendedora poderia se dar como um trabalho inteiramente não pago pela empresa. O que torna a questão mais complexa é que a própria vendedora pode estar pagando por ele. A hipótese não é absurda; o estado do Paraná, por exemplo, recentemente aumentou a taxação do imposto por substituição que é pago pela empresa, devido a disparidades entre o valor de custo e o preço de catálogo:

> Segundo o procurador geral do estado do Paraná, Sérgio Botto de Lacerda, a decisão foi tomada após a realização de fiscalizações e levantamentos pelos quais *se constatou que os valores de vendas, apresentados em notas fiscais, seriam bem menores do que aqueles estabelecidos nos catálogos das empresas. "São diferenças enormes, em alguns casos, superiores a 300%", afirma Lacerda. Para ele, não é possível que ocorram descontos tão grandes.*[178]

Ou seja, nos casos investigados, o valor de custo apresentado pela empresa chegou a ser 300% menor que o preço de catálogo, o que quer dizer que o revendedor ou o consumidor – que, como vimos, não são figuras bem distintas – podem estar pagando essa diferença. O consumo que "dá trabalho", nesse caso, também pode significar "pagar pelo próprio trabalho".

Essa hipótese nos remete ao *consumo produtivo*, tratando-se de um trabalho sem formas que, no entanto, é terceirização de trabalho para o consumidor, um trabalho inteiramente não pago, e, mais, que ainda demanda um investimento do *trabalhador amador*.

Entretanto, poderia se fazer um contra-argumento a toda a exposição aqui desenvolvida. Seriam essas mulheres simplesmente pequenas capitalistas do comércio? Se a resposta fosse positiva, parte da discussão realizada seria irrelevante, e nos levaria à pergunta que recorrentemente ouvi ao longo da pesquisa: afinal, por que pensar nesse trabalho em termos de exploração?

Tal questão nos remete a uma discussão que está no centro da própria definição de trabalho informal. Como diz o segundo capítulo, a categoria dos "por conta própria" traz a dificuldade de reconhecer se há e como se dá a relação de exploração. Ao pensar na separação entre capitais comercial e industrial, Marx analisou a repartição dos custos da circulação, bem como do mais-valor produzido:

> A relação do capital comercial com o mais-valor é diferente da do capital industrial. Este último produz o mais-valor mediante apropriação direta de trabalho alheio não pago. *O primeiro se apropria de parte desse mais-valor ao fazer com que essa parte seja transferida pelo capital industrial a ele.*[179]

A produção de mais-valor ocorre na esfera do capital industrial; sua realização ocorre na do capital comercial. Como vimos, tal realização também envolve o traba-

---

[178] Ibidem, p. 74. Grifos meus.

[179] Karl Marx, *O capital*, Livro III, tomo I, cit., p. 210. Grifos meus.

lho não pago e assalariado dos trabalhadores do comércio. Assim, a força de trabalho no comércio não produz valor, mas cumpre a realização deste. O que faz do capitalista do comércio um capitalista é a posição que ocupa com relação ao trabalhador: para que seja capitalista, tem de haver a subsunção do trabalho, ou seja, a apropriação do mais-valor produzido e realizado pelo trabalhador. Ou seja, falando claramente, a posição do capitalista é a daquele que lucra com o trabalho alheio, enquanto a do trabalhador é a daquele que sobrevive (termo de difícil precisão) com seu trabalho. Destrinchando os elementos que envolvem o trabalho das revendedoras, fica explícito que a remuneração de seu trabalho muitas vezes não ultrapassa ou nem alcança o que investem, isso sem nem levarmos em conta o tempo de trabalho despendido. É bem verdade que há exceções – mulheres que conseguem ter um lucro considerável com as vendas; para elas, há até uma categoria diferenciada, a de consultoras empreendedoras. Para tanto, estabelecem redes de revendedoras da revendedora que lhes possibilitam uma repartição de riscos e investimentos, e uma apropriação de parte dos ganhos de suas revendedoras. Portanto, há uma parte reduzida de revendedoras que podem agir como pequeninas capitalistas do comércio, enquanto a maioria tem rendimentos mínimos ou mesmo prejuízos.

Voltando à perspectiva da *organização na dispersão*, neste caso específico ela possibilita a eliminação da figura do capitalista do comércio: a empresa Natura volta a juntar capital industrial com comercial. O interessante é que tal junção lhe possibilita redução de custos e aumento nos lucros, assim como uma diminuição do tempo de giro do capital. Na realidade, não se trata de algo inédito ou espantoso, mas de mais um dos casos que, hoje, por meio de terceirizações, transferem riscos e custos da própria exploração, ao mesmo tempo que conservam sua propriedade sobre os lucros.

A relação de trabalho das consultoras se torna a análise de mais um dos exemplos que ilustram como a multidão produtiva ou improdutiva é central para a acumulação. O papel que desempenham, seja na geração de valor, seja na sua realização ou na redução de custos, por fim se traduz em acumulação.

Considerações finais

OS SENTIDOS DA BANALIZAÇÃO

Ao entrevistar uma promotora de vendas, perguntei se o consumo era o que levava a maioria das mulheres a se tornarem consultoras. Ela me respondeu: "Tem aquelas que são vitoriosas, guerreiras. Determina uma meta, sai de manhã, encara como profissão. É aquilo que vai pôr o pão e o leite do filho na mesa. Fica na rua o dia inteiro, 'não, ainda não posso voltar, só volto quando vender tanto', e ela só volta quando consegue. Ela é uma guerreira".

O discurso da promotora explicita as coisas como elas são: ao *proletariado informal*[1] cabe uma luta cotidiana para garantir a renda familiar. Jessé de Souza[2] captou as graves adversidades postas no mercado de trabalho, ao designar a "nova classe trabalhadora brasileira" – referindo-se à classe trabalhadora que, nos critérios despolitizados, hoje se denomina "nova classe C" – como nova *classe batalhadora.*

A batalha do mundo do trabalho no Brasil não é novidade. Considerando-se que, variações para cima ou para baixo, o mercado se constituiu e permanece com metade dos trabalhadores brasileiros vivendo na informalidade, o empreendedorismo precário há muito integra a vida dos ambulantes em pé de guerra por geração de renda e trabalho. A "viração" faz parte da história do país, mas se atualizou. No caso das consultoras, sua heterogeneidade socioeconômica evidencia que a viração não tem "público-alvo" bem definido; o acesso ao mundo do trabalho e ao consumo hoje demanda a plena atividade que inclui a ausência de regulações e direitos do trabalho e, mais que isso, adesão à intensificação e extensão do tempo de trabalho. No caso estudado, essa adesão fica reconhecível no exército de dimensões extraordinárias envolvido com uma atividade que ou se realiza como uma difícil ocupação principal ou demanda o trabalho para além do trabalho.

---

[1] Alejandro Portes e William Haller, "La economía informal", cit.

[2] Jessé de Souza, *Os batalhadores brasileiros*, cit.

A "viração" brasileira hoje tem de ser compreendida pelas configurações da relação Estado-capital-trabalho que adquirem novos contornos em um contexto mundial. Parti especialmente das abordagens de Harvey[3] e Chesnais[4], que possibilitam visualizar a mudança do prumo político a partir do Primeiro Mundo: após os trinta anos de uma triangulação capital-Estado-trabalho bem determinada, a relação mudava de figura. Coube à base "aguentar o tranco". As pressões na valorização real combinadas com o papel desregulatório do Estado tiveram consequências severas na vida dos trabalhadores por todo o mundo. Os parâmetros de justiça e igualdade social são subordinados aos dos imperativos econômicos. Precarização do trabalho, autonomização financeira e mobilidade do capital e do trabalho são determinantes nessa nova triangulação.

Enquanto a questão social desaparece do horizonte que permanece enevoado pelo TINA de Thatcher, a exploração do trabalho some como questão, assim como parece que ainda estão por serem definidas as novas geometrias da resistência do trabalho. Nesse ponto, a análise bifurca, e esses desaparecimento e indefinição são abordados também com relação à teoria. Relembrando a crítica de Huws[5], a dificuldade em dar definições para as transformações do trabalho é expressão de um desnorteamento político, do giro que já não acompanha o passo das mudanças em curso nem consegue problematizá-las politicamente.

A análise foi toda permeada por uma falta de referenciais bem estabelecidos que possibilitassem situar o trabalho informal na discussão. No que se refere a elementos centrais que hoje pautam o mundo do trabalho, há uma lacuna, que talvez se dê pelo descompasso teórico, mas também pela falta de medidas públicas que constituem a informalidade. Enquanto o trabalho informal é tratado apenas como avesso do trabalho formal, questões como extensão do tempo de trabalho, intensificação do trabalho, sofrimento do trabalho e exploração ficam difíceis de serem discernidas no que se refere à informalidade. Ou seja, referenciais extremamente importantes para o reconhecimento e crítica da exploração do trabalho no Brasil carecem de uma atualização, urgente e necessária.

A intensificação, por exemplo, é elemento gritante das transformações do trabalho – e pouco problematizado, o que tem sérias consequências políticas, como mostram Dal Rosso[6] e Pialoux e Beaud[7]. É possível pensar em uma intensificação do trabalho pela informalidade? Como reconhecê-la?

O sofrimento, aqui tratado nos termos de Dejours[8], tornou-se questão essencial para os estudos deste livro. Quais os parâmetros para nos referirmos ao seu agra-

---

[3] David Harvey, *A condição pós-moderna*, cit.; idem, *O neoliberalismo*, cit.
[4] François Chesnais, "O capital portador de juros", cit.
[5] Ursula Huws, *The Making of a Cybertariat*, cit.
[6] Sadi Dal Rosso, *Mais trabalho!*, cit.
[7] Michel Pialoux e Stéphane Beaud, *Retorno à condição operária: investigação em fábricas da Peugeot na França* (trad. Mariana Echalar, São Paulo, Boitempo, 2009).
[8] Cristophe Dejours, *A banalização da injustiça social*, cit.

vamento em relações de trabalho que não têm uma *organização prescrita*[9]? Como trazer a análise do contexto francês da consolidação do Estado de bem-estar para o contexto brasileiro das altas taxas de trabalho informal?

A *organização através da dispersão* é fundamental para tratarmos não só das novas geometrias das cadeias produtivas, mas também das atuais formas de controle do trabalho; qual o lugar do trabalho informal nessa organização? Como se dá o controle?

Por fim, a questão que é intrínseca aos estudos da informalidade: nós nos deparamos, atualmente, com as dificuldades de delimitar referências que definam a classe trabalhadora como tal, suas formas de resistência e mesmo as formas da exploração. Quais são as potencialidades políticas do atual *proletariado informal*[10]? Quais os referenciais contemporâneos para pensá-lo e reconhecê-lo em termos de classe social?

Tive como um argumento fundamental que o Sistema de Vendas Diretas é antigo, mas se atualizou. Parti de algumas hipóteses que orientaram o reconhecimento da exploração nessa relação de trabalho, buscando, ainda que minimamente, preencher aquela lacuna. Baseiam-se em uma *generalização*, no mercado de trabalho, de alguns elementos constitutivos da exploração. Uma generalização que também manifesta o espraiamento de características historicamente associadas ao trabalho tipicamente feminino. Primeiramente, considerei a *polivalência precária*, que se traduz na "viração" que se torna constitutiva da experiência de trabalho, não só de trabalhadores de baixa qualificação ou remuneração. Em segundo lugar, a indistinção entre tempo de trabalho e de não trabalho, ou seja, a transformação de *todo tempo em potencial tempo de trabalho*. Essa indistinção foi discutida por meio da definição de Oliveira[11], da *plenitude do trabalho abstrato*, e pensada tanto pela *intensificação*[12] como pela *extensão do tempo* de trabalho. O *salário por peça*[13] possibilitou pensar nas metas e bônus que hoje são centrais nas novas organizações do trabalho como materializações de formas contemporâneas de extração de mais-valor absoluto e relativo, que combinam o discurso flexível com a pressão real sobre a produtividade do trabalhador. Também na esteira da *plenitude do trabalho abstrato*, tratei das definições de *crowdsourcing*[14] e de *trabalhador amador*[15]. Estas apontam para as imbricações entre consumo e trabalho e para o trabalho sem forma trabalho, o que possibilita pensar em um trabalho não pago que se realiza também na esfera do consumo. O *trabalho amador* – aqui referente às revendedoras, e também aos consumidores criativos do mundo virtual – designa atividades que não têm lastros do trabalho, que podem gerar rendimentos que não têm o lastro do salário, que garantem sentidos que não têm o lastro da iden-

---

[9] Idem.

[10] Alejandro Portes e William Haller, "La economía informal", cit.

[11] Francisco de Oliveira, *Crítica à razão dualista/O ornitorrinco*, cit.

[12] Sadi Dal Rosso, *Mais trabalho!*, cit.

[13] Karl Marx, *O capital*, Livro I, cit.

[14] Jeff Howe, *Crowdsourcing*, cit.

[15] Marie-Anne Dujarier, *Le travail du consommateur*, cit.

tidade profissional, mas que possibilitam a plena atividade e que podem se efetivar em alguma medida como trabalho não pago. Todas essas generalizações conduziram ao que defini como *plena atividade,* para significar que trabalhadores trabalham por mais tempo, mais intensamente e também em formas que nem são reconhecíveis ou contabilizadas como trabalho.

O trabalho das revendedoras possibilitou o exame dessas generalizações no encontro entre diferentes ocupações. A combinação das revendas com o trabalho e o emprego domésticos, com outras ocupações informais, com emprego formal de baixa e alta remunerações, assim como seu entrelaçamento com o consumo, propiciaram a mim a verificação dessa *plena atividade* em ato. O exército de consultoras, na realidade, é uma multidão de mulheres em plena atividade, que "se viram" para ter rendimentos, para garantir o consumo dos cosméticos, para ter uma ocupação.

A plena atividade, portanto, não se refere apenas a essa ocupação: indica sua permeabilidade com outros trabalhos. Trata de uma adesão ao *trabalho para além do trabalho*, ainda que sem formas definidas e de difícil remuneração. Tal adesão foi considerada por uma dupla perspectiva. A primeira, mais imediata, das dificuldades materiais que vêm junto com a precarização do trabalho, ou seja, queda de rendimentos do trabalhador e necessidade de um complemento de renda. A segunda envolve questões mais complexas, que combinam as *motivações subjetivas* do trabalho[16] com as ameaças do desemprego.

A plena atividade das consultoras não é comumente reconhecida como trabalho, e muito menos como exploração. Tratei, então, de uma *visibilidade obscurecida*, em que as revendedoras trabalham em toda parte, mas seu trabalho não é reconhecido como tal. Esta visibilidade foi remetida à *invisibilidade social* da exploração do trabalho, problematizada na sua relação com a alta visibilidade da marca no contemporâneo: refleti sobre a marca como fetichismo da mercadoria e associada ao fetichismo do dinheiro[17], como o que dá visibilidade invertida à exploração do trabalho; tratei da atualização desse fetiche, pensando na alta visibilidade da exploração do trabalho que se desassocia da acumulação. A marca foi, assim, pensada como expressão do movimento do *capital portador de juros*[18] e na sua relação com a valorização real.

Ainda pela perspectiva da *visibilidade obscurecida*, a plena atividade das consultoras combinada com a força da marca Natura possibilitou pensar na banalização da exploração do trabalho, a partir da abordagem de Dejours[19] sobre a *banalização da injustiça social*. Mostrei que as adversidades vividas pelo exército de trabalhadoras informais não se conectam à imagem da marca – o que, em pequena medida, possibilitou tratar da relação entre banalização do sofrimento no trabalho e a informalidade.

---

[16] Cristophe Dejours, *A banalização da injustiça social*, cit.

[17] Karl Marx, *O capital,* Livro I, cit.; Livro III, tomo I, cit.

[18] Idem, *O capital*, Livro III, tomo I, cit.

[19] Cristophe Dejours, *A banalização da injustiça social*, cit.

A *invisibilidade social* também foi analisada pelo desaparecimento da exploração do trabalho no âmbito da teoria. Tomei a teoria do *imaterial*[20] como expressão daquelas que enfocam a primazia da ciência e das novas tecnologias para a acumulação, trazendo, embutida, a descartabilidade do trabalho. O fetichismo da teoria foi pensado como uma espécie de cegueira teórica que olha para as forças produtivas, mas não enxerga a exploração do trabalho e, quando a enxerga, não necessariamente a reconhece como questão.

A banalização adquiriu, assim, diferentes sentidos, que no fim tratam do mesmo processo. Pensei como a *exploração se banaliza na teoria*, no sentido acima explicado da desimportância da exploração do trabalho; referi-me à *banalização das revendas*, considerando seu crescimento extremamente acelerado nos últimos dez anos: por esse ângulo, a banalidade dessa ocupação se torna elemento da constituição de um exército de revendedoras ativas e também em potencial, que recorrem ou recorrerão à venda de acordo com suas necessidades. Finalmente, a banalização em seu sentido forte, como o "desenvolvimento da tolerância à injustiça social"[21] que dá a base comum a todas estas banalizações: as ameaças da descartabilidade social e sua relação com a tolerância à injustiça social se materializam na perda de freios da exploração do trabalho; essa banalização está posta no cotidiano dos trabalhadores na sua adesão à polivalência precária, na intensificação de seu trabalho, na extensão do tempo de trabalho, na plena atividade que pode incluir a venda de cosméticos; está posta na perda de horizontes políticos da teoria; está posta no não reconhecimento das adversidades do trabalho das consultoras – que, na realidade, estão evidentes.

Na perspectiva aqui adotada, o medo do desemprego se relaciona, assim, com uma imobilização política, ao mesmo tempo que se liga a uma mobilização produtiva. A descartabilidade social hoje está no bojo dos debates que tratam das relações de trabalho e da desigualdade social, das impossibilidades do Estado de direito, da própria democracia nas suas formas contemporâneas. Davis, em uma passagem de *Planeta Favela* anteriormente citada, ilustra bem o que está em questão ao afirmar categoricamente que "a força de trabalho de um bilhão de pessoas *foi expelida do sistema mundial*, e quem consegue imaginar algum cenário plausível, sob os auspícios neoliberais, que a reintegre como trabalhadores produtivos ou consumidores em massa?".[22]

A descartabilidade social aparece como fato inquestionável em diversas e relevantes teorias de esquerda (ao dizer esquerda, refiro-me às que tragam a desigualdade social e a exploração como questão). No entanto, é preciso enxergá-la pelo avesso: o *desemprego hoje não significa não trabalho* e o *trabalho se realiza como "mais trabalho"*[23]. Se atentarmos à *crowd*[24] e sua imensa produção que se dá por meios virtuais, mas é real, e se pesquisarmos empiricamente o que ocupa os desempregados nas perife-

---

[20] André Gorz, *O imaterial*, cit.

[21] Cristophe Dejours, *A banalização da injustiça social*, cit.

[22] Mike Davis, "Planeta de favelas", cit., p. 211-2. Grifos meus.

[23] Sadi Dal Rosso, *Mais trabalho!*, cit.

[24] Jeff Howe, *Crowdsourcing*, cit.

rias, o que sobressai é a plena atividade, que aqui é pensada em termos produtivos. Os "bicos", que hoje compõem a vida de desempregados e também empregados de diferentes rendimentos e qualificações, designam as ocupações que não têm formas profissionais definidas, muito menos horizontes, mas estão inseridas nos circuitos da produção e da distribuição. A "viração" das consultoras Natura ilustra muito bem o que está em questão: o trabalho informal, desempenhado por um milhão de pessoas, pauta a produção da empresa e está plenamente conectado à sua acumulação.

Esse debate não é novo; ele nos remete às teorias da marginalidade e aos esforços teóricos para apontar a conexão do trabalho informal com os circuitos da acumulação[25]. Tal recognição se atualiza e se torna mais intricada pela primazia do desenvolvimento econômico e pelas transformações do trabalho no contexto do regime de dominância financeira da valorização[26]. Portanto, se já era difícil rastrear o caminho do trabalho informal à acumulação, na atualidade suas pistas podem ficar mais nebulosas em face da valorização fictícia e da dispersão controlada do trabalho.

A *organização através da dispersão* nomeou as terceirizações em nível global, que hoje apontam para a mobilidade tanto do trabalho como do capital. Vetores da exploração do trabalho, as terceirizações hoje demandam o reconhecimento das novas formas de controle e de organização. O mapeamento da relação entre o trabalho das consultoras e a organização da produção da empresa, em alguma medida, evidenciou a própria organização na dispersão em ato e dá caminhos para abordar a informalidade na sua relação com as tecnologias da informação.

As questões levantadas são parte dos desafios às teorias da informalidade e do próprio desenvolvimento. Nos anos 1970, a abordagem de Oliveira[27] sobre o trabalho informal trazia a exploração da mão de obra rebaixada para o centro da constituição da acumulação à brasileira. O debate dava formas ao próprio subdesenvolvimento, problematizando interesses de classe, a inserção do país no contexto internacional, a centralidade da desigualdade social nessa constituição e traçando também os contornos dos horizontes do desenvolvimento. Atualmente, países da periferia são o centro da produção material, que, hoje, pode combinar trabalho degradado com inovação tecnológica, não se tratando, portanto, apenas das formas antigas de exploração do trabalho. Políticas de Estado desses países incentivam o fornecimento da mão de obra rebaixada em cadeias transnacionais, como a cooperativa de Quixeramobim que, graças aos incentivos do governo do Ceará, hoje fabrica os tênis Nike[28]. Mas esses países também podem ser a sede de empresas como a Natura, que hoje investe pesadamente em pesquisa e desenvolvimento e se firma no mercado mundial, estendendo sua distribuição e seu exército de revendedoras

---

[25] Francisco de Oliveira, *Crítica à razão dualista/O ornitorrinco*, cit.; Alejandro Portes, Manuel Castells e Lauren Benton (orgs.), *The Informal Economy*, cit.; Saskia Sassen, "New York City's Informal Economy", cit.; idem, *As cidades na economia mundial*, cit.

[26] Leda Paulani, "Quando o medo vence a esperança", cit.

[27] Francisco de Oliveira, *Crítica à razão dualista/O ornitorrinco*, cit.

[28] Jacob C. Lima, "Trabalho flexível e autogestão", cit.

para a América Latina e a França, além de no Brasil bancar a concorrência com as empresas multinacionais e ser líder de mercado.

Brasileiras imigrantes ilegais podem vender os produtos na Europa. Trabalhadoras na França podem se tornar revendedoras da empresa brasileira. Paralelamente, as trabalhadoras consumidoras brasileiras hoje também são parte da "nova classe C", formada nos anos do governo Lula. A revista *The Economist*[29] celebrava em 2009 que o "país do futuro" havia começado a "cumprir suas promessas". A marca Natura, aqui, foi analisada no mesmo sentido, pela imagem do "Brasil que dá certo", combinando tropicalidade com modernização. Dentre seu mais de um milhão de revendedoras informais, encontro a consultora de classe alta que resume o imbróglio, dizendo que "a empresa é um exemplo de brasilidade". O que isso quer dizer hoje? Aumento exponencial do consumo dos mais pobres e do lucro das empresas; uma definição governamental de "classe média" que inclui os que em sua maioria têm rendimento inferior a um salário mínimo; empresas brasileiras que se tornam multinacionais; expansão do setor privado altamente financeirizado de educação, saúde, moradia; geração de empregos, mas com remuneração inferior a 1,5 SM são alguns dos elementos que hoje formam esse intricado "exemplo de brasilidade". A brasilidade também consistiria nas formas pouco reconhecidas mas explícitas de intensificação do trabalho e de extensão do tempo de trabalho? Como a consultora citada do site Reclame Aqui, o trabalhador – de diversos níveis e qualificações – sabe do que se trata. Da perspectiva aqui proposta, não se pode perder de vista que o trabalho informal se atualiza e permanece como elemento central para o reconhecimento dos elos contemporâneos entre exploração do trabalho, acumulação e desenvolvimento.

Por fim, numa perspectiva geral, a discussão sobre a queda tendencial da taxa de lucro e suas contratendências percorreu toda a análise. Estudei o trabalho das revendedoras com base no reconhecimento das contratendências que estão em ato. Esse ângulo de visão possibilitou não só a contraposição às teorias da perda de centralidade do trabalho como também a formulação de um pensamento sobre a valorização real bem-sucedida em "espremer mais trabalho"[30] e transferir custos da produção para o trabalhador. A relação entre capital e trabalho estruturou, portanto, a investigação de uma ocupação que pode nem mesmo ter a forma trabalho reconhecida.

Finalmente, a análise toda é costurada por uma ausência: a do reconhecimento das formas de resistência que historicamente definem os limites da relação entre capital e trabalho. Se a relação entre capital e trabalho se tornou de difícil reconhecimento, também ficam obscurecidas as formas de resistência frente à exploração. No caso das revendedoras, o que parece "perfumaria" na realidade são evidências dos desafios políticos dos trabalhadores e da teoria em face das constituições contemporâneas da exploração.

---

[29] "Brazil Takes Off", *The Economist*, 14 nov. 2009.
[30] Karl Marx, *O capital*, Livro I, cit.

REFERÊNCIAS BIBLIOGRÁFICAS

ABÍLIO, Ludmila C. *Dos traços da desigualdade ao desenho da gestão*: trajetórias de vida e programas sociais na periferia de São Paulo. Dissertação de Mestrado em Sociologia. São Paulo, FFLCH/USP, 2005.

_____. Politiques d'inclusion sociale dans la périphérie: du public cible aux histoires de vie. In: GEORGES, Isabel; CABANES, Robert (orgs.). *São Paulo, la ville d'en-bas*. Paris, L'Harmattan, 2009.

_____. A gestão do social e o mercado da cidadania. In: CABANES, Robert; GEORGES, Isabel; RIZEK, Cibele S.; TELLES, Vera da Silva (orgs.). *Saídas de emergência*: ganhar/perder a vida na periferia de São Paulo. São Paulo, Boitempo, 2011.

ABREU, Míriam Santini de. Sadia, vida mais gostosa para quem? *Pobres e Nojentas*, 11 jan. 2011. Disponível em: <http://pobresenojentas.blogspot.com/2011/01/sadia-vida-mais-gostosa-para-quem.html>. Acesso em 12 maio 2014.

ALENCASTRO, Luiz F. A servidão de Tom Cruise: metamorfoses do trabalho compulsório. *Folha de S.Paulo*, São Paulo, 13 ago. 2000.

AMORIM, Henrique. *A valorização do capital e o desenvolvimento das forças produtivas*: uma discussão crítica sobre o trabalho imaterial. Tese de Doutorado em Ciências Sociais. Campinas, IFCH/Unicamp, 2006.

ANDRADE, Daniel P. *Paixões, sentimentos morais e emoções*: uma história do poder emocional sobre o homem econômico. Tese de Doutorado em Sociologia. São Paulo, FFLCH/USP, 2011.

ANTUNES, Ricardo. A era da informatização e a época da informalização: riqueza e miséria do trabalho no Brasil. In: _____ (org.). *Riqueza e miséria do trabalho no Brasil*. São Paulo, Boitempo, 2006.

_____; BRAGA, Ruy. *Infoproletários*. São Paulo, Boitempo, 2009.

ARANTES, Paulo E. A viagem redonda do capitalismo de acesso. *Reportagem*, n. 58, jul. 2004a.

_____. *Zero à esquerda*. São Paulo, Conrad, 2004b.

_____. Entrevista com Paulo Arantes. *Trans/Form/Ação*, n. 31, v. 2, 2008, p. 7-18.

ARAÚJO, Angela M. Informalidade e relações de gênero. In: GEORGES, Isabel; LEITE, Márcia (orgs.). *Novas configurações do trabalho e economia solidária*. São Paulo, Annablume, 2011.

ASSOCIAÇÃO BRASILEIRA DAS EMPRESAS DE PESQUISA. *Critério de classificação econômica Brasil.* São Paulo, 2009.

ASSOCIAÇÃO BRASILEIRA DE EMPRESAS DE VENDA DIRETA (ABEVD). Disponível em: <https://www.abevd.org.br/>. Acesso em 12 maio 2014.

BANCO MUNDIAL. *Nike in Vietnam: the Tae Kwang Vina Factory*, 2003. Disponível em: <http://www-wds.worldbank.org/external/default/WDSContentServer/WDSP/IB/2009/11/04/000333037_20091104011426/Rendered/PDF/514330WP0VN0Ni10Box342028B01PUBLIC1.pdf>. Acesso em 12 maio 2014.

BERNARDO, João. *Democracia totalitária*: teoria e prática da empresa soberana. São Paulo, Cortez, 2004.

BIGGART, Nicole. *Charismatic Capitalism: Direct Selling Organizations in America*. Chicago, University of Chicago Press, 1989.

BIHR, Alain. *Da grande noite à alternativa.* Trad. Wanda Brant. São Paulo, Boitempo, 1998.

BODEN, M; MILES, I. *Services and the Knowledge-Based Economy.* New York, Continuum, 2000.

BOLTANSKI, Luc; CHIAPELLO, Ève. *O novo espírito do capitalismo.* São Paulo, WMF Martins Fontes, 2009.

BONACICHI, Edna; APPELBAUM, Richard. *Behind the Label*: Inequality in Los Angeles Apparel Industry. Londres, University of California Press, 2000.

BRAGA, Ruy. A vingança de Braverman: o infotaylorismo como contratempo. In: ANTUNES, Ricardo; BRAGA, Ruy (orgs.). *Infoproletários.* São Paulo, Boitempo, 2009, p. 59-88.

BRAVERMAN, Harry. *Trabalho e capital monopolista*: a degradação do trabalho no século XX. Rio de Janeiro, Zahar, 1987.

CACCIAMALI, Maria Cristina. Globalização e processo de informalidade. *Economia e Sociedade*, n. 14, jun. 2000, p. 153-75.

CALLCENTER.INF.BR. Brasil vence Índia em *offshore*. Disponível em: <http://www.callcenter.inf.br/outsourcing/36859/brasil-vence-india-em-offshore/imprimir.aspx>. Acesso em 12 maio 2014.

CARDOSO Jr., José C. De volta para o futuro? As fontes de recuperação do emprego formal no Brasil e as condições para sua sustentabilidade temporal. Texto para discussão n. 1.310. Brasília, Ipea, 2007.

CASTEL, Robert. *As metamorfoses da questão social*: uma crônica do salário. Petrópolis, Vozes, 1998.

CASTRO, Bárbara. Apontamentos sobre a modificação das relações de trabalho nas décadas de 1990 e 2000 a partir do setor de TI. III Simpósio Nacional de Tecnologia e Sociedade, Curitiba, 2009.

CHESNAIS, François. O capital portador de juros: acumulação, internacionalização, efeitos econômicos e políticos. In: _____ (org.). *A finança mundializada.* Trad. Paulo Nakatari e Rosa Marques. São Paulo, Boitempo, 2005, p. 35-68.

DAL ROSSO, Sadi. *Mais trabalho!* A intensificação do labor na sociedade contemporânea. São Paulo, Boitempo, 2008.

DAVIS, Mike. Planeta de favelas: a involução urbana e o proletariado informal. In: SADER, Emir (org.). *Contragolpes.* Seleção de artigos da *New Left Review.* Trad. Beatriz Medina. São Paulo, Boitempo, 2006a, p.191-218.

_____. *Planeta Favela.* Trad. Beatriz Medina. São Paulo, Boitempo, 2006.

DEJOURS, Cristophe. *A banalização da injustiça social.* Rio de Janeiro, FGV, 1999.

DIÁRIO DO COMÉRCIO. À prova de crise, venda direta cresce no país. 6 jul. 2010. Disponível em: <https://abras.com.br/clipping.php?area=1&clipping=14492>.

DORIA, Pedro. Incrível mundo dos muito, muito ricos. *Estadão,* 17 jul. 2007. Disponível em: <http://www.estadao.com.br/noticias/suplementos,incrivel-mundo-dos-muito-muito-ricos,20084,0.htm>. Acesso em 12 maio 2014.

DUJARIER. Marie-Anne. *Le travail du consommateur.* Paris, La Découverte, 2008.

DUMÉNIL, Gérard; LEVY, Dominique. O neoliberalismo sob a hegemonia norte-americana. In: CHESNAIS, François (org.). *A finança mundializada.* Trad. Paulo Nakatari e Rosa Marques. São Paulo, Boitempo, 2005, p. 85-108.

ENGELS, Friederich. *A situação da classe trabalhadora na Inglaterra.* Trad. B. A. Schumann. São Paulo, Boitempo, 2008.

FERREIRA, Gabriel. Avon das bolsas. *Exame PME,* ed. 27, 15 set. 2010. Disponível em: <http://exame.abril.com.br/revista-exame-pme/edicoes/0027/noticias/avon-bolsas-596558?page=2&slug_name=avon-bolsas-596558>. Acesso em 12 maio 2014.

FIX, Mariana. *Parceiros da exclusão*: duas histórias da construção de uma "nova cidade" em São Paulo: Faria Lima e Água Espraiada. São Paulo, Boitempo, 2001.

_____. *São Paulo cidade global*: fundamentos financeiros de uma miragem. São Paulo, Boitempo, 2007.

FONTENELLE, Isleide. *O nome da marca*: McDonald's, fetichismo e cultura descartável. São Paulo, Boitempo, 2002.

GORZ, André. *O imaterial.* São Paulo, Annablume, 2005.

HADDAD, Fernando. Trabalho e classes sociais. *Tempo Social,* n. 9, v. 2, 1997, p. 97-123.

HARDT, Michael; NEGRI, Antonio. *Império.* Rio de Janeiro, Record, 2006.

HARVEY, David. *A condição pós-moderna*: uma pesquisa sobre as origens da mudança cultural. São Paulo, Loyola, 1992.

_____. *O neoliberalismo*: história e implicações. São Paulo, Loyola, 2008.

HELFT, Miguel. Apple Says Chinese Supplier Made Changes after Suicides. *The New York Times,* 15 fev. 2011. Disponível em: <http://bits.blogs.nytimes.com/2011/02/15/apple-says-chinese-supplier-made-changes-after-suicides/?scp=1&sq=sweatshop,%20steve%20jobs,%20foxconn&st=cse>. Acesso em 12 maio 2014. [Versão em português: Após onda de suicídios, Foxconn aumenta salário dos empregados na China. Disponível em: <http://noticias.bol.uol.com.br/internacional/2010/06/03/apos-onda-de-suicidios-foxconn-aumenta-salarios-os-empregados-na-china.jhtm>. Acesso em 12 maio 2014.]

HELLER, Agnes. *O cotidiano e a história.* Rio de Janeiro, Paz e Terra, 1985.

HIGGINBOTTOM, Andy. The System of Accumulation in South Africa: Theories of Imperialism and *Capital.* Iippe Conference, Grécia, 2010.

HIRATA, Helena; KERGOAT, Danièle. A classe operária tem dois sexos. *Revista Estudos Feministas,* n. 2, v. 3, 1994, p. 93-100.

HOWE, Jeff. *Crowdsourcing*: How the Power of the Crowd is Driving the Future of Business. Nova York, Randon House, 2008.

HUWS, Ursula. *The Making of a Cybertariat*: Virtual Work in Real World. Nova York, Monthly Review Press, 2003.

IPEA. PNAD 2009: primeiras análises: o mercado de trabalho brasileiro em 2009. *Comunicado do Ipea*, Brasília, n. 62, 23 set. 2010.

_____. Desemprego e desigualdade no Brasil metropolitano. *Comunicado do Ipea*, Brasília, n. 76, 10 fev. 2011.

KLEIN, Naomi. *Sem logo*: a tirania das marcas em um planeta vendido. São Paulo, Record, 2002.

_____. *A doutrina do choque*. Rio de Janeiro, Ediouro, 2008.

LEFEBVRE, Henri. *Metafilosofia*. São Paulo, Civilização Brasileira, 1967.

LIMA, Jacob. Trabalho flexível e autogestão: estudo comparativo entre cooperativas de terceirização industrial. In: _____ (org.). *Ligações perigosas*: trabalho flexível e trabalho associado. São Paulo, Annablume, 2007.

_____. Participação, empreendedorismo e autogestão: uma nova cultura do trabalho? *Sociologias*, n. 12, v. 25, 2010, p. 158-98.

_____; BEZERRA, Maria. Trabalho flexível e o novo informal. *Caderno do CRH*, n. 37, 2002, p. 163-178.

LÓPEZ-RUIZ, Osvaldo J. *O "ethos" dos executivos das transnacionais e o espírito do capitalismo*. Tese de Doutorado em Ciências Sociais. Campinas, IFCH/Unicamp, 2004.

MACHADO DA SILVA, Luis Antonio. Mercado de trabalho, ontem e hoje. In: SANTANA, Marco Aurélio; RAMALHO, José Ricardo (orgs.). *Além da fábrica*. São Paulo, Boitempo, 2003.

MARAZZI, Christian. *The Violence of Financial Capital*. Los Angeles, Semiotext, 2007.

MARX, Karl. Capítulo sexto inédito de *O capital*. *O capital*. Livro I. São Paulo, Ciências Humanas, 1978.

_____. *Grundrisse*. Trad. Mario Duayer et al. São Paulo, Boitempo, 2011.

_____. *O capital*: crítica da economia política. Livro I: O processo de produção do capital. Trad. Rubens Enderle. São Paulo, Boitempo, 2013.

_____. *O capital*: crítica da economia política. Livro II: O processo de circulação do capital. Trad. Rubens Enderle. São Paulo, Boitempo, 2014.

_____. *O capital*: crítica da economia política. Livro III: O processo global de produção capitalista. São Paulo, Nova Cultural, 1988.

_____; ENGELS, Friederich. *Manifesto Comunista*. Trad. Álvaro Pina. São Paulo, Boitempo, 1998.

MEIER, Bruno. O exército das vendas. *Veja*, ed. 2174, ano 43, n. 29, 21 jul. 2010.

MENDONÇA, Ana P.; LIMOLI, Loredana. O merchandising comercial no ensino de língua portuguesa. I Colóquio Internacional de Estudos Linguísticos e Literários. Maringá, jun. 2010.

NASCIMENTO, Rodnei A. *Formas da subsunção do trabalho no capital*: formal, real e espiritual. Tese de Doutorado em Filosofia. São Paulo, FFLCH/USP, 2007.

NATURA. *Relatório anual 2008*. Disponível em: <http://www2.natura.net/Web/Br/relatorios_anuais/src/desempenho_social_geracao.asp>. Acesso em 12 maio 2014.

_____. *Relatório anual 2009*. Disponível em: http://natura.infoinvest.com.br/ptb/3536/relato rio20anual202008_versao20completa20revista_0906_FINAL.pdf. Acesso em 10.01.2011

_____. *Relatório anual 2010*. Disponível em: <http://natura.infoinvest.com.br/ptb/3718/RA2010. pdf>. Acesso em 4 maio 2011.

_____. *Relatório anual 2013*. Disponível em: <http://natura.infoinvest.com.br/ptb/4742/Natu ra_GRI_Completo_20140328final.pdf>. Acesso em maio 2014.

OLIVEIRA, Francisco de. Privatização do público, destituição da fala e anulação da política: o totalitarismo neoliberal. In: OLIVEIRA, Francisco de; PAOLI, Maria Célia (orgs.). *Os sentidos da democracia*: políticas do dissenso e a hegemonia global. Petrópolis, Vozes, 1999.

_____. Passagem na neblina. In: STÉDILE, João P.; GENOÍNO, José (orgs.). *Classes sociais em mudança e a luta pelo socialismo*. São Paulo, Perseu Abramo, 2000.

_____. *Crítica à razão dualista/O ornitorrinco*. São Paulo, Boitempo, 2003a.

_____. O Estado e a exceção: ou o Estado de exceção? Conferência de Abertura da Reunião Anual da Anpur – Associação Nacional de Pós-Graduação e Pesquisa em Planejamento Urbano e Regional. Belo Horizonte, maio 2003b.

ORTOLAN, Pammela. *Análise sobre a relação de trabalho e relação de emprego no sistema de venda direta*. Monografia. São Bernardo do Campo, FDSBC, 2007.

PAULANI, Leda. O papel da força viva de trabalho no processo capitalista de produção: uma análise dos dilemas contemporâneos. *Estudos econômicos*, n. 31, v. 4, 2001, p. 695-721.

_____. Quando o medo vence a esperança: um balanço da política econômica do governo Lula. *Crítica Marxista*, n. 19, 2004, p. 11-26.

_____. *Brasil delivery*. São Paulo: Boitempo, 2008a.

_____. Poder e dinheiro: a flexibilidade do capital financeiro. *Revista do Instituto Humanitas Unisinos Online*, out. 2008b. Disponível em: <http://www.ihuonline.unisinos.br/index.php?option=com_ content&view=article&id=2245&secao=278>. Acesso em 12 maio 2014.

_____. A crise do regime de acumulação com dominância da valorização financeira e a situação do Brasil. *Estudos Avançados*, n. 23, v. 66, 2009a, p. 25-39.

_____. Autonomização das formas sociais e crise. *Crítica Marxista*, n. 28, v. 37, 2009b.

PIALOUX, Michel; BEAUD, Stéphane. *Retorno à condição operária*: investigação em fábricas da Peugeot na França. Trad. Mariana Echalar. São Paulo, Boitempo, 2009.

PNUD. Como se saem os migrantes. *Relatório do Desenvolvimento Humano. Ultrapassar barreiras*: mobilidade e desenvolvimento humano. 2009. Disponível em: <http://www.pnud.org.br/rdh/>. Acesso em 12 maio 2014.

POCHMANN, Marcio. *O emprego no desenvolvimento da nação*. São Paulo, Boitempo, 2008.

_____. *Desenvolvimento e perspectivas novas para o Brasil*. São Paulo, Cortez, 2010a.

_____. *Desenvolvimento, trabalho e renda no Brasil*. São Paulo, Perseu Abramo, 2010b.

_____. 27 horas. *Folha de S.Paulo*, 23 jan. 2011. Disponível em: <http://www1.folha.uol.com.br/fsp/opiniao/fz2301201107.htm>. Acesso em 7 ago. 2014.

_____. *Nova classe média?* O trabalho na base da pirâmide social brasileira. São Paulo, Boitempo, 2012.

PORTES, Alejandro; CASTELLS, Manuel; BENTON, Lauren (orgs.). *The Informal Economy.* Studies in Advanced and Less Developed Countries. Baltimore/Londres, The Johns Hopkins University Press, 1989.

_____. Globalization from Below. In: SMITH, W. P.; KORCZENWICZ, R. P. (orgs.). *Latin America in the World Economy.* Westport, Greenwood, 1996, p. 151-68.

_____; HALLER, William. La economía informal. *Cepal: Serie Políticas Sociales.* Santiago de Chile, Naciones Unidas, 2004.

_____; HALLER, William; GUARNIZO, Luis. Transnational Entrepreneurs: An Alternative Form of Immigrant Economic Adaptation. *American Sociological Review*, n. 67, v. 2, 2002, p. 278-98.

_____; HOFFMANN, Kelly. Latin America Class Structures: Their Composition and Change during the Neoliberal Era. *Latin American Research Review*, n. 38, v. 1, 2003.

REVISTA VALOR SETORIAL. Especial Vendas Diretas, fev. 2007. Disponível em: <http://www.revistavalor.com.br/home.aspx?pub=5&edicao=1>. Acesso em 4 maio 2011.

RIFKIN, Jeremy. *A era do acesso.* São Paulo, Makron Books, 2005.

RITZER, George. *The McDonaldization of Society.* 5. ed., Londres, Sage, 2008.

_____; NATHAN, Jurgenson. Production, Consumption, Prosumption: the Nature of Capitalism in the Age of the Digital 'Prosumer'. *Journal of Consumer Culture*, n. 10, v. 1, 2010, p. 13-36.

SALAIS, Robert. *L'invention du chômage.* Paris, Presses Universitaires de France, 1996.

SASSEN, Saskia. New York City's Informal Economy. In: PORTES, Alejandro; CASTELLS, Manuel; BENTON, Lauren (orgs.). *The Informal Economy. Studies in Advanced and Less Developed Countries.* Baltimore/Londres, The Johns Hopkins University Press, 1989.

_____. *As cidades na economia mundial.* São Paulo, Studio Nobel, 1998a.

_____. *Globalization and its Discontents. Essays on the New Mobility of People and Money.* Nova York, The New York Press, 1998b.

SECRETARIA DE ASSUNTOS ESTRATÉGICOS, *Vozes da (nova) classe média*, Brasília, caderno 4, ago. 2013

SENNETT, Richard. *A corrosão do caráter*: consequências pessoais do trabalho no novo capitalismo. Rio de Janeiro, Record, 2003.

SICSU, João; VILHENA, Fernanda. Mapeamento da produtividade do trabalho nos bancos brasileiros. *Ensaios FEE*, n. 25, v. 1, 2004, p. 115-44.

SILVER, Beverly. *Forças do trabalho*: movimentos de trabalhadores e globalização desde 1870. Trad. Fabrizio Rigout. São Paulo, Boitempo, 2005.

SINGER, André. *Os sentidos do lulismo*: reforma gradual e pacto conservador. São Paulo, Companhia das Letras, 2012.

SOUZA, Jessé. *Os batalhadores brasileiros*: nova classe média ou nova classe trabalhadora? Belo Horizonte, Editora UFMG, 2010.

STEFANO, Fabiane. Consumo: a força que move a economia. *Exame*, ed. 972, 28 jul. 2010. Disponível em: <http://exame.abril.com.br/revista-exame/edicoes/0972/noticias/consumo-a-forca-que-move-a-economia>. Acesso em 7 ago. 2014.

TEIXEIRA, Rodrigo. *Dependência, desenvolvimento e dominância financeira*: a economia brasileira e o capitalismo mundial. Tese de doutorado em Economia. São Paulo, FEA/USP, 2007.

_____. A produção capitalista do conhecimento e o papel do conhecimento na produção capitalista. *Revista Economia*, n. 10, v. 2, 2009, p. 421-56.

TELLES, Vera da S. *Pobreza e cidadania*. São Paulo, Editora 34, 2001.

_____. (org). Mutações do trabalho e experiência urbana. *Tempo social*, n. 18, v. 1, 2006, p. 173-95.

THE ECONOMIST. Brazil Takes Off: Now the Risk for Latin America's Big Success Story is Hubris. 12 nov. 2009. Disponível em: <http://www.economist.com/node/14845197>. Acesso em 7 ago. 2014.

_____. Status Update: Facebook has Become the Third-Largest Nation. 22 jul. 2010. Disponível em: <http://www.economist.com/node/16660401?story_id=16660401>. Acesso em 7 ago. 2014.

_____. The Disposable Academic: Why Doing a PhD is Often a Waste of Time. 16 dez. 2010. Disponível em: <http://www.economist.com/node/17723223>. Acesso em 12 maio 2014.

PASSARIELLO, Christina. To L'Oréal, Brazil's Women Need New Style of Shopping. *The Wall Street Journal*, 21 jan. 2011. Disponível em: <http://online.wsj.com/article/SB10001424052748703951704576091920875276938.html>. Acesso em 12 maio 2014.

VALLONE, Giuliana. Classe C domina alta em higiene e beleza. *Folha de S.Paulo*, 1 mar. 2011. Disponível em: <http://www1.folha.uol.com.br/mercado/882602-classe-c-domina-alta-em-higiene-e-beleza.shtml>. Acesso em 12 maio 2014.

_____. Mulheres compram mais produtos de beleza ao trabalhar fora. *Folha de S.Paulo*, 1 mar. 2011. Disponível em: <http://www1.folha.uol.com.br/mercado/2011/03/882613-mulheres-compram-mais-produtos-de-beleza-ao-trabalhar-fora.shtml>. Acesso em 12 maio 2014.

VIANA, Silvia. *Rituais de sofrimento*. São Paulo, Boitempo, 2013.

VIRILIO, Paul. *Guerra pura*: a militarização do cotidiano. São Paulo, Brasiliense, 1984.

WACQUANT, Loïc. *Os condenados da cidade*. Rio de Janeiro, Revan, 2001b.

_____. *As prisões da miséria*. Rio de Janeiro, Zahar, 2001a.

WORLD FEDERATION OF DIRECT SELLING ASSOCIATIONS. *Global Salesforce Size 1998 – 2009*. Disponível em: <http://www.wfdsa.org/statistics/index.cfm?fa=display_stats&number=3>. Acesso em 12 maio 2014.

ZAMPIERI, Aline Cury. De FHC a Lula, uma alta de 1.500% na Bolsa. *IG São Paulo*, 8 nov. 2010. Disponível em: <http://economia.ig.com.br/financas/investimentos/de-fhc-a-lula-uma-alta-de-1500-na-bolsa/n1237820937576.html>. Acesso em 7 ago. 2014.

FILMES:

O grande chefe. Dir.: Lars von Trier. Dinamarca/Suécia, 2006.

Pão e rosas. Dir.: Ken Loach. Reino Unido/Espanha/Alemanha/Suíça, 2000.

Roger e eu. Dir.: Michael Moore. Estados Unidos, 1989.

Who is Watching You (documentário), episódio 2, BBC, 2009

AGRADECIMENTOS

Às trabalhadoras que me concederam as entrevistas e tornaram este trabalho possível.

Aos queridos amigos e amigas da saudosa Escola de Aplicação, da graduação, do mestrado e do doutorado. Às amigas globalizadas Carmen Pizarro, Francesca Bonatti e Ligia Kiss. À Emi Koide, Cristina Barbanti, Rosana Sorbille, Adriana Campos, Anna Paula Pomarico, Carolina Toledo, Tatianna Alencar, Clara Rocha, Gilberto Tedeia, Silvia Viana, Georgia Sarris, Marina Saraiva, João Bittencourt, José Szwako, Mariana Cortes, Daniel Andrade e Mônica Aragona, companhias fundamentais não só das risadas e dos apertos, mas da construção deste livro. Aos meus familiares, que me acompanham sempre de perto, em especial a Gladys Benedicta Costhek, Isa Regina Costhek, Silvia Costhek, Cláudia Costhek e José Antônio Costhek.

Aos amigos integrantes dos "seminários das quartas", a reflexão coletiva em construção permanente – também alimentada por sanduíches hippies e espetinhos – é o pilar deste trabalho (já os balanços são de minha parte). Ao professor Paulo Arantes, que faz da Universidade ainda o espaço de reflexão e crítica, por sua orientação que já tem mais de uma década e pela coorientação da tese de doutorado.

A Amadeu André, Domenico Coiro, Lucia Valentin, Maria Rita Gandara, Maria da Penha Assis e Sandra Polcino, por seu trabalho e sua amizade.

Aos alunos da disciplina "Perspectivas sociológicas do trabalho no contemporâneo" do curso de Ciências Sociais da Unicamp, pelas formulações instigantes que se juntaram às deste trabalho. Aos alunos militantes do curso de "Produção da teoria" da Escola Nacional Florestan Fernandes cujos ensinamentos permanecem guiando a reflexão.

À professora Angela Araújo, por sua orientação da tese de doutorado extremamente séria e presente e, ao mesmo tempo, aberta aos caminhos pelos quais optei. Ao professor Alfredo Saad-Filho, pela importante orientação acompanhada do chá das cinco e por todo o apoio no estágio doutoral.

Aos professores Andy Higginbottom, Isabel Georges, José Dari Krein, Jon Smith, Ricardo Antunes e Robert Cabannes, por suas contribuições certeiras em momentos específicos da pesquisa. Um agradecimento especial às professoras Leda Paulani e Ursula Huws, suas contribuições generosas fortaleceram a análise e me encorajaram a seguir os caminhos que desejava. Ao professor Franscisco de Oliveira, com quem aprendi e entendi o que pode ser a sociologia.

Com muita admiração aos meus pais, Rosemary Costhek Abílio e Romeu Abílio, e à minha irmã, Vanessa Costhek Abílio. Difícil expressar toda minha gratidão e carinho; pelo apoio incondicional e companheirismo, por sua alegria e delicadeza. Ao meu amor e companheiro de todas as horas, João Samuel Rodrigues dos Santos Jr.

A pesquisa contou com os auxílios do CNPq para a realização do Doutorado, da Capes para realização de estágio doutoral no exterior e da Fapesp para a presente publicação. Agradeço também ao Programa de Doutorado em Ciências Sociais da Unicamp.

COLEÇÃO
Mundo do Trabalho
Coordenação **Ricardo Antunes**

ALÉM DA FÁBRICA
Trabalhadores, sindicatos e a nova questão social
Marco Aurélio Santana e José Ricardo Ramalho (orgs.)

A CÂMARA ESCURA
Alienação e estranhamento em Marx
Jesus Ranieri

ATUALIDADE HISTÓRICA DA OFENSIVA SOCIALISTA
Uma alternativa radical ao sistema parlamentar
István Mészáros

O CARACOL E SUA CONCHA
Ensaios sobre a nova morfologia do trabalho
Ricardo Antunes

O CONTINENTE DO LABOR
Ricardo Antunes

A CRISE ESTRUTURAL DO CAPITAL
István Mészáros

CRÍTICA À RAZÃO INFORMAL
A imaterialidade do salariado
Manoel Luiz Malaguti

DA GRANDE NOITE À ALTERNATIVA
O movimento operário europeu em crise
Alain Bihr

DA MISÉRIA IDEOLÓGICA À CRISE DO CAPITAL
Uma reconciliação histórica
Maria Orlanda Pinassi

A DÉCADA NEOLIBERAL E A CRISE DOS SINDICATOS NO BRASIL
Adalberto Moreira Cardoso

A DESMEDIDA DO CAPITAL
Danièle Linhart

O DESAFIO E O FARDO DO TEMPO HISTÓRICO
O socialismo no século XXI
István Mészáros

DO CORPORATIVISMO AO NEOLIBERALISMO
Estado e trabalhadores no Brasil e na Inglaterra
Angela Araújo (org.)

A EDUCAÇÃO PARA ALÉM DO CAPITAL
István Mészáros

O EMPREGO NA GLOBALIZAÇÃO
A nova divisão internacional do trabalho e os caminhos que o Brasil escolheu
Marcio Pochmann

O EMPREGO NO DESENVOLVIMENTO DA NAÇÃO
Marcio Pochmann

ESTRUTURA SOCIAL E FORMAS DE CONSCIÊNCIA
István Mészáros

FILOSOFIA, IDEOLOGIA E CIÊNCIA SOCIAL
Ensaios de negação e afirmação
István Mészáros

FORÇAS DO TRABALHO
Movimentos de trabalhadores e globalização desde 1870
Beverly J. Silver

FORDISMO E TOYOTISMO
Na civilização do automóvel
Thomas Gounet

HOMENS PARTIDOS
Comunistas e sindicatos no Brasil
Marco Aurélio Santana

INFOPROLETÁRIOS
Degradação real do trabalho virtual
Ricardo Antunes e Ruy Braga (orgs.)

LINHAS DE MONTAGEM
O industrialismo nacional-desenvolvimentista e a sindicalização dos trabalhadores (1945-1978)
Antonio Luigi Negro

A MÁQUINA AUTOMOTIVA EM SUAS PARTES
Um estudo das estratégias do capital na indústria de autopeças
Geraldo Augusto Pinto

MAIS TRABALHO!
Sadi Dal Rosso

O MISTER DE FAZER DINHEIRO
Automatização e subjetividade no trabalho bancário
Nise Jinkings

O MITO DA GRANDE CLASSE MÉDIA
Capitalismo e estrutura social
Marcio Pochmann

NEOLIBERALISMO, TRABALHO E SINDICATOS
Reestruturação produtiva no Brasil e na Inglaterra
Huw Beynon, José Ricardo Ramalho, John McIlroy e Ricardo Antunes (orgs.)

NOVA DIVISÃO SEXUAL DO TRABALHO?
Um olhar voltado para a empresa e a sociedade
Helena Hirata

O NOVO (E PRECÁRIO) MUNDO DO TRABALHO
Reestruturação produtiva e crise do sindicalismo
Giovanni Alves

PARA ALÉM DO CAPITAL
Rumo a uma teoria da transição
István Mészáros

A PERDA DA RAZÃO SOCIAL DO TRABALHO
Maria da Graça Druck e Tânia Franco (orgs.)

POBREZA E EXPLORAÇÃO DO TRABALHO NA AMÉRICA LATINA
Pierre Salama

O PODER DA IDEOLOGIA
István Mészáros

RETORNO À CONDIÇÃO OPERÁRIA
Investigação nas fábricas da Peugeot na França
Stéphane Beaud e Michel Pialoux

RIQUEZA E MISÉRIA DO TRABALHO NO BRASIL
Ricardo Antunes (org.)

O ROUBO DA FALA
Origens da ideologia do trabalhismo no Brasil
Adalberto Paranhos

O SÉCULO XXI
Socialismo ou barbárie?
István Mészáros

OS SENTIDOS DO TRABALHO
Ensaio sobre a afirmação e a negação do trabalho
Ricardo Antunes

SHOPPING CENTER
A catedral das mercadorias
Valquíria Padilha

A SITUAÇÃO DA CLASSE TRABALHADORA NA INGLATERRA
Segundo as observações do autor e fontes autênticas
Friedrich Engels

A TEORIA DA ALIENAÇÃO EM MARX
István Mészáros

TERCEIRIZAÇÃO: (DES)FORDIZANDO A FÁBRICA
Um estudo do complexo petroquímico
Maria da Graça Druck

TRABALHO E DIALÉTICA
Hegel, Marx e a teoria social do devir
Jesus Ranieri

TRABALHO E SUBJETIVIDADE
O espírito do toyotismo na era do capitalismo manipulatório
Giovanni Alves

TRANSNACIONALIZAÇÃO DO CAPITAL E FRAGMENTAÇÃO DOS TRABALHADORES
Ainda há lugar para os sindicatos?
João Bernardo

Publicado um ano e meio após a aprovação pelo Senado Federal da Proposta de Emenda Constitucional n. 66, a chamada PEC das Domésticas, que visa reduzir a informalidade no trabalho, este livro foi composto em Adobe Garamond Pro, corpo 10,5/12,6, e impresso em papel Norbrite 66,6 g/m², em setembro de 2014, na gráfica Mundial, para a Boitempo Editorial, com tiragem de 2.000 exemplares.